Cora Besser-Siegmund & Harry Siegmund

wingwave-Coaching: Wie der Flügelschlag eines Schmetterlings

Coaching-Pokal

Im Mai 2014 wurde die Methode wingwave-Coaching von der „Association for Business-Psychology“ in London für den „Workforce Experience Award“ nominiert. Unter anderem wurden hier Konzepte und Methoden eingereicht, die bei Unternehmen wie Jaguar, McDonalds oder Unilever – um nur einige zu nennen – eingesetzt werden. Als Finalist erhielt wingwave-Coaching einen Coaching-Pokal in der Kategorie „Excellence in Coaching or Training of Specialists“. Als Pluspunkte erwiesen sich wohl auch die guten Forschungsergebnisse zu wingwave-Coaching.

Ausführliche Informationen zu jedem unserer lieferbaren und geplanten Bücher finden Sie im Internet unter ↗ http://www.junfermann.de. Dort können Sie unseren Newsletter abonnieren und sicherstellen, dass Sie alles Wissenswerte über das Junfermann-Programm regelmäßig und aktuell erfahren. – Und wenn Sie an Geschichten aus dem Verlagsalltag und rund um unser Buch-Programm interessiert sind, besuchen Sie auch unseren Blog: ↗ http://blogweise.junfermann.de.

CORA BESSER-SIEGMUND & HARRY SIEGMUND

WINGWAVE-COACHING: WIE DER FLÜGELSCHLAG EINES SCHMETTERLINGS

ÜBERARBEITETE NEUAUFLAGE

Junfermann Verlag
Paderborn
2015

Copyright	© Junfermann Verlag, Paderborn 2001 2. überarbeitete und ergänzte Auflage 2012 3. überarbeitete Auflage 2015
	Dieses Buch erschien erstmals 2001 unter dem Titel „EMDR im Coaching". 2012 erschien es in überarbeiteter und ergänzter Auflage unter dem neuen Titel: „wingwave-Coaching: wie der Flügelschlag eines Schmetterlings".
Coverfoto	
Covergestaltung / Reihenentwurf	Christian Tschepp
Satz	JUNFERMANN Druck & Service, Paderborn

Bibliografische Information der Deutschen Nationalbibliothek	Die Deutsche Nationalbibliothek verzeichnet diese Publikation in der Deutschen Nationalbibliografie; detaillierte bibliografische Daten sind im Internet über http://dnb.ddb.de abrufbar.

ISBN 978-3-95571-415-4

Inhalt

Das Wort „Psyche" heißt nicht nur Atem, Seele und Lebenskraft, es bedeutet auch Schmetterling.

Was bedeutet der Name wingwave?

Der Flügelschlag eines Schmetterlings – so heißt es sinngemäß – kann auf der anderen Seite der Erde das ganze Klima ändern. Diese große Wirkung mit dem kleinen Auslöser kann nur gelingen, wenn der „wing" punktgenau an der richtigen Stelle schwingt. Maximaler Coaching-Nutzen mit minimalem, präzisem Methodeneinsatz lautet daher die Philosophie unserer Kurzzeit-Coachingmethode, die erstaunlich rasch ein positives Emotions-Klima in der Erlebniswelt des Menschen schaffen kann. Das meint der Wortteil „wing". Der Wortteil „wave" hat als Namenspaten den englischen Begriff „brainwave". Das heißt „Geistesblitz", „Einfall" oder „tolle Idee". Diese „brainwaves" werden durch wingwave-Coaching punktgenau ausgelöst, um den Menschen mit leistungsstärkender Zielenergie und emotionaler Balance zu „beflügeln".

Einführung

Lassen Sie bitte einmal Ihren Blick von links nach rechts und von rechts nach links zwischen den Schmetterlingen hin- und herwandern. Wählen Sie ein angenehmes Tempo oder probieren Sie einfach unterschiedliche Geschwindigkeiten aus.

Mit diesem wach und gewollt durchgeführten schnellen „Augenturnen“ beschäftigen sich Ende der der 1980er-Jahre amerikanische Psychotherapeuten und Experten des Neurolinguistischen Programmierens (NLP). Sie wollten die therapeutische Wirksamkeit der schnellen Blicktechnik für eine effektive Stressreduktion überprüfen und kamen zu erstaunlich guten Ergebnissen. Die Intervention nennt man seitdem „Eye Movement Integrator“. Besagte Augenbewegungen führen übrigens Sie wie auch jeder andere Mensch in hoher Geschwindigkeit durch: jede Nacht beim Schlafen. Vor allem in den Traumphasen beobachten die Schlafmediziner schon lange sogenannte Rapid Eye Movements (schnelle Augenbewegungen) – abgekürzt REM. Man vermutet, dass diese rasanten Augenbewegungen mit dem intensiven „Abspeichern“ aller Sinneseindrücke und Emotionen, die tagsüber auf unser Wahrnehmungs- und Nervensystem einstürmten, einhergehen.

Es ist wie bei einem Großeinkauf: Erst einmal stellen wir die Tüten und Kisten im Flur unserer Wohnung oder unseres Hauses ab. Neurobiologisch betrachtet erfüllt unser limbisches System die Funktion des „Zwischenlagers“ bzw. des Flures: Im Hippocampus werden neue Sinneseindrücke vorübergehend abgelegt, hier befindet sich demnach ein wichtiger Teil unser Kurzzeitgedächtnisses. Aber dort können die „Neuzugänge“ nicht bleiben! Wir beginnen mit dem Einräumen. Beim Verstauen von Einkäufen nehmen wir jedoch keinesfalls eine der Einkaufstüten und stopfen sie unbesehen in den Kühlschrank. Nein, wir holen jeden Gegenstand heraus und verstauen ihn am vorgesehenen Ort. Die Zahnpasta kommt in das Badezimmer, die Butter in den Kühlschrank, das Obst in den Obstkorb. Erst nach Vollendung dieser Arbeit macht unser Zuhause wieder einen „aufgeräumten“ Eindruck.

Unser Gehirn lädt unsere neuen Informationen beim „Flur-Aufräumen" ins Großhirn, unseren großen Speicher, und verteilt sie dort nach einem neurobiologisch sinnvollen Ordnungssystem. Das Neue wird in die bisherige innere Erlebniswelt integriert. So gelangen Informationen in unser Langzeitgedächtnis und fühlen sich dann emotional als verarbeitet, also angenehm „weggeräumt" an.

Manchmal ist vielleicht eine „Einkaufskiste" zu sperrig für die Unterbringung. Sie bleibt dann im Flur stehen und beginnt schnell zu stören. Ähnliches passiert mit Erlebnissen, welche die nächtliche Verarbeitungsmöglichkeit unseres Gehirns überfordern. Sie sind zu „sperrig", zu komplex, zu verwirrend, passen nicht in die bisherige Ordnung unserer Neurobiologie bzw. unserer Erfahrungswelt. Wir kommen nicht „darüber hinweg", die Erlebnisse blieben „in den Knochen stecken", sind wie ein „Stachel im Fleisch", man fühlt sich von ihnen blockiert. Ganz deutlich beschreiben Menschen mit sogenannten posttraumatischen Belastungsstörungen das Phänomen. Sie leiden noch Jahre nach einem intensiven Stressereignis unter gleichbleibend wiederkehrenden Bildern, Gefühlen und erinnerten Geräuschen an das belastende Erlebnis. Die Erinnerung verblasst und verschwimmt nicht, sondern bleibt auf unangenehme Weise so lebhaft im Kurzzeitgedächtnis verfangen, als sei alles „gerade gestern" geschehen. Bewusst eingesetzte „wache REM-Phasen" können hier scheinbar bewirken, dass der wohltuende „Aufräumprozess" gezielt wieder in Gang gebracht wird und die vergangenen Stresserlebnisse in die „große Ablage" gelangen.

Anfang der 1990er-Jahre entwickelte die amerikanische Psychotherapeutin Francine Shapiro die bewusst eingesetzten schnellen Augenbewegungen weiter zu einer eigenständigen Methode für die Behandlung von posttraumatischem Stress und gab ihr den Namen EMDR: Eye Movement Desensitization and Reprocessing. Schnell wurde EMDR auch in Europa bekannt. Man war fasziniert und auch alarmiert über die neue Idee aus Amerika, psychische Blockaden einfach „wegwinken" zu können. Tatsächlich spielen bei dieser Methode schnelle Bewegungen vor den Augen des Klienten eine entscheidende Rolle. Die Therapeuten führen mit winkenden Fingerbewegungen die Augenbewegungen ihrer Klienten. Obwohl in der Anwendung scheinbar so einfach, zählt EMDR heute weltweit nicht nur zu den effektivsten, sondern auch zu den am besten beforschten Psychotherapiemethoden bei posttraumatischen Belastungsstörungen nach lebensbedrohlichen Erlebnissen wie Naturkatastrophen, Krieg und Gewalttaten – um nur einige schwerwiegende Stressauslöser zu nennen.

Abbildung 1: Die Anwendung „wacher REM-Phasen" (© Besser-Siegmund)

Auch nach langjähriger Erfahrung mit dieser Methode sind wir selbst immer wieder darüber verblüfft, wie schnell und nachhaltig die „wachen REM-Phasen" bei diesen seelischen Verletzungen helfen können. Waren die Menschen vor dem Trauma psychisch stabil, reichen wirklich manchmal nur zwei bis fünf Sitzungen aus, damit sie sich von der „Last der Erinnerung" seelisch und körperlich befreit fühlen.

Ist schon hier die Wirkung derartig überzeugend, so liegt es auf der Hand, dass die „Augen-Intervention" auch in der Verarbeitung von Alltagsstress eine sinnvolle Maßnahme sein kann. Daher entwickelten wir diesen ursprünglich therapeutischen Ansatz für den Coaching-Kontext weiter. Wir kombinierten die wachen REM-Phasen mit Elementen aus dem Neurolinguistischen Programmieren, mit einem Muskeltest – dem Myostatiktest – und einer speziell entwickelten Trainings-CD. Seit 2001 nennen wir diese Methode wingwave-Coaching. Und den punktgenauen Einsatz von Sprache im wingwave-Prozess bezeichnen wir als Neurolinguistisches Coaching (NLC).[1] wingwave wird heute international von mehreren Tausend Coaches im Spitzensport, in Banken, Versicherungen, Industrieunternehmen, in der Lernpädagogik und auch in der Zahnmedizin (zum Management von Behandlungsangst) erfolgreich eingesetzt – um nur einige Beispiele zu nennen. Wir nennen unseren Ansatz auch „Emotions-Coaching", da wir hier mit den Coachees keine neuen Fähigkeiten entwickeln, sondern in erster Linie die emotionale Flexibilität dafür erschaffen, dass diese Menschen ihre bereits vorhandenen Fähigkeiten und Talente punktgenau im Leistungskontext einbringen und ausleben können.

1 Im Herbst 2015 erscheint folgendes Buch: Besser-Siegmund, C. & Siegmund, L.: Neurolinguistisches Coaching – NLC. Paderborn: Junfermann.

Das Feedback der Coaching-Klienten ist äußerst positiv. Gedankenblockaden verwandeln sich in eine Fülle von kreativen Ideen, Niedergeschlagenheit pendelt in „aufrechtes" Selbstbewusstsein zurück. „Wenn ich im Job den berühmten Nackenschlag erhalte, tröstet mich allein schon der Gedanke an die Existenz dieser Methode", sagte einer unserer Kunden. „Wenn ich einen neuen Auftritt habe, bereite ich mich mit wingwave vor, um mich da vorn sicher und selbstbewusst zu fühlen", beschreibt eine Schauspielerin den Nutzen von wingwave." „Ich weiß, dass ich mit wingwave auch in verfahrenen Situationen schnell eine gute Lösung finden werde", äußert sich ein Geschäftsführer. Letztere Aussage ist sehr wichtig. Weder EMDR noch wingwave-Coaching unterstützen irgendwelche Verdrängungstechniken. Ganz im Gegenteil: Sie bewirken, dass sich die Menschen „der Sache gewachsen fühlen" und diese ressourcevoll „anpacken" können.

Vor allem Menschen im Spitzenleistungsbereich setzen sich täglich verschiedensten Stresssituationen und Herausforderungen aus, seien sie gesundheitlicher, sozialer oder ökonomischer Natur. Das gilt beispielsweise für Führungskräfte, Spitzensportler oder auch Künstler. Natürlich handelt es sich bei diesen Stresserlebnissen selten um äußere Katastrophen, wie z. B. ein Erdbeben. Aber innerlich kann schon einmal „eine Welt zusammenbrechen" oder eine „Erschütterung" stattfinden. Meist ist nicht genügend Zeit vorhanden, um sich von den Stressspuren – den Stress-Imprintings – ausreichend zu erholen. So fangen die Ereignisse an zu „kranken", das Leistungsfundament bekommt „einen Knacks". Es dauert immer länger, bis die gewohnten körperlichen, seelischen und geistigen Kraftquellen wieder ins Fließen kommen.

Spuren von Leistungs- und Spitzenleistungsstress können beispielsweise entstehen durch:

- soziale Spannungsfelder im Team, mit Kunden, mit Vorgesetzten
- „Rampenlicht"-Stress wie z. B. bei öffentlichen Auftritten, Wettkämpfen oder durch die Aufmerksamkeit der Medien
- Motivationsthemen, bei langfristiger Vorbereitung auf ein „großes Ziel"
- die ständige Arbeit an der allgemeinen Leistungssteigerung wecken wollen, was „in einem steckt", sich „selbst übertreffen" wollen
- „Nackenschläge" auf dem Weg zum Ziel
- chronische „Sorgenprojekte"
- Ideen-Blockaden im Kreativitätsprozess
- überraschende Enttäuschungen oder gar Angriffe durch Personen, denen man bisher vertraute oder die man respektierte
- ein berufliches Dilemma, wie z. B. einem Mitarbeiter kündigen zu müssen, obwohl einen dessen Schicksal „mitnimmt"
- mangelnde Konfliktstabilität im Rahmen von wichtigen Auseinandersetzungen
- körperlicher Stress, wie z. B. Schlafmangel

- stressende Erlebnisse, wie z. B. ein turbulenter Flug bei Vielfliegern, oder eine bedrohliche Situation anlässlich eines Auslandsaufenthalts
- Work-Life-Balance-Themen für die Koordination von Berufs- und Privatleben

Auch wenn einige der genannten Situationen für die Betroffenen subjektiv belastende Auswirkungen haben können, möchten wir sie in Abgrenzung zu wirklich lebensbedrohlichen Katastrophen nicht Psychotraumata nennen. Zur Bezeichnung des subjektiven Erlebens der gewählten Themen benutzen wir im Coaching die Begriffe „Stress-Imprinting“ oder „Mini-Trauma“: Die Situationen werden zwar als „stressig“ und anstrengend eingeordnet, aber sie haben nicht die Dimension, dass „die Welt untergeht“ oder das Leben in Gefahr ist. Übrigens verwendet die EMDR-Begründerin Francine Shapiro in einem ähnlichen Kontext den Begriff „Small-t-Trauma“, also das „kleine“ Trauma mit dem kleinen T. Sie benutzt ihn für belastende Situationen, in denen einer Person kein körperlicher Schaden, wie etwa bei einem Unfall, entsteht. Die Belastung wird beispielsweise durch eine verächtliche Bemerkung, einen Brief mit erschreckendem Inhalt oder auch durch Nicht-Beachtung eines Menschen hervorgerufen. Der Körper bleibt unversehrt, aber die Seele kann das Ereignis nicht „verschmerzen“.

Für eine klare Unterscheidung verwenden wir im Buch den Begriff „Performance-Stress-Imprinting“ – abgekürzt PSI. Damit wird beschrieben, dass bei Menschen im Leistungskontext resistente Stressreaktionen entstehen und auftreten können. Imprinting meint „hartnäckiger Abdruck“ – was subjektiv von den Betroffenen als unangenehm und blockierend beschrieben wird, ohne dass man den „Stress-Abdruck“ gleich als klinisches Trauma bezeichnen muss. Anders als bei der Bezeichnung „posttraumatische Belastungsstörung“ verwenden wir nicht mehr den Wortteil „post“, weil sich im Leistungsbereich etliche Stressreaktionen auch auf die Zukunft, auf sogenannte Bahnungsmomente beziehen, welche den Menschen bevorstehen. Damit meinen wir für den Lebens- und Karriereweg wichtige Ereignisse wie Prüfungen, Wettkämpfe, Bewerbungsgespräche, Premieren, Heiratsanträge etc. Performance-Stress-Imprinting erweist sich per Definition als resistent gegenüber bewährten Methoden zum Abbau von seelischen und körperlichen Stressmomenten. Ausruhen, Ablenkung, Gespräche, vernünftiges Denken und Argumentieren usw. und sogar die berühmte Zeit, welche ja sonst „alle Wunden heilt“, verpuffen in ihrer Wirkung. Der Stress-Stachel wirkt weiter, blockiert und nervt.

Ebenso wichtig wie die Regulation von Performance-Stress-Imprinting ist im Emotions-Coaching die gezielte Stärkung von persönlichen Ressourcen und Kreativitätspotenzialen mit dem Ziel einer allgemeinen Leistungssteigerung. Viele Coaching-Kunden sind mit ihrer Leistung zufrieden und empfinden keinen nennenswerten Stress. Sie wollen aber ihre Leistungen noch steigern, wollen einfach das Beste aus sich machen. Auf einer Skala von „0" bis „+10" erleben sie sich bereits bei „+5" und wollen sich noch in Richtung „+9" oder „+10" bewegen. In solchen Kontexten stellen wir Interventionen vor, welche die Menschen in einen optimalen Kontakt mit ihren Kraftquellen bringen. Außerdem zeigen wir Möglichkeiten des „Belief-Coachings" mit der wingwave-Methode auf. Der subjektive Glaube an unsere Möglichkeiten steuert nämlich entscheidend unser Leistungsvermögen, unsere Selbstsicherheit und die innere Balance – auch und gerade dann, wenn es „da draußen in der Welt" Herausforderungen gibt.

Im Frühjahr 2001 fand unsere erste wingwave-Ausbildungsgruppe zum Thema „EMDR im Coaching" statt. Inzwischen gibt es mehrere Tausend professionelle wingwave-Coaches im deutschsprachigen Raum, in Großbritannien, Dänemark, Norwegen, Frankreich, Italien, Spanien, Mexiko, in den USA und in Russland – um nur einige Länder zu nennen. Wir freuen uns sehr, dass in den letzten Jahren wingwave-Coaching auch in Serbien und Kroatien sehr bekannt geworden ist und dass die Medien dort häufig über die Methode berichten. Und es ist uns natürlich eine außerordentliche Freude, dass unser Buch inzwischen auch in anderen Sprachen erschienen ist: in Spanisch, Russisch, Ungarisch und Kroatisch. Und demnächst wird es auch eine englische Ausgabe geben.

Wir wünschen uns, dass Sie als Leser einen faszinierenden Coaching-Ansatz für Ihre beruflichen Ziele entdecken. Natürlich ersetzt dieses Buch kein Coaching „live", aber nach der Lektüre wissen Sie, wie diese Methode Ihnen helfen kann, Ihre individuellen Kraftquellen anzusprechen. Im Anschluss an einige Kapitel finden Sie Tipps für Ihr persönliches Selbstmanagement. Vielleicht wollen Sie aber auch wingwave ausprobieren? Dann finden Sie unter ↗ http://www.wingwave.com wingwave-Coaches, die vielleicht in Ihrer Nähe arbeiten.

Sind Sie Coach, Trainer oder Psychotherapeut, finden Sie hier möglicherweise eine Bereicherung für Ihr Interventions-Angebot. Im Anhang dieses Buches wird zudem der Ausbildungsweg zum wingwave-Coach beschrieben.

Allen Lesern wünschen wir nicht nur interessante Erlebnisse, sondern auch viel Spaß beim Lesen!

Cora Besser-Siegmund & Harry Siegmund

Praktische Tipps für Leserinnen und Leser

Dieses Buch richtet sich sowohl an Personen, die sich für Selbst-Coaching oder Coaching interessieren, als auch an Coaches, die ihren Kunden wingwave anbieten oder anbieten wollen. Dafür absolvieren diese Coaches natürlich ein entsprechendes Training. Wünschen Sie aufgrund der Lektüre ein Coaching mit den hier vorgestellten Methoden, können Sie davon ausgehen, dass jeder wingwave-Coach diese Interventionen in einer Ausbildung gelernt hat. Für beide genannten Leser-Gruppen haben wir in diesem Buch einige praktische Tipps gesammelt.

Selbstcoaching-Tipps

Diese Angaben beziehen sich sowohl auf den allgemeinen Stoff als auch auf die wingwave-Trainings-CD, die Sie im Anhang des Buches finden. Teilweise handelt es sich nur um kleine Hinweise, teilweise auch um Übungen, die sie mithilfe der CD ausprobieren können.

Hinweise für Coaches

Da wir dieses Buch auch als Basiswerk für die Ausbildung zum wingwave-Coach verstehen, finden Coaches hier einige Anregungen und Empfehlungen für die Anwendung der Methode. Sie können auch als Ergänzung zum ausführlichen Skript verstanden werden, das Coaches während ihrer Ausbildung bekommen.

1. Erfolgsfaktor Emotions-Coaching

Kennen Sie den Begriff „Homo oeconomicus“? Laut Wikipedia handelt es sich um den „Wirtschaftsmenschen“, der u. a. rational handelt, seinen eigenen Nutzen maximiert und über vollständige Informationen verfügt. Völlig zu Recht wird auch erwähnt, dass es sich bei diesem Profil nur um eine fiktive Persönlichkeit handelt, und in den jüngeren wirtschaftswissenschaftlichen Theorien wird das Modell des Homo oeconomicus zunehmend kritisch diskutiert. Denn Menschen mit diesen Merkmalen laufen seltener herum, als man meint – selbst im Business und in anderen Leistungskontexten. Auch einem Profi, der „alle Informationen beisammen hat“, können plötzlich im Streitgespräch die Worte fehlen. Kaum ist jedoch das Gespräch vorbei, fallen ihm vermutlich alle guten Argumente wieder ein … Der gute Informationsstand hat in diesem Moment also nur bedingt genützt. Auch Prüfungskandidaten, Künstler und Spitzensportler können ein Lied davon singen: Trotz bester Vorbereitung handeln und denken sie nicht mehr so optimal wie beim Üben oder im Training.

Trainer, Führungskräfte und Lehrer wissen theoretisch sehr gut, dass Menschen bei positiver Motivation die besten Leistungen zeigen. Es geht hier keinesfalls einzig um Ethik, eine humane Grundhaltung Werte. Es geht auch um den Nutzen. Bereits seit den 1930er-Jahren gibt es unzählige Arbeiten zu dem Thema und Forschungsergebnisse aus verschiedenen wissenschaftlichen Disziplinen: Soziologie, Betriebswirtschaft, Psychologie und Pädagogik. Arbeitnehmer sind deutlich weniger krank, wenn sie sich in ihrem Unternehmen wohlfühlen, Schüler lernen nachhaltiger und schreiben bessere Zensuren in einem positiven Emotionsklima; eingeübte Bewegungsabläufe funktionieren präziser, wenn sie in einer positiven Stimmung trainiert wurden. Die Gehirnforschung hat in den letzten Jahren alle bis dahin gesicherten Ergebnisse nochmals aus medizinischer Sicht in zahlreichen neuropsychologischen Untersuchungen bestätigt. Manchmal produzieren Menschen unter Stress kurzfristig effektiver – aber langfristig können sie erkranken und fallen dann als Konsumenten aus. Und das wiederum wirkt sich unterm Strich negativ auf das Wirtschaftssystem aus.

Daraus folgt, dass ein Homo oeconomicus als Führungskraft überwiegend einen förderlichen Motivationsstil pflegen müsste, um die von ihm geführten Mitarbeiter zum bestmöglichen Erfolgsergebnis zu bewegen. Der Alltag jedoch sieht oft anders aus: „Im Stress vergesse ich all diese schönen Vorsätze und bin nur noch kurz angebunden. Ich sehe am Gesicht meiner Mitarbeiter, dass das nicht in Ordnung ist – aber es geht einfach mit mir durch“, gab ein erfahrener Manager im Coaching zu.

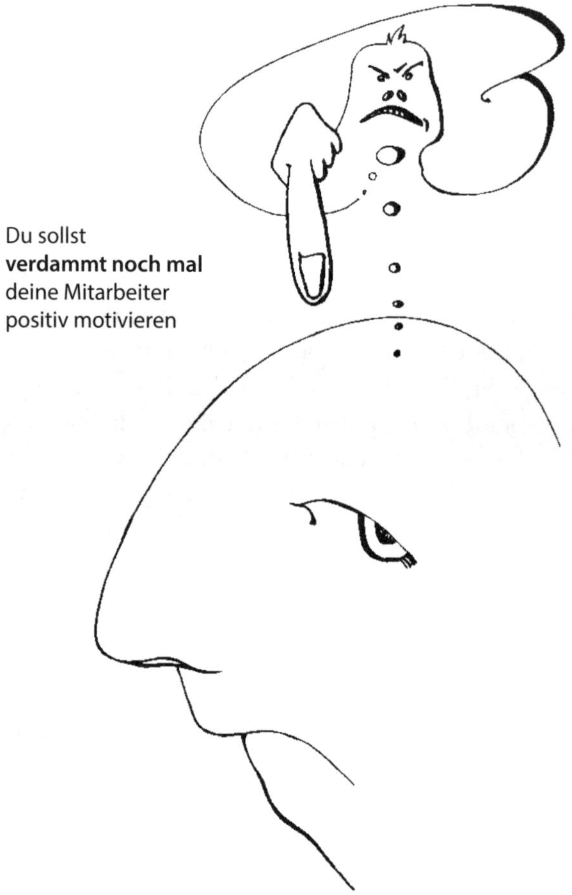

Abbildung 2: Positive Motivation (Zeichnung: Harry Siegmund)

Neben der zwischenmenschlichen Kommunikation sollte eine erfolgreiche Führungskraft ihre Umgebung auch durch ein positives Modellverhalten inspirieren. Dies gilt ebenfalls für Manager, Lehrer, Sporttrainer – und natürlich auch für Eltern oder generell für Erwachsene in ihrer Wirkung auf die Kinder. Hierbei geht es nicht nur um äußerliches Verhalten wie Pünktlichkeit, Umgang, Anzahl der Arbeitsstunden oder Kleidung. Liest man heutzutage in der Wirtschaftspresse über die systemischen Effekte von wichtigen Modellen, so findet man oft eine Liste mit wünschenswerten Manager-Emotionen: „Furchtlos, entschlossen und zielorientiert" sollen sie sein. Es ist durchaus bekannt, welchen Nutzen positives Modellverhalten hat, doch oft kommt die Theorie im Alltag nicht an: „Seitdem unsere Verkaufszahlen im letzten Jahr so gesunken sind, kann man mit unserer Chefin nichts mehr anfangen. Wenn man sie so sieht, ist sie selbst die wandelnde Wirtschaftskrise. Dabei wäre es für unsere Leute gerade jetzt so wichtig, wenn sie ein bisschen Optimismus ausstrahlen würde“, klagte eine Abteilungsleiterin.

Bei Stressphänomenen der bisher beschriebenen Art mögen Angst, Hilflosigkeit oder auch Wut und Ärger eine Rolle spielen. All das sind Emotionen, die subjektiv negative Gefühle verursachen und sich deshalb trotz faktisch optimaler Voraussetzungen hemmend auf das eigentlich vorhandene Leistungsvermögen des Menschen auswirken. Aber auch subjektiv als positiv empfundene Emotionen können langfristig Erfolge gefährden oder gar destruktive Auswirkungen haben. Denken Sie nur an Personen, die abnehmen möchten und theoretisch alles über die Nachteile von Schokolade wissen. Liegt dann die süße Verführung auf dem Tisch, ist sie plötzlich doch wieder im Bauch verschwunden – ganz konträr zum Gesundheitsnutzen, welcher im Verstand plausibel verstanden und abgespeichert wurde. Über das Beispiel mit der Schokolade mag mancher Leser noch schmunzeln, wenn Sie jedoch an den großen Finanzcrash im Jahr 2008 denken, mit seinen jahrelangen negativen Auswirkungen auf einen großen Teil der Weltwirtschaft, wird die Bedeutung des Emotionsfaktors im Business und Leistungsfeld besonders deutlich. Analytiker des Geschehens sind sich einig, dass vor allem überschießende positive Emotionen – euphorische Zuversicht, Machtgefühle und einfach auch Gier die Hauptverursacher dafür waren, dass sich „das angelsächsische Finanzwesen selbst zerlegt“ hat, wie es so treffend in der ZEIT stand. Und diese Emotions-Energien gingen von etlichen „Wirtschaftsmenschen“ aus, deren Denken und Handeln zu dem Zeitpunkt weit entfernt vom „Homo oeconomicus“ war. Mittlerweile beschäftigten sich Wirtschaftsexperten intensiv mit dem Thema „Behavioral Finance“. Hier geht es um die Erkenntnis, dass auch der im Wirtschaftsleben tätige Mensch nicht immer als rationaler Homo oeconomicus denkt und handelt, sondern dass alle Beteiligten – Führungskräfte, Arbeitnehmer, Anleger oder Verbraucher – von ihren Emotionen und nicht nur vom Verstand her geleitet werden.

Es geht bei unserem Thema demnach nicht nur um positive und negative Emotionen. Es geht vielmehr auch um die optimale Dosierung aller „Emotions-Energien“, damit sich ein Mensch im Leistungskontext langfristig „oben halten“ kann. Emotions-Coaching im Business und für Leistungsverhalten hat zum Ziel, die kognitiven und fachlichen Ressourcen des Coachees mit einer optimalen und punktgenau dosierten Emotionsbalance zu vernetzen, sodass dieser Mensch sich erfolgreich auf ein anvisiertes Ziel hin bewegen und vor allem dort ankommen kann. Optimales Leistungsverhalten ist selten ein gemütlicher Spaziergang auf breiten Wegen, sondern meistens ein „Balanceakt“. Um langfristig erfolgreich sein zu können – auch in ihrer Modellwirkung –, müssen beispielsweise Führungskräfte beständig fachliches Know-how, Kommunikationsfitness, Konfliktstabilität, Kreativität und Zielstrebigkeit „unter einen Hut" bringen bzw. in ein und demselben Gehirn zu einem ausbalancierten Einklang koordinieren..

Kennen Sie das Körpergefühl, wenn man über einen liegenden Baumstamm oder einen Schwebebalken balanciert? Zunächst stellt man sich auf das eine Ende des Baumstamms. Instinktiv läuft man aber nicht sofort los, sondern geht zunächst in Kontakt mit dem Gleichgewichtsgefühl, hält die Arme seitwärts und schwingt sich mit dem ganzen Körper auf diesen für die Füße neuen Untergrund ein. Wer ohne dieses Ausbalanciert-Sein gleich nach dem Aufsteigen losläuft, wird entweder nach wenigen Schritten vom Baumstamm herunterfallen oder absteigen müssen. Auch unbewegliches Stehen-Bleiben führt zum Misserfolg. Nehmen wir uns aber genügend Zeit für die richtigen Balance-Bewegung, sparen wir im Endeffekt viel Zeit und etliche Fehlstarts, da wir nun mit der erzielten „guten Einstellung" schnell und sicher zum Ende des Stammes oder des Balkens laufen können. Diese Balance-Metapher, welche wir von der Unternehmensberaterin und Autorin Sibylle Nagler-Springmann übernommen habe, benutzen wir oft für das Thema „Emotions-Coaching im Leistungskontext", mit dem wir uns am Besser-Siegmund-Institut seit Ende der 1990er-Jahre intensiv beschäftigen.

Wie das Baumstamm-Beispiel zeigt, ist eine gute Balance oder das Balance-Halten nur mit fließenden Bewegungen zu erreichen. So können wir einem Ziel auch auf schwierigem Terrain folgen – und „folgen" ist eben auch der Wortstamm von „Erfolg". Wollen wir nun „Großes bewegen" – beispielsweise auch uns selbst –, gehören dazu tragende Emotionen. Das Erfolgsgeheimnis beim Balanceakt besteht also in optimalen Bewegungsabfolgen. Dies ist übrigens im Begriff „Emotion" enthalten, bedeutet sein Wortstamm *motio* doch Bewegung. Ein solches Bewegt-Sein erleben wir bei einer „emotionalen Berührung" durch von außen kommende Sinneserlebnisse oder durch die innere Gedankenwelt. Wir reagieren dann nicht nur mit unserer kognitiven Wahrnehmung auf innere oder äußere Ereignisse, sondern auch mit spürbaren Körper-Antworten – wir nennen sie „Körper-Echo". Die von den Emotionen ausgelösten körperlichen Wellen nennt man „physiologische Parameter". Diese können medizinisch eindeutig gemessen werden: Gefäßreaktionen, Herz- und Kreislauftätigkeit, Muskeltonus, Körpertemperatur, Gehirntätigkeit reagieren mit deutlichen Potenzialen auf Außenreize. Erst diese Körperantworten führen zu beflügelnder Zielenergie oder zu leistungshemmendem Stress.

Übermäßig stressende und zu spärliche Emotionen gefährden das Gleichgewicht

Abbildung 3: Wirkung von stressenden Emotionen

Emotions-Coaching für eine punktgenau dosierte Leistungsbalance auf dem Weg zum Ziel

Abbildung 4: Leistungsbalance

Emotions-Coaching mit EMDR und der wingwave-Methode setzt immer voraus, dass der Coachee bereits über alle fachlichen und kognitiven Fähigkeiten verfügt, die er zum Erreichen seiner Ziele benötigt. Es geht bei diesem Ansatz nicht darum, „was" ein Mensch leistet, sondern „wie" er dieses Leistungsvermögen möglichst leicht und gezielt abrufen und einsetzen kann. wingwave-Coaching wurde in seiner Wirkung auf die emotionale Stabilität im Leistungskontext unter anderem am Beispiel von Prüfungsangst bei Studenten von der Hamburger Diplom-Psychologin Nadia Fritsche untersucht. Abgesehen von der Prüfungsangst waren auch diese Studenten fachlich gut auf ihre Prüfung vorbereitet. Alle untersuchten Personen mussten eine Prüfungs- bzw. Auftrittssituation „ungecoacht" durchstehen. Eine sofortige Nachbefragung zeigte, dass sich die Ergebnisse der Angstausprägung nicht verändert hatten. Danach erhielten alle Studienteilnehmer durchschnittlich zwei Stunden wingwave-Coaching und konnten dadurch ihr Lampenfieber und ihre Prüfungsangst überwinden. Vor allem gingen sie mit deutlich gesteigerter Zuversicht – also mit positiven Emotionen – in die nächste Prüfung.

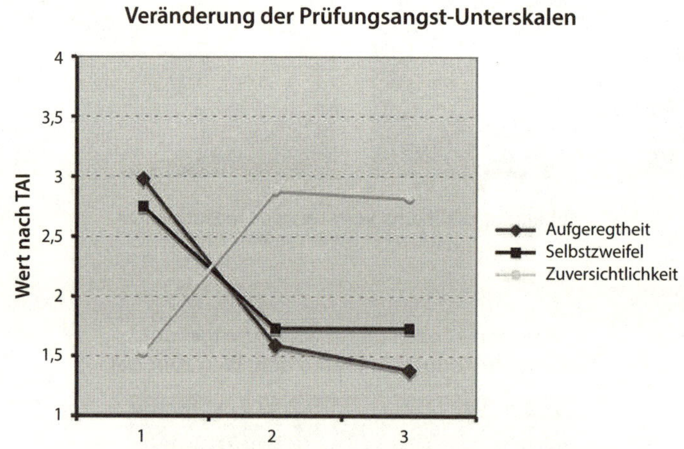

Der erste Messpunkt zeigt den „ungecoachten" Zustand in der ersten Prüfung, der zweite den „gecoachten" Zustand nach zwei Stunden wingwave-Coaching und der dritte Messpunkt spiegelt den Nachtest einen Monat nach der erfolgreichen Prüfung.

Abbildung 5: Nach zwei Stunden wingwave-Coaching: weniger Aufgeregtheit und Selbstzweifel, mehr Zuversicht (Ergebnisse der Diplom-Arbeit von Nadia Fritsche, Universität Hamburg)[2]

Dieses erfreuliche Ergebnis war auch nach einem Monat noch stabil und stimmt so im Trend mit den Ergebnissen einer weiteren Studie Medizinische Hochschule Hannover (MHH) zum Thema „wingwave im Methodenvergleich" überein. Marie-Luise Dierks, Professorin für den Bereich Public Health an der MHH, berichtet in K Abschlusskapitel noch gesondert über die Ergebnisse der genannten Studie.

2 TAI: psychologischer Test für die Messung verschiedener Angst- und Stressfaktoren.

2. EMDR und wingwave im Coaching-Prozess

Ein Coaching ist ein individuelles berufsbezogenes Training in fachlicher, persönlicher und sozialer Kompetenz. In den letztgenannten Feldern kommen überwiegend psychologische Methoden zum Einsatz. Bei der Auswahl der Methoden muss berücksichtigt werden, dass die Coaching-Kunden – egal in welchen Prozess sie sich befinden – immer psychisch stabile Persönlichkeiten sind. Auch Blockaden und Stressphänomene sind immer als normale und allgemein nachvollziehbare Reaktionen eines gesunden Menschen in einem Kontext höchster Leistungsanforderungen zu betrachten. EMDR und wingwave sind ideale Methoden, um die im psychisch gesunden Menschen bereits vollständig vorhandenen mentalen und kreativen Ressourcen durch gezieltes Emotions-Coaching schnell zu stärken, auszubauen und wieder in Fluss zu bringen.

Beispiel: Leo

Leo ist seit zwanzig Jahren erfolgreicher Berufsmusiker. Er komponiert und textet regelmäßig neue Songs für sich selbst und auch für Kollegen. Im letzten Jahr registrierte er bei sich eine „Texter-Blockade“: „Mir fiel einfach nichts mehr ein, da war eine richtige mentale Funkstille. Beim Komponieren sah es auch nicht besser aus.“ Obwohl grundsätzlich mit seinen Erfolgen zufrieden, störte ihn das Phänomen. Er hatte im Coaching zu anderen Themen die entstressende und befreiende Wirkung wacher REM-Phasen bereits kennengelernt. Im Rahmen dieses Coachings hatten wir ihm auch eine Möglichkeit des Selbst-Coachings mit der wingwave-Musik gezeigt. Hier wird über einen Kopfhörer ein abwechselnder Links-rechts-Takt direkt auf die Ohren gespielt. Dabei machen die Augen des Anwenders unwillkürlich kleine Blickbewegungen, als würden sie dem Takt nach links und rechts folgen. Das ergibt auf sanfte Weise einen ähnlichen stresslösenden Effekt wie beim direkten „Winken“ vor den Augen. Außerdem scheint auch der auditive Links-rechts-Input über das reine Hören festgefahrene Mentalprozesse zu lösen und wieder in Bewegung zu bringen.

Leo setzte diese Möglichkeit gezielt für die Überwindung seiner Texter-Blockade ein. Mit der wingwave-Musik „auf den Ohren“ ging er nach draußen und arbeitete einfach im Garten. „Nach knapp zwei Stunden platzte der Knoten“, erzählte er später. „Innerhalb von 14 Tagen schrieb ich an die 30 neue Stücke. Mir kamen tausend Ideen, ich lief nur noch mit meinem Notizblock herum, um meine Ideenflut zu Papier zu bringen. Jede Bemerkung eines Gesprächspartners konnte zum Stichwort werden. Diese Methode ist für einen Künstler wirklich von unschätzbarem Wert.“

Leos Beispiel lässt sehr gut die Möglichkeiten von EMDR und wingwave als Coaching-Methoden erahnen. Die hier erwähnte Selbstcoaching-Methode mit der CD wird übrigens später im Buch noch genau beschrieben. Sie kann von Klienten bereits nach einer praktischen Einführung in die Methode eingesetzt werden. Voraussetzung ist ein ausreichendes Verständnis der Wirkungsweise der Interventionen und ihres neurobiologischen Erklärungsmodells. Dieses Verständnis bauen wir nun Schritt für Schritt für Sie als interessierte Leser auf. Zunächst sind Sie eingeladen, uns durch einen typischen Coaching-Prozess zu begleiten. Bei einer Führungskraft ist eine Leistungsblockade durch Sozialstress entstanden. Anhand des beschriebenen Ablaufs vertiefen Sie Ihr Verständnis für das Phänomen Performance-Stress-Imprinting (PSI) und erleben die Wirkungsweise der „wachen REM-Phasen". Danach zeigen wir Ihnen, wie aus der Erweiterung der „puren" EMDR-Anwendung das Konzept des wingwave-Coachings wird. Schließlich beschreiben wir noch Vorgehensweisen zur Ressourcen- und Kreativitätsaktivierung im beruflichen Kontext, wie es im Beispiel von Leo schon angedeutet wurde.

Beide Themenbereiche kommen im Coaching übrigens gleichermaßen vor: Viele unserer Kunden möchten Spitzenleistungs-Blockaden überwinden, etliche sind aber auch generell wie Leo mit ihrer aktuellen Situation zufrieden und suchen gleichzeitig gezielt nach einem weiteren beruflichen und persönlichem Wachstum. Viele Kunden bringen auch beide Themen gleichzeitig mit. Wie schon gesagt: Alle Fallbeispiele in diesem Buch betreffen Menschen, die als mental gesund und stabil einzuschätzen sind. Das ist sicherlich mit ein Grund, warum EMDR und wingwave-Coaching bei dieser Klientel oft so schnell wirken. Im Rahmen einer Psychotherapie zur Behandlung von komplexen seelischen Störungen kann eine ähnlich rasche Wirkung nicht erwartet werden.

Die Coaching-Beispiele stammen übrigens alle aus unserer Praxis, die Namen wurden geändert. Im Buch nennen wir unsere Klienten beim Vornamen. Im Coaching selbst siezen wir unsere Kunden.

Selbstcoaching-Tipp: Gelassenheit und Kreativität durch die wingwave-Musik

Diesem Buch liegt eine CD mit einem wingwave-Musikstück bei. Für ein Selbstcoaching lassen Sie die Musik bitte über Stereo-Kopfhörer auf Ihre Ohren „einwirken". Eingebettet in eine angenehme Melodie geht der Takt jeweils links und rechts hin und her. Leo nutzt die wingwave-Musik, um seine Augenbewegungen zu lockern und somit in seinem Gehirn einen sanften wachen REM-Rhythmus zu aktivieren. Der Blick folgt ganz von allein mit minimalen suchenden Bewegungen den Links-rechts-Klängen. Man muss sich also keinesfalls bewusst Anweisungen für die Bewegungen geben, der Effekt stellt sich ganz automatisch ein. Auch der auditive Taktwechsel inspiriert die Hirnhälften zur Kombination der Hörerfahrung und somit zur guten Zusammenarbeit.

Die Abbildung zeigt, welche entstressende Wirkung die wingwave-Musik hat.

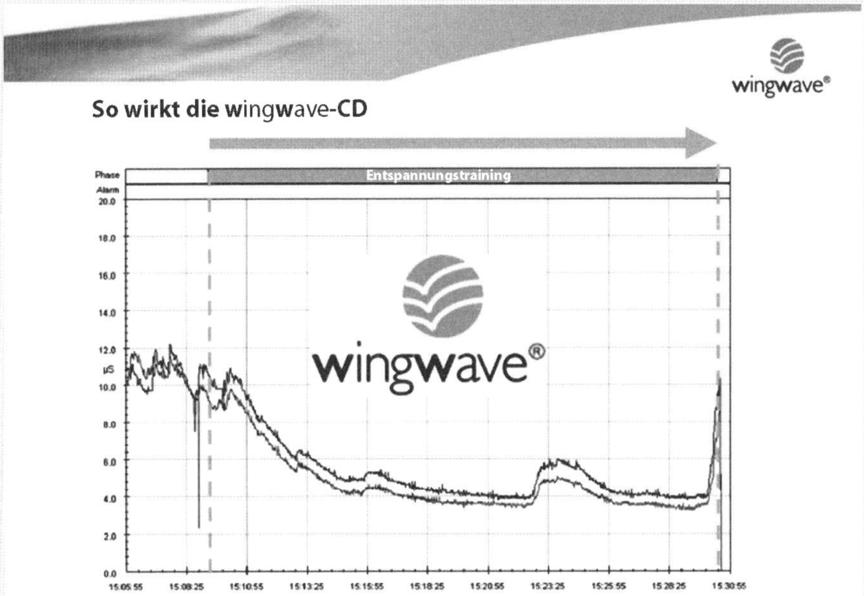

Durch die entstressende Wirkung der wingwave-CD verringert sich sichtbar das Erregungsniveau des Klienten. Dieser Effekt wirkt beruhigend und sorgt für einen effektiven Stressausgleich. Die Messergebnisse zum Hautwiderstand wurden mit dem Porta Bio Screen erhoben. Der Hautwiderstand wurde an der linken (rot) und an der rechten Hand (blau) gemessen.

www.portabioscreen.de

Abbildung 6: So wirkt die wingwave-Musik

Die Messung wurde mit dem Porta-Bioscreen-Gerät erhoben und zeigt, welche die Gehirnhälften harmonisierende und beruhigende Wirkung die wingwave-Musik hat. Jeweils an der rechten und an der linken Hand wurden Elektroden angesetzt, die den Hautwiderstand messen. Letzterer gilt als Indikator für den Erregungszustand unserer gesamten Neurobiologie und demnach auch unseres Gehirns. Bereits nach fünf Minuten Hören hat eine deutliche Entspannung eingesetzt. Das erklärt, weshalb die speziell für wingwave komponierte Musik nicht nur der allgemeinen Beruhigung und Stressreduktion dient, sondern ist beispielsweise auch beim Auswendiglernen oder im Sport hilfreich: Der Effekt unterstützt die Ausdauer und das Wohlgefühl auf der Gedanken- und Verhaltensebene.

Eine Studie an der Deutschen Sporthochschule Köln konnte belegen, dass die wingwave-Musik sogar bei körperlicher Betätigung mit einer niedrigeren Pulsrate einhergeht als bei sportlicher Leistung ohne Musik. Für ein erfolgreiches Sporttraining ist das immens vorteilhaft. Die Pulsrate in Bewegung ist mit der wingwave-Musik übrigens auch niedriger als beim Hören klassischer Musik.[3]

Vielleicht mögen Sie die wingwave-Musik sogar beim Lesen dieses Buches einsetzen? Es könnte sein, dass sie den Inhalt dann besonders leicht aufnehmen und behalten können, denn die REM-Aktivierung unseres Gehirns hilft auch im Wachzustand beim „Einspeichern" neu gelernter Inhalte. Viele Schauspieler hören leise die wingwave-Musik, um ihre Texte schneller auswendig zu lernen und besser behalten zu können.

Diese Unterstützung zum Einsatz wacher REM-Phasen als Selbstcoaching-Instrument ist natürlich komfortabel. Hören Sie – wie Leo – ganz einfach die wingwave-Musik, wann immer Sie nach guten Ideen und Einfällen suchen: beim Ausruhen, Spazierengehen, bei automatischen Tätigkeiten wie Aufräumen, Kochen etc. Die Wirkung stellt sich sogar ein, wenn Sie den Ton so leise stellen, dass Sie sich dabei unterhalten können. Wir kennen ein Team einer Trainingsfirma, das beim gemeinsamen Brainstorming die wingwave-Musik nutzt. „Es sieht zwar etwas komisch aus, wenn wir jeder unseren MP3-Player im Gespräch tragen – aber es sieht ja keiner. Wir sind enorm kreativ dabei und schnell in einem guten Flow", erzählte uns der Teamleiter.

3 Nasse, A. (2013): Der Einsatz der wingwave-Musik bei körperlicher Aktivität hinsichtlich objektiver sowie subjektiver Belastungsparameter. Bachelor-Arbeit, Deutsche Sporthochschule, Köln.

2.1 Nicht „im Flow“ sein: Wo ist die Blockade?

Ein Coaching-Kunde kommt mit folgendem Thema zu uns: Seit einiger Zeit habe er keinen Spaß mehr an seiner Arbeit, alles sei zur Routine geworden. Das sei ihm eigentlich unverständlich, denn gerade in diesem Jahr habe er besonders großen beruflichen Erfolg. Er kenne sich so nicht und sei sonst immer „ganz anders“ gewesen. Irgendwie sei er nicht mehr „der Alte“.

Bei einer solchen Wortwahl ziehen wir auf alle Fälle ein wingwave-Coaching in Betracht. Die Klienten erleben an sich eine Veränderung, die ihnen fremd vorkommt: „Ich laufe einfach nicht mehr rund, als würden meine Energien nicht wie sonst fließen – ich komme nicht mehr an meine Möglichkeiten heran.“ Wie im Beispiel oben äußern manche sogar, dass sie sich „so nicht kennen“. Hier kann man vermuten, dass ein oder mehrere Ereignisse im Spitzenleistungsgeschehen eine „Stress-Spur“ im Gedächtnis und Erleben hinterlassen haben, die sich nicht von allein abbaut. Schon geringe Auslöser reichen aus, um dieses Stress-Imprinting zu triggern, also das Stress-Gefühl „störend“ auszulösen.

Die Schilderung eines „Vorher – Nachher“ in der eigenen Bewertung des Erlebens und Verhaltens lässt also aufhorchen. Klienten mit durch Leistungsstress entstandenen Blockierungen wünschen sich oft einen Kontakt zu den eigenen Kraftquellen zurück, den sie sonst ganz selbstverständlich in ihrem Leben hatten. Sie haben das Gefühl, ihnen sei ein vertrauter Energiefluss nicht mehr zugänglich. Daher sprechen sie oft nicht von Veränderung, sondern ersehnen so etwas wie eine „Rückkehr“ und meinen damit den freien Zugang zu ihren Ideen, Kraftquellen und Talenten. Oft wird man auf der Suche nach den blockierenden Schlüsselerlebnissen, die dem positiven Flow quasi auf „dem Schlauch stehen“, schnell fündig: „Eigentlich habe ich innerlich eingepackt, als unser Vorstandsvorsitzender mich öffentlich zu Unrecht kritisierte.“ Oder: „… als wir die Meisterschaft verloren, auf die wir uns zwei Jahre lang vorbereitet hatten.“

Dann gibt es Menschen, die stets mit dem latenten Gefühl herumlaufen, es würde mehr in ihnen stecken, als sie zeigen können, sie „kommen nicht aus sich heraus“, heißt es dann. „Ich sitze in einem Meeting, höre die Kollegen reden und mir gehen tausend Ideen und Antworten durch den Kopf“, beklagt sich eine Coaching-Kundin, „aber ich sage kein Wort! Erst wenn die anderen mich ansprechen, rede ich und bekomme dann zu hören: ‚Warum sagst du das nicht viel eher, du hältst mit deiner Meinung immer hinter dem Berg zurück!‘“ Es gibt Sportler, die trotz intensivster Vorbereitung und größter Begabung immer nur den zweiten oder dritten Platz erringen. Diese Menschen sind sich selbst ein Rätsel, stehen sich im Wege, schütteln über die eigenen Probleme ratlos den Kopf. „Manchmal wünsche ich mir direkt, dass ich einen ungerechten Chef oder neidische Kollegen hätte“, klagte uns eine Coaching-Kundin ihr Leid. „Aber alle sind nett zu mir und daher ist es umso schlimmer, dass ich beim Präsentieren im Meeting immer Schweißausbrüche bekomme!“ Hier wirken sogenannte verdeckte Stress-Trigger: Der Coachee kann nicht konkret die Auslöser der unangenehmen Leistungsbremse benennen.

Der Auslöser kann sich auch in alltäglichen Vorgängen tarnen, die rein optisch wie normaler, also verkraftbarer Alltagsstress wirken. „Der Brief von diesem Kunden hat mich damals schon geärgert – aber das kann es doch nicht sein! Ich habe im Laufe meiner Karriere schon unzählige solcher Schreiben bekommen. Oder hat es mich doch stärker getroffen, als ich dachte? Immerhin haben wir uns für diesen Auftrag total verausgabt.“ So explorieren sich die Coachees selbst. Tatsache ist, dass auch scheinbar kleine Auslöser zum Stachel im Fleisch des allgemeinen Wohlbefindens und damit auch des Leistungsvermögens werden können. Dabei wirkt der Auslöser selten für sich allein, sondern in Kombination mit verstärkenden Faktoren, wie wir an verschiedenen Beispielen beschreiben werden.

In unserem ersten Coaching-Beispiel stellen wir Ihnen einen Geschäftsführer vor, der den Auslöser seines hartnäckigen Stressthemas genau benennen kann. Danach zeigen wir Ihnen, wie wir im Coaching mit Blockade-Themen umgehen, welche sich die Coachees selbst nicht zufriedenstellend erklären können. Stressthemen mit bekannten Auslösern – wir nennen sie „konkrete Stress-Trigger“ – können mit der EMDR-Methode gut behandelt werden. Für die eher rätselhaften Blockaden, welche durch „verdeckte Stress-Trigger“ unterhalten werden, eignet sich der wingwave-Ansatz, da hier vor dem Einsatz des „Winkens“ im Sinne des Neurolinguistischen Coachings präzise der oder die Auslöser für das Blockade-Thema gesucht werden.

Das Gleiche gilt für das sogenannte Ressourcen-Coaching, bei dem die Coachees vorrangig keinen Stressabbau, sondern eine Leistungssteigerung als Ziel benennen. Hier gilt es genau herauszufinden, welche Kraftquelle durch ein Emotions-Coaching erschlossen werden soll: Benötigt der Mensch in seiner speziellen Situation eher Entschlossenheit oder Zurückhaltung, um erfolgreich zu sein? Braucht er Mut oder Humor, um weiterzukommen? Begeisterung oder Engelsgeduld? Coach und Coachee müssen hier ein gutes Detektiv-Team bilden, um effektive Ergebnisse zu erzielen. Man geht gemeinsam auf die Suche nach idealen Leistungsauslösern, die wir im Coaching als „positive Ressource-Anker“ bezeichnen. Doch bevor wir Ihnen dieses punktgenaue Vorgehen bei verdeckten Stress-Triggern und Erfolgs-Ankern beschreiben, schildern wir – wie gesagt – als Erstes einen Coaching-Prozess anlässlich einer bereits bekannten Blockaden-Ursache. Hier geht es also um einen konkreten Stress-Trigger.

Hinweis für Coaches: Welche Methode für welche Blockade?

Häufiger als in Therapien kommt es im Coaching vor, dass die Kunden ihre genauen Blockade-Ursachen nicht auf den Punkt benennen können oder dass sie nicht präzise wissen, welche mentale Ressource ihnen als idealer Leistungs-Anker als „Punkt auf dem I" fehlt. Hier handelt es sich um verdeckte hemmende Stress-Trigger oder auch positive Ressource-Anker, die erst gefunden und benannt werden müssen. Das liegt daran, dass diese Klientel sich ohnehin im täglichen Leistungskontext bewährt und es nicht so sehr um massive Störungen als vielmehr um die „gewisse Zutat" geht. Wie bei einem guten Rezept schmeckt es eigentlich schon zufriedenstellend, aber man sucht nach dem einen Gewürz, das dem Ganzen das „gewisse Etwas" geben kann. Dieser minimale, aber bedeutsame Faktor könnte die berühmte Hundertstelsekunde ermöglichen, die einen Sportler zum Sieger macht. Gleichzeitig wollen Coaching-Kunden bei hohem Nutzen möglichst wenig Zeit für ein Coaching investieren. Auch das ist ein wesentlicher Unterschied zur Therapie, in der sich viele Menschen gern gründlich kennenlernen und dafür auch vergleichsweise viel Zeit investieren wollen.

Coaching-Kunden wünschen sich also präzise Vorgehensweisen, die ihnen schnell einen Schlüssel zu ihrem Weiterkommen liefern können. Diese Möglichkeit bietet wingwave-Coaching, bei dem Coach und Coachee als gleichberechtigtes Detektiv-Team mit einem Muskelfeedback-Test meistens schneller als im suchenden Gespräch auf den Punkt kommen. Diesen Test beschreiben wir in den Kapiteln über den wingwave-Prozess ausführlich. Die Ergebnisse aus dem Muskeltest begleiten den Coaching-Prozess wie ein Kompass und sorgen neben der Themengenauigkeit auch für eine maximale emotionale Sicherheit des Coachee.

Für Sie als Coach ist es vielleicht jetzt schon informativ, einen ersten Unterschied zwischen den Methoden EMDR und wingwave-Coaching erklären zu können: EMDR eignet sich für eine bekannte Blockaden-Ursache – für den Umgang mit konkreten Triggern. wingwave-Coaching kann helfen, unbewusste Leistungsbremsen – die verdeckten Stress-Trigger – oder auch maßgeschneiderte „Zutaten" als Ressource-Anker für das mentale Erfolgsrezept zu finden.

2.2 Coaching-Beispiel mit einem konkreten Stress-Trigger: Ist der Geschäftsführer eine Mimose?

Karsten W., 45 Jahre alt, ist Geschäftsführer einer mittelgroßen, recht erfolgreichen Presseagentur. Seit vier Jahren hat er einen besonders kreativen Mitarbeiter: Der Grafik-Designer Sönke A. stieg mit 24 Jahren als Berufsanfänger ins Unternehmen ein und entpuppte sich als äußerst kreatives Talent. Karsten W. nahm ihn unter seine Fittiche, coachte ihn und ermutigte Sönke zu Aufgaben, die sich dieser zunächst gar nicht zutraute. Schnell entwickelte sich Sönke zum „Alleskönner" und gleichzeitig zu einer wandelnden Ideenquelle. Das lag einerseits an seinen persönlichen Ressourcen, andererseits aber auch an den vielen Chancen, die ihm im Unternehmen geboten wurden.

Mit einer überzeugenden Präsentation setzt sich die Agentur eines Tages gegen namhafte Konkurrenten durch und gewinnt einen großen Kunden mit einem riesigen Budget. Inmitten der schönsten Euphorie seit Jahren legt Sönke Karsten zwei Tage nach dem Gewinn des „Pitches" die Kündigung auf den Tisch: Er habe schon seit einem Jahr vorgehabt, sich zu verändern. Vier Jahre im selben Unternehmen seien schon viel zu lang für eine aufsteigende Karriere. „Vielen Dank für alles, es war ein toller Start!" – und Karsten bekommt ein nettes Feedback für die große Unterstützung.

Natürlich hätte Sönke bei diesem neuen und arbeitsintensiven Projekt eine tragende Rolle gespielt, denn ein wesentlicher Teil des Konzepts und der Ausführungen stammt von ihm. Es wird nicht einfach sein, diese Lücke im Team wieder zu schließen. Aber Karsten versucht, diesen Verlust gelassen zu nehmen: Reisende soll man nicht aufhalten, es war doch klar, dass Sönkes Karriere weitergehen muss. Dazu gehört gerade in dieser Branche eben auch ein Unternehmenswechsel zum Ausbau der Berufserfahrung. Nach zwei Monaten aber merkt Karsten, dass ihn Sönkes Kündigung „immer noch wurmt", er fühlt sich „verletzt und gekränkt", „kommt nicht darüber hinweg". Im Coaching sagt er: „Natürlich hat mich die Kündigung getroffen, ich war überhaupt nicht darauf vorbereitet und irgendwie sitzt mir dieser Schreck noch in den Knochen." Gleichzeitig aber ärgert Karsten sich über seine Reaktion: „Es ist absolut albern, das darf einem Profi wie mir eigentlich nicht passieren, sich von einem Allerweltsvorfall wie einer Kündigung so herunterreißen zu lassen. Ich kann hier doch nicht wie eine gekränkte Mimose herumsitzen und Trübsal blasen!" Weil er sich seiner Meinung nach „über das normale Maß Hinausgehende" mit diesem Erlebnis beschäftigt, kommt er mit dem ausdrücklichen Wunsch, sein Thema einmal „bewinken" zu lassen. Ein Kollege habe ihm von diesem Emotions-Coaching begeistert erzählt, und dies sei nun ein geeigneter Anlass, um es kennenzulernen.

Karsten erfährt im Coaching, dass er wahrscheinlich an einer – natürlich leichten – Form von posttraumatischem Stress leidet, die wir Stress-Imprinting nennen. „Das meinte mein Kollege auch schon. Aber trifft so etwas nicht nur auf Leute zu, die ein Erdbeben, eine Entführung oder Ähnliches erlebt haben?", fragt er. Doch Karsten beschreibt ähnliche Einschränkungen, wie sie Betroffene von körperlich bedrohlichen Katastrophen sehr massiv schildern. Er kommt von „den Gedanken nicht los", die Kündigungsszene hat sich in sein Gedächtnis „eingebrannt". Auch nach Wochen fühlt er sich immer noch körperlich unwohl, wenn er daran denkt. Auch beobachtet er an sich eine Art Verbitterung, die sich jetzt gegen andere jüngere Mitarbeiter richtet, nach dem Motto: „Die sollen selbst sehen, wie sie zurechtkommen!" Gleichzeitig verurteilt er sich für diese destruktiven Gedanken.

Wir beginnen das Coaching mit einer Einführung in das Thema Performance-Stress-Imprinting.

2.3 Performance-Stress-Imprinting: Wenn die Zeit die Wunden nicht heilt

Jeder Mensch fühlt sich tausendfach im Laufe seines Lebens „getroffen“, „aufgebracht“ oder „erschüttert“. Nahezu täglich sind wir mal wütend, mal beleidigt oder erschrocken. Doch sind wir es auch gewohnt, dass „der Ärger verfliegt“, die „Wut verraucht“ oder dass wir über „den Schreck hinwegkommen“. Die subjektiv als unangenehm erlebten Emotionen gelten als verarbeitet, wenn der Körper sich bei der Erinnerung an das auslösende Ereignis wieder ausgeglichen fühlt.

Wir arbeiten seit Jahrzehnten in der Hamburger Innenstadt. Daher können wir von unserem Balkon aus gut die Parkplatzsituation und somit auch etliche überschäumende Wutausbrüche beobachten, wenn sich Autofahrer um eine Parklücke streiten. Aber wir sind uns sicher: Fragt man einen Tag nach diesem dramatischen Vorfall den Parkplatzsucher: „Ärgern Sie sich immer noch, dass Ihnen gestern der Parkplatz vor der Nase weggeschnappt wurde?“, würde er oder sie sicherlich sagen: „Nein, das habe ich schon vergessen.“ Vor allem würde die Person die Wut körperlich nicht mehr spüren und vielleicht sogar über den Vorfall schmunzeln.

Denken Sie dabei einmal an die Lektüre der Tageszeitung: Sie lesen über Flugzeugabstürze, Krankheiten, Gewalttaten, ohne dass Ihr Herz klopft oder dass Sie Schweißausbrüche bekommen. Die „grauen Zellen“ – die Hochburg unseres Verstandes – verarbeiten die Information auf der Wahrnehmungsebene. Auf dieser Ebene bewerten wir auch die Ereignisse: Natürlich verurteilen wir einen Gewalttäter oder überlegen, ob wir für die Erdbebenopfer spenden wollen. Dabei bleibt unsere Amygdala oft erstaunlich ruhig. Dieser nahezu unscheinbare Gehirnteil – klein wie ein Mandelkern – wird von einigen Gehirnforschern sehr treffend als „Alarmglocke des Gehirns“ beschrieben. Bewertet unsere instinktive Wahrnehmung einen hereinkommenden Sinnesreiz als bedrohlich oder belastend, sorgen diese Mandelkerne – es gibt sie als Paar im Gehirn – bei Bedrohung und Belastung für die Ausschüttung einer Extradosis an Stresshormonen. Jeder weiß, wie sich der berühmte Adrenalinstoß anfühlt.

Wir alle haben schon erlebt, dass wir über Ärger oder auch Schrecksekunden mit einigen Tagen Abstand sogar lachen können. So geht es vielleicht auch den eben beschriebenen Parkplatzsuchern oder auch Eltern, die ein Schock beim Anblick des Chaos im Kinderzimmer durchfährt und die kurze Zeit später wieder von zärtlicher Liebe für den Sprössling erfüllt sind. Das „Alarmglöckchen“ hat sich beruhigt. Das Gefühl „verfliegt“, die Erinnerung hingegen kann durchaus erhalten bleiben. So können wir im Leben eine Fülle von Lernerfahrungen machen, ohne bei jedem Schreck immer starrer oder bei jedem Ärger immer verkrampfter zu werden. Wäre

Letzteres der Fall, könnten wir uns nach ein paar Jahren vor lauter angestautem Unbehagen nicht mehr rühren.

In über 95 Prozent aller Fälle bauen wir in unserem Leben Stress, Angst und Aufregung durch unsere mentalen Eigenkräfte ab. Von ganz allein pendeln wir uns wieder auf unser seelisches Gleichgewicht ein bzw. kommen über „die Sache hinweg". Wir vergessen das Ereignis zwar nicht, erleben aber ganz deutlich, dass das Erlebnis der Vergangenheit angehört. Es ist, als sei in unserer „Seelenlandschaft" jemand über eine Grasfläche gelaufen. Eine Zeit lang sieht man noch die Spur, dann richten sich die Halme wieder auf, die Fläche wirkt wieder einheitlich und geglättet – als hätte es die Schuhabdrücke nie gegeben.

Hierbei kommt uns unsere Fähigkeit zum Zeitgefühl zugute: Die Erinnerung verblasst, ist „verschwommen", „entfernt", geht einem „nicht mehr nahe". Dank dieser wohltuenden Distanz kann man sich an den Vorfall erinnern und darüber sprechen, ohne dass es noch „wehtut". Das Erlebnis ist nun integriert, wie die Psychotherapeuten sagen, und kann sich jetzt zu einem verwertbaren Erfahrungsschatz verwandeln. Francine Shapiro vergleicht die täglichen seelischen Blessuren mit kleinen körperlichen Verletzungen, wie beispielsweise dem Dornenstich einer Rose. Der Finger blutet und tut weh, aber das wird nicht ein Leben lang der Fall sein. Schon im Moment der Verletzung wissen wir intuitiv, dass dieser Schmerz schon nach ein, zwei Tagen vorbei und geheilt sein wird.

Und genau dieser tägliche seelische Heilprozess – und damit zurück zu unserem ersten Coaching-Beispiel – läuft bei Karsten hinsichtlich der Enttäuschung mit dem jungen Kollegen nicht wie gewohnt von allein ab. Um in dem Bild der Verletzung zu bleiben, scheint der Stachel in der Wunde geblieben zu sein. Und plötzlich heilt die Zeit nicht wie üblich alle Wunden, sondern die Kränkung bleibt wie ein leichter, aber einschränkender seelischer Phantomschmerz bestehen. Die „Schuhabdrücke" in der Seelenlandschaft bleiben bestehen, es ist ein resistentes Stress-Imprinting entstanden.

2.4 Wie bleibt „der Schreck in den Knochen stecken"? Oder: Welche Wirkung haben Stress-Imprintings und posttraumatischer Stress?

Im Rahmen der Schmerzforschung ist ein faszinierender Film mit dem Titel „Wie die Nervenzelle den Schmerz erlernt" entstanden. Einem Forscher des Max-Planck-Instituts, Walter Zieglgänsberger, ist es gelungen, die Reaktion einer isolierten Nervenzelle mithilfe einer Zackenkurve zu filmen. Der Nerv „feuert", heißt es, wenn eine Nervenzelle auf einen Reiz hin eine Reaktion zeigt. Entsprechend sieht man dann pro experimenteller Reizung der Zelle eine „Aktions-Zacke". Reizt man die Nervenzelle jedoch sehr intensiv oder zu häufig, verselbstständigt sich diese Reaktion. Der Nerv fängt ein „Dauer-Feuer" an, ohne dass von außen gereizt wird, ist ohne äußeren Anlass aktiv. Mit diesen sensationellen Forschungsergebnissen konnte Walter Zieglgänsberger Phänomene wie den Phantomschmerz erklären. Hier leiden die Betroffenen unter Schmerzen von amputierten Körpergliedern. Beispielsweise tut ein Fuß weh, obwohl er nicht mehr da ist.

Bis dahin war der Phantomschmerz ein Rätsel für die Medizin. Jetzt weiß man, dass die Gehirnzellen in der Lage sind, Schmerzen zu erlernen. Sie melden Schmerzempfindungen, obwohl die Schmerzursache schon seit Jahren nicht mehr existiert. Man spricht hier von einem „Schmerzgedächtnis" oder auch von „neuronaler Plastizität". Die Neurone, also die Nervenzellen, lernen die Schmerzempfindung wie ein Lied, das einem nicht mehr aus dem Kopf geht. Man hat Schmerzen, obwohl die schmerzende Körperstelle organisch gesund bzw. geheilt ist. Diese Art von Schmerzen nennt man inzwischen neuropathische Schmerzen. Walther Zieglgänsberger geht davon aus, dass seine Forschungen auch die neuronalen Muster von Phobien und posttraumatischem Stress erklären können.

Den Titel des erwähnten Filmes könnte man diesen Vermutungen nach auch abwandeln in: „Wie die Nervenzelle den Schreck erlernt." Ein Schreck verursacht aufgrund einer Überschwemmung des Nervensystems mit Stresshormonen ähnlich starke Körperwahrnehmungen wie der Schmerz: Muskelgruppen spannen sich an, der Atem wird flach oder stockt, der Kreislauf rast, der Blick wird starr, die Gefäße verändern sich, Magen und Darm scheinen sich zu verkrampfen – so fühlt es sich zumindest an. Ist so ein Schreck für das Nervensystem zu intensiv, entgleist die natürliche Informationsverarbeitung. Der Körper bleibt chronisch erschrocken, obwohl die Gefahr schon längst wieder vorbei ist. Man könnte hier vom Phantomschmerz der Seele sprechen. Jede Emotion kann sich auf diese Weise chronisch verselbstständigen, sozusagen zur „neuropathischen Emotion" werden: Angst, Wut, Rachedurst, Trauer, Ekel oder Scham. Dann gibt es noch das subjektive Gegenteil von Emotionen, ein Nicht-Fühlen, Nicht-gerührt-Sein, was oft als besonders fremd erlebt wird.

Da man es gewohnt ist, dass sich die o.g. Emotionen von allein wieder abbauen, verursachen „feststeckende" Emotionen ein Gefühl von Hilflosigkeit. Bewusst oder unbewusst vertraute Verarbeitungsmöglichkeiten wie Ablenkung, Sport, und Gespräche erfüllen nicht mehr ihre gewohnte Funktion des „Processing", wie man den beständigen neuronalen Integrationsprozess unserer Erlebnisse und Emotionen nennt. Sie erinnern sich: Im Begriff *Emotion* steckt das lateinische Wort für Bewegung: *motio*. Und genau diese Bewegung kommt bei posttraumatischen Belastungsstörungen oder beim Stress-Imprinting ins Stocken, wird zur Starrheit und bleibt somit auf der Stelle.

Sogar das älteste Mittel, der Schlaf, versagt. „Schlaf doch eine Nacht drüber, morgen sieht alles ganz anders aus", sagt der Volksmund eigentlich ganz richtig. Schlaf- und Gehirnforscher sind sich heute einig, dass wir vor allem beim Träumen einen großen Teil unserer Erlebnisse „verdauen". Doch bei einem hartnäckigen Stress-Imprinting erfüllt der Traum diese verarbeitende Funktion nicht. Wie bei einer CD mit einem Kratzer bleibt das „Processing" an einer bestimmten Stelle hängen und kommt hier nicht weiter. Diese Traumblockierung führt nicht zur wohltuenden Auflösung, sondern zum quälenden Albtraum, der die Betroffenen meist allzu oft aus dem Schlaf aufschrecken lässt.

Über die exakten neuronalen Auswirkungen von klinischer Traumatisierung oder PSI weiß man heute noch zu wenig, um eine allgemeingültige Erklärung abzugeben. Man kann nur einzelne Puzzlesteine sammeln und diese immer wieder in ein großes Gesamtbild einpassen. Dazu gehören beispielsweise auch Aufnahmen der Gehirnfunktion von Phobikern – also von Menschen, die heftige chronische Angstreaktionen in Kontakt mit spezifischen Situationen, Gegenständen oder Tieren wie beispielsweise einer Maus haben. Diese Aufnahmen zeigen mit bunten Farben die Aktivitäten des erlebenden und reagierenden Gehirns. In dem Film mit dem dramatischen Titel „Phobia – die nackte Angst" – ausgestrahlt vom Sender Vox in der Reihe „BBC Exklusiv" – kann man entsprechend eindrucksvolle Bilder sehen. Sie zeigen, dass bei diesen Personen die Amygdala, also die Gehirn-Alarmglocke schrillt, wenn man ihnen Bilder zeigt, die jeder Mensch als belastend oder ängstigend einstufen würde, wie etwa eine unheimliche Fratze aus einem Horrorfilm. Kurz nach dieser Darbietung „erlischt" die Amygdala jedoch sofort wieder.

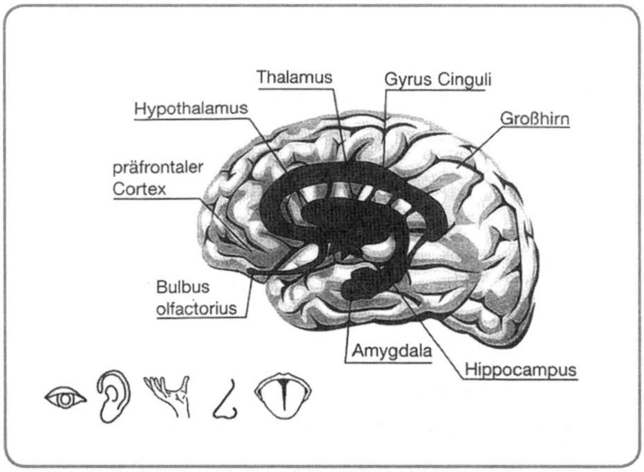

Abbildung 7: Limbisches System mit Hippocampus

Zeigt man ihnen dann aber ein Bild mit dem Thema ihrer Phobie, leuchten die Amygdala und der linke Hippocampus gleichzeitig auf. Der Hippocampus ist eine mit unserem Gedächtnis eng verknüpfte Gehirnregion. Interessanterweise bleibt dieser Gedächtnisspeicher der Gefühle bei den allgemein als schrecklich empfundenen Bildern wie der Horrorfratze quasi stumm. Im Gegensatz dazu haben sich aber bei einer Phobie offensichtlich „Alarmglocke“ und Gefühlsgedächtnis zu einem fest vernetzten Team zusammengefunden. Man kann sich nicht mehr an eine Maus erinnern oder diese wahrnehmen, ohne dass nicht auf der Stelle auch die Alarmglocke schrillt und eine Überdosis an Stresshormonen ausgeschüttet wird. Erschwerend kommt hinzu, dass all unsere Sinneswahrnehmungen immer das limbische System – unser Gefühlsgehirn – passieren müssen, bevor sie an den sogenannten Cortex, also an unser „Denkhirn“ weitergeleitet werden. Dieses Weiterleiten dauert eine halbe bis Dreiviertelsekunde. Vorher bewertet der Thalamus vor dem Hintergrund unserer gesamten Erfahrungen die neuen Informationen und sagt umgehend den Mandelkernen Bescheid, falls er einen hereinkommenden Sinnesreiz als bedrohlich und für besonders wichtig hält. Dann erst wird der Cortex informiert.

Deswegen setzt auch jeder Schreck eine halbe bis Dreiviertelsekunde früher als der Verstand ein. Und ist der Schreck einmal ausgelöst, kann der „klare Verstand“ seine klärende Wirkung leider nicht mehr entfalten. „Denn leider“ – so sagte der Bremer Gehirnforscher G. Roth im Rahmen eines Vortrags zu diesem Thema – „leitet zwar die Amygdala an den Cortex weiter, aber umgekehrt lässt sie sich vom Cortex nichts sagen bzw. nur sehr ungern etwas sagen.“

Wie schon beschrieben fährt das limbische System inklusive Amygdala auch zu Hochtouren auf, wenn besonders positive Reize hereinkommen, etwa die tollen

Schuhe im Sonderangebot, die man sich laut Verstand eigentlich nicht mehr leisten kann. Auch hier „übertönen" die Emotionen den eifrig warnenden Verstand: Er geht im Sinnesrausch unter, die Kreditkarte wandert über den Tisch und später wundert sich der Verstand darüber, wie dieses Paar Schuhe in die Einkaufstasche gekommen ist. Er wurde mal wieder eine halbe Sekunde zu spät dazugeschaltet … Auch Börsenfieber funktioniert nach dem gleichen Prinzip.

Viele der erwähnten Forschungsergebnisse passen interessanterweise auch zu Befunden, die man bei schwer traumatisierten Menschen erheben konnte. Bei Kriegsveteranen oder Menschen mit Gewalt- und Missbrauchserlebnissen lässt sich beispielsweise eine deutliche Verkleinerung des linken Hippocampus gegenüber nicht-traumatisierten Menschen feststellen – als sei dieser Bereich durch die ständige Verbindung mit dem Alarmglockensystem im Laufe der Jahr erschöpft worden. Außerdem scheint einem schwer traumatisierten Menschen der klare Verstand gar nicht zu nützen: Er hat weiterhin Angst, obwohl er genau weiß, dass er keine Angst mehr haben müsste. Aber wie all dies genau zusammenhängt, wird man wohl erst in einigen Jahren erfahren.

Wir geben diese Hinweise auch an unsere Coaching-Kunden weiter, wobei wir selbstverständlich deren Themen gegen die Probleme schwersttraumatisierter Menschen abgrenzen. Dennoch haben diese Informationen für viele Menschen mit PSI nicht nur einen erklärenden, sondern auch einen sehr entlastenden Effekt. „Diese Informationen bedeuten also, dass es ganz normal ist, wenn ich aus eigener Kraft oder mit purer Willenskraft nicht über diesen Knacks hinwegkomme", kommentierte Karsten unsere Erklärungen. Dies ist eine ganz wichtige Aussage. Seit Jahren gehen wir mit den Sätzen wie „Man muss nur wollen, und dann kann man Berge versetzen" sehr vorsichtig um. Das ist so, als würde man sagen: „Man muss nur wollen, und schon wickelt sich der Verband ganz von allein um die Verletzung." Oder man sagt zu einem Menschen, der sich im Wald verirrt hat: Du musst nur wollen, dann findest du wieder hinaus!" Eine Wanderkarte oder ein Kompass wären hier wohl deutlich hilfreicher … Zwar bedürfen die hier beschriebenen Erschütterungen, „Knackse" oder Stress-Imprintings keiner Therapie, aber doch eines gezielten Coaching-Know-hows, damit die Betroffenen zielsicher in ein Processing der Ereignisse und somit wieder in den Flow ihrer Gefühle und Ressourcen kommen können.

Wer dies für sich nicht akzeptiert, kann zusätzlich zur Stressbelastung noch ein drückendes Minderwertigkeitsgefühl heranzüchten. „Wenn es nun wirklich nur am Wollen liegt – warum komme ich dann über meine Stressblockade nicht hinweg?" Antwort: „Weil ich nicht richtig will oder mich sonst wie dumm anstelle." Man schämt sich über seine „Anstellerei", so wie Karsten, der sich selbst zum Coaching-Beginn als „Mimose" bezeichnete. Da ist der Weg zum Versagergefühl nicht mehr weit, wie ein weiteres Beispiel zeigen kann.

Beispiel:

Stellen Sie sich einmal vor, jemand käme zu Ihnen mit folgender Bitte: „Ich habe gesehen, dass da draußen ein Hubschrauber genau vor meinem Auto gelandet ist. Leider passt mir das gar nicht, denn ich muss gleich schnell wegfahren. Könnten Sie den mal eben für mich ein Stückchen weiterfliegen? Der Pilot ist nämlich nirgends zu sehen und ich muss jetzt ein wichtiges Telefonat führen." Einerseits könnten Sie antworten: „Dann machen Sie's doch selbst." Als höflicher Mensch entgegnen Sie aber vielleicht: „Tut mir leid, ich kann gar keine Hubschrauber fliegen!" Darauf Ihr Gesprächspartner: „So ein Quatsch! Sie müssen es nur wirklich wollen!" In diesem Kontext würde jeder ohne das geringste Versagergefühl antworten: „Am Wollen liegt es nicht, ich habe einfach das Hubschrauberfliegen nicht erlernt, ich weiß nicht, wie das funktioniert. Mir fehlt das Know-how."

Man ahnt gar nicht, bei wie vielen Menschen eine Veränderung oder Persönlichkeitsentfaltung nicht am mangelnden (wirklich) Wollen scheitert. Das Manko besteht vielmehr im ungenügenden Können und „Wissen wie" und in nicht ausreichenden Kenntnissen von mentalen Problem- und Erfolgsstrukturen. Alle Coachees, die uns aufsuchen, „wollen wirklich", sonst hätten sie schließlich keinen Termin gemacht. Und weil Know-how bei jedem effektiven Lern- oder gar Veränderungsprozess eine tragende Rolle spielt, beginnen wir jedes Coaching mit einer ausführlichen Beschreibung der neurobiologischen Modelle dieses besonderen Coaching-Werkzeugs.

Karsten informieren wir beispielsweise auch über wissenschaftliche Untersuchungen zum Thema „Ablehnung und Ausgrenzung durch Mitmenschen". Es hat sich nämlich bei einer Untersuchung mit Gehirnscan-Bildern gezeigt, dass Erlebnisse dieser Art bei uns Menschen mit einer deutlich hohen Aktivität im Schmerzzentrum einhergehen. Ablehnung und Ausgrenzung tun also richtig weh – auch auf neurobiologischer Basis. Äußerlich gibt es keine Verletzung, aber innerlich erleben unsere Nervenzellen echten Schmerz. Das Wort „Kränkung" ist deshalb in diesem Zusammenhang keinesfalls eine Metapher, sondern beschreibt körperlich konkret richtig. Diese Untersuchungen haben zu dem Begriff „social pain", also „Sozialschmerz" geführt.

Weitere Untersuchungen konnten zeigen, dass auch Redewendungen wie „die kalte Schulter zeigen" oder „ein warmes Herz haben" einer neurobiologischen Wahrheit entsprechen. Versuchspersonen, denen man Filme mit ablehnenden oder ausgrenzenden zwischenmenschlichen Szenen zeigt, schätzen Temperaturen kälter ein als Vergleichspersonen ohne diese Beeinflussung und sie wählen nach der Darbietung fast immer heiße Getränke aus, um sich von der „Kälte" in den Filmen zu erholen.

Karsten reagiert sehr nachdenklich auf diese Information, lehnt sich im Stuhl zurück und entspannt sichtlich. Die Informationen haben ihm geholfen, sein Thema besser zu verstehen und kognitiv einzuordnen.

Hinweis für Coaches: Die Bedeutung von Methodentransparenz und Psychoedukation für ein erfolgreiches Coaching

Diese Begrifflichkeit stammt aus der klassischen Verhaltenstherapie und meint die Einbeziehung eines Menschen in die theoretischen Modelle und Überlegungen, die den Sinn psychologisch fundierter Intervention erklären. Hierzu gehört nicht nur die Erläuterung des Vorgehens gegenüber einem Patienten, einem Coachee oder einer Gruppe von Menschen, sondern auch die verständliche Darstellung des Denkmodells, mit dem Therapeuten, Coaches oder Trainer ihre Theorie über die Problementstehung psychologischer „Knoten" und ihre Lösungen erklären.

Wichtig ist, den Coaching-Kunden darüber zu informieren, dass es sich beim gedanklichen Hintergrund der Verfahren nicht um allgemeingültige Weisheiten handelt, sondern nur um Modelle, die sich für positive Veränderungsprozesse bewährt haben. Untersuchungen in der Verhaltenstherapie haben gezeigt, dass entsprechende inhaltliche Vorbereitungen nicht nur für Methodentransparenz, sondern auch für eine positive Erwartungshaltung von Menschen sorgen, was diese Maßnahmen bereits zu einer weiteren Intervention machen. Der leider verstorbene Verhaltenstherapie-Experte Klaus Grawe schilderte in seinem Buch „Psychologische Therapie", dass ein Therapieerfolg laut dieser Studien immerhin zu 30 % von der positiven Erwartung des Patienten abhängt, welche mit einer guten inhaltlichen Vorbereitung durch den Therapeuten vor der Durchführung der eigentlichen Therapie geweckt wird.

Vor allem Coaching-Kunden würdigen es sehr, wenn der Coach jederzeit im Prozess erklären kann, was gerade passiert und mit welchen strategischen Überlegungen die jeweiligen Interventionen eingesetzt werden. Deshalb erhalten alle wingwave-Coaches im Rahmen ihrer Ausbildung umfangreiches Anschauungsmaterial über die Methode in Form von Powerpoint-Präsentationen und informativen Texten sowie zahlreichen Geschichten und Metaphern, mit deren Hilfe sie ihren Kunden die theoretischen Überlegungen von wingwave-Coaching erläutern können. Im Einzelcoaching halten die meisten Coaches das Material ausgedruckt für ihre Kunden bereit.

Hierzu ein Beispiel:

Wir konnten einer Klientin mit wingwave helfen, die drei Wochen vor unserem Erstgespräch anlässlich eines geplanten Rundflugs über Hamburg einen Hubschrauberabsturz überlebt hatte. Gott sei Dank konnten sie und ihr Freund körperlich gesund überleben, aber die junge Frau litt seit diesem Vorfall unter Schlafstörungen und Panikattacken. Wie beschrieben, erläuterten wir ihr zunächst die neurobiologischen Hintergründe von posttraumatischem Stress. Wir beschrieben Sinn und Zweck des geplanten Methodeneinsatzes und planten dann für einen weiteren Termin die eigentliche wingwave-Intervention. Sie berichtete uns dann, dass sie schon in der Nacht nach diesem vorbereitenden Gespräch viel besser geschlafen hätte: Es hat mich einfach beruhigt, zu erfahren, was überhaupt mit mir los ist, wie ich mir die Schlafstörungen erklären kann. Allein die anschaulichen Bilder haben mir die Angst genommen, dass mit mir irgendetwas Ungewöhnliches passiert, das man nicht steuern kann.“

Auch wenn die Klienten danach tagsüber immer noch Panikgefühle hatte, hatten dennoch die Psychoedukation und Methodentransparenz bereits für sich einen positiven Effekt ausgeübt. Die eigentliche Intervention vier Tage später verlief erfolgreich und dauerte nur eineinhalb Stunden. Dieses Coaching wurde übrigens gefilmt und im Rahmen einer vierteiligen Fernsehserie zum Thema wingwave-Coaching gezeigt.

Auch wenn es sich bei diesem Beispiel um kein klassisches Coaching-Thema handelt, zeigt es dennoch anschaulich, dass Methodentransparenz und die Erklärung von Problem- und Lösungsmodellen auf Coaching-Kunden bereits einen zielführenden Veränderungseffekt haben können.

2.5 PSI und das „innere Dornröschen-Schloss“

Das Märchen „Dornröschen“ von den Brüdern Grimm ist eine wunderbare Metapher für ein resistentes Stress-Imprinting. Da gibt es eine lebendige, blühende Landschaft mit Dörfern und Städten. Doch mittendrin existiert ein verwunschenes Schloss, welches von einer dichten Dornenhecke umwuchert ist. In diesem Schloss ist die Zeit stehen geblieben, denn einst hat eine böse Fee das ganze Schloss samt seinen Bewohnern in einen hundertjährigen Schlaf versetzt. Alles verharrt dort wie genau in jener Sekunde, als Dornröschen sich mit einer Spindel der Fee verletzte, sie stach sich damit in den Finger. Im Rahmen der erstarrten Lebendigkeit bleibt sogar der Koch, der gerade dem Küchenjungen eine Ohrfeige geben will, mit erhobener Hand mitten in der Bewegung stehen. Der tägliche, fließende Tagesablauf ist zum ewigen Standbild geworden. Es findet keinerlei Prozess und somit auch kein „Processing“ mehr statt. Im Laufe der Jahrzehnte versuchen viele Prinzen, zu dem schönen Dornröschen durchzudringen, doch sie bleiben alle in den Dornen der das Schloss umgebenden Hecke hängen.

Bei Menschen mit einem Stress-Imprinting steht dieses durch ein negatives Ereignis erstarrte Schloss in der Seelenlandschaft bzw. in der Landschaft der billionenfach verknüpften Gehirnzellen. Überall pulsiert Leben, es wird agiert, reagiert und es findet Weiterentwicklung statt – nur nicht in diesem dunklen Schloss der zum Standbild gewordenen Stress-Erinnerung. Ebenso stehen die meisten Personen mit PSI in den meisten Lebensbereichen in einem ressourcevollen Kontakt mit ihren Möglichkeiten und Talenten – solange sie nicht in Kontakt mit der inneren, das Stress-Erlebnis isolierenden „Dornenhecke“ kommen. Dann bleiben sie „hängen“ und kommen nicht mehr weiter. Dieses Phänomen nennt man im Coaching die „isolierte Blockade“: Es ist alles wunderbar in Ordnung – bis auf „die eine Sache“.

Wenn die wachen REM-Phasen wirken, öffnet sich die Dornenhecke und es kommt wieder Leben in das Schloss. Das Processing der körpereigenen seelischen Heilprozesse fängt an zu fließen und damit auch die Kreativität, die Kraftquellen und die Gefühle. Und mit dem Fluss der Gefühle verändern sich diese durch die Intervention rasch in eine wohltuende Richtung. Allerdings war da noch die Sache mit der Ohrfeige, die der Koch dem Küchenjungen geben wollte. Als der Bann gebrochen

ist, macht er das natürlich sofort, und der Küchenjunge schreit laut „aua!" Nun versetzen Sie sich einmal in den Küchenjungen. Wenn Sie die Wahl hätten: Würden Sie lieber eine Ohrfeige riskieren und dafür wieder am Leben teilnehmen oder möchten Sie weiterhin jahrzehntelang in Starrheit verweilen – nur um dem kurzen „Backs" zu entgehen? Diese Metapher ist im wingwave-Coaching als „Küchenjungen-Effekt" geläufig geworden.

Mit solchen und ähnlichen Metaphern und Analogien bereiten wir unsere Coachees darauf vor, dass wingwave-Coaching ein sehr gefühlsbetontes Verfahren ist. Deswegen verwenden wir auch den Begriff Emotions-Coaching. Verschiedenste Emotionen können in rascher Folge intensiv auftauchen und wieder „verfliegen". Oft kommen Gefühle in Fluss, die während des stressenden Ereignisses eigentlich angemessen gewesen wären, aber gerade im Leistungs- oder Spitzenleistungs-Geschehen nicht ausgelebt werden konnten. So kann sich nach einer Beleidigung ein Wut- und Rachegefühl chronisch „festsetzen". Klingt es durch die REM-Intervention ab, taucht vielleicht ein paar Minuten später plötzlich eine Traurigkeit auf, die man vorher nie gefühlt hat, die aber angesichts der Kränkung ebenfalls eine „Psycho-Logik" hat. Wie bei der Küchenjungen-Ohrfeige kommt die erstarrte Emotion in Fluss und kann den Coachee während der Intervention „treffen". Viele Coaching-Kunden sind sehr überrascht von der Vielzahl der Gefühle und der schnellen Abfolge des Gefühlserlebens während des Verfahrens. Ebenso intensiv können dann die positiven Emotionen sein, die am Schluss der Intervention auftauchen: Erleichterung, Freude, Begeisterung oder ein Gefühl von Kompetenz, Stärke oder Entschlossenheit.

Sind die Coachees auf das Küchenjungen-Phänomen gut vorbereitet, können sie einerseits das Gefühl durchleben und es gleichzeitig auf einer mentalen Meta-Ebene in seiner Bedeutung richtig einordnen. Sie wissen dann genau, dass die Gefühlswallung nichts mit dem Hier und Jetzt zu tun hat, sondern zur Löschung des Stress-Imprintings dazugehört.

Vergleichen Sie diese Wahrnehmung auf der Meta-Ebene einmal mit einem ganz normalen Schluckauf. Das ist eine eigentlich recht heftige Reaktion: Die Luft bleibt weg, man gibt unkontrollierte Laute von sich und der Oberkörper wird von einem Krampf geschüttelt. Trotz dieser akut erlebten Dramatik können die meisten Betroffenen Schluckauf haben und im selben Moment über dieses physiologische Phänomen lachen.

Unsere Klienten lachen zwar nicht, aber sie bleiben seelisch gelassen, während der Körper die Emotion im Super-Zeitraffer durchlebt. Tatsächlich dauert dieser „Gefühls-Zauber" – so drückte es einmal eine Coaching-Kundin aus – pro emotionaler Welle meist nur eine Minute, oft noch kürzer.

Zum Schluss wird das Körpergefühl oft sogar als sehr angenehm empfunden. Viele Menschen fühlen sich nicht nur erleichtert und entspannt, sondern auch müde oder angenehm erschöpft. Einige Klienten müssen häufiger gähnen. Auch hierzu gibt es eine Metapher: Wenn Sie schwere Einkaufstüten tragen, reißen Sie sich so lange zusammen, bis Sie mit der Last in Ihrer Wohnung angekommen sind. Dann stellen Sie die Tüten ab. Als Nächstes lassen Sie sich in einen Sessel sinken, strecken „alle viere" von sich, atmen ein paar Mal tief durch und sagen: „So, das wäre geschafft!" Gleichzeitig seufzen Sie aber auch: „Puh, war das anstrengend!"

Erst wenn die Last abgelegt ist, erlauben Sie sich also nachzuspüren, wie erschöpfend der Kraftaufwand war. Das Gleiche gilt für seelische Lasten, die man gerade abgelegt hat. Daher raten wir unseren Klienten immer, sich nach diesen Coaching-Sitzungen noch Zeit für sich zu nehmen, möglichst früh schlafen zu gehen oder auf irgendeine angenehme Art die „Seele baumeln" zu lassen.

Diese hier beschriebenen Effekte führen insgesamt dazu, dass unsere Coachees mit jeder Sitzung ein wachsendes Vertrauen in die Methode gewinnen und sich an immer mehr Themen heranwagen, die sie bis dahin nicht anrühren mochten, weil sie befürchteten, gefühlsmäßig wieder in der „Trauma-Dornenhecke" hängen zu bleiben. Eine Kundin kam sogar mit einer kleinen Liste zur dritten Coaching-Sitzung: „Das wollte ich mir jetzt auch noch alles wegwinken lassen." Diese Wortwahl mag so manchen erfahrenen Psychotherapeuten alarmieren – zu Recht. Denn einfach „wegwinken" kann man die belastenden Erlebnisse, wie man sich nach diesen Ausführungen vielleicht vorstellen kann, erst nach einer wirklich sorgfältigen Vorbereitung. Das gilt für die psychisch stabilen Coaching-Klienten ganz genauso wie für die Patienten mit posttraumatischen Belastungsstörungen. Erst dann können sich die chronisch erstarrten quälenden Gefühle durch die sehr einfach aussehende Intervention wieder auflösen – ganz im Sinne einer Erlösung vom bösen „Trauma-Zauber".

Zur Vorbereitung gehören noch weitere Punkte, wie beispielsweise die Etablierung eines inneren sicheren Ortes. Das beschreiben wir noch ausführlich in Kapitel 4 „Die wingwave-Intervention"; dann werden die einzeln Phasen des gesamten Prozesses im Überblick gezeigt. Im folgenden Abschnitt erleben Sie in einer Live-Szene, wie die „wachen REM-Phasen" zum Einsatz kommen. Aber vorher interessiert Sie vielleicht noch eine Selbstcoaching-Übung, mit der Sie einem „Küchenjungen-Effekt" im Alltagsstress vorbeugen können.

Selbstcoaching-Tipp: Stressprävention durch wache REM-Phasen und durch den Einsatz der wingwave-Musik

Sie müssen keinesfalls tagelang passiv „energisch abwarten", ob sich ein Alltagsstress von allein abbaut oder ob vielleicht ein Stress-Imprinting daraus werden könnte. Wenn Sie sich erschrocken, geärgert oder gar verletzt haben: Vermeiden Sie bewusst den „Küchenjungen-Effekt" und setzen Sie einfach gleich schnelle Augenbewegungen ein oder hören Sie sich die wingwave-Musik an.

Haben Sie sich beispielsweise den Ellenbogen gestoßen oder sind beim Joggen gestolpert oder gar hingefallen, setzen Sie sofort schnelles „Augenturnen" ein. Gehen Sie in Gedanken blitzschnell immer wieder durch, was eben gerade passiert ist. So besänftigen Sie Ihr Schmerzgedächtnis, lockern mit den Augenmuskeln aber auch die gesamte Muskulatur und ermöglichen dadurch eine bessere Durchblutung und so indirekt eine günstigere Versorgung der verletzten Region mit Heilstoffen.

Denken Sie einmal darüber nach, wie in Film und Fernsehen Menschen dargestellt werden, die gerade etwas Schlimmes erlebt haben: Man zeigt dann immer in Großaufnahme die schreckgeweiteten und unbeweglich starrenden Augen. Dieser Blick sagt mehr als deutlich, dass eben etwas Überraschendes, Unangenehmes, Stressendes oder auch Ekliges passiert ist oder passieren wird, womit die betroffene Person gerade nicht umgehen kann – so wie der Küchenjunge starr vor Schreck die Ohrfeige erwartet. In jedem Land der Erde würden Menschen diesen Blick auf die gleiche Weise interpretieren. Sie können – im Umkehrschluss gedacht – jegliche Stressreaktion im alltäglichen Leistungsgeschehen abmildern, wenn Sie Ihre Augen schnell wieder bewegen.

Hat Sie nun Ihr bester Kunde im Gespräch mit einen völlig unbegründeten Vorwurf schockiert, sollten Sie natürlich nicht augenblicklich mit dem Augenturnen beginnen – das würde schon komisch wirken und weitere Komplikationen nach sich ziehen. Aber sobald Sie allein sind, führen Sie ein paar Sets wache REM-Phasen durch oder Sie setzen die Kopfhörer Ihres MP3-Players auf und gehen das Ereignis noch einige Male durch, bis Sie sich wieder „im Flow" fühlen.

Weitere Hinweise für das Auflösen von Stressempfindungen finden Sie in Kapitel 4.3, in dem wir den sogenannten Bodyscan näher erklären.

2.6 Coaching-Einheit: Der Einsatz wacher REM-Phasen

Nach der entsprechenden Einführung bitten wir Karsten, an die Kündigungssituation mit Sönke zu denken.

COACH: „Wenn Sie sich an dieses Ereignis erinnern – welches ist noch heute für Sie der schlimmste, der stressigste Moment?"

KARSTEN: „Ich sehe Sönke vor mir sitzen. Aber anstatt mir etwas über den tollen Erfolg zu sagen, erzählt er mir, dass er kündigt. Am meisten stört mich sein freundliches Gesicht, das nicht zum Inhalt der Mitteilung passt."

COACH: „Wie kommen Sie sich dabei vor?"

KARSTEN: „Irgendwie verraten und vor allem: wie ein Idiot."

COACH: „Was und wie würden Sie lieber über sich denken?"

KARSTEN: „Ich bin kompetent, ich bin ein Profi, ich habe alles richtig gemacht. Aber das Idioten-Gefühl ist einfach stärker."

COACH: „Angenommen, man könnte messen, wie sehr wir eine Selbstaussage glauben können. Dann bedeutet die Zahl 1: ‚Toller Satz, aber ich kann ihn leider überhaupt nicht glauben. Er trifft einfach nicht mein Empfinden.' Die Zahl 7 sagt aus: ‚Stimmt genau, dieser Satz trifft hundertprozentig auf meine Selbsteinschätzung zu.' Wie würden Sie momentan den Satz ‚Ich bin kompetent' bezüglich Ihrer Erinnerung mit Sönke einschätzen?"

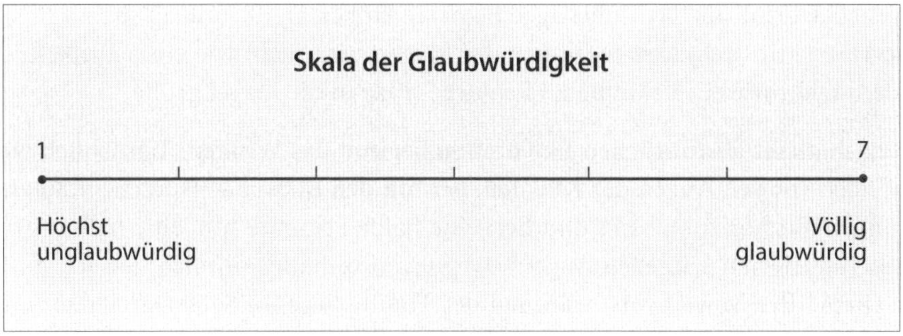

Abbildung 8: Glaubwürdigkeits-Skala

KARSTEN: „Bei 1, denn er spiegelt – wie gesagt – überhaupt nicht mein Gefühlslage wider."

COACH: „Denken Sie jetzt bitte an die belastende Kündigungsszene. Welche Emotion ist dabei jetzt im Moment im Vordergrund?"

KARSTEN: „Ich fühle mich enttäuscht und gedemütigt."

COACH: „Was belastet Sie mehr?"

Karsten: „Wie gesagt, es ist mir peinlich, dass ich so viel in diesen Menschen investiert und so naiv irgendeine besondere Dankbarkeit erwartet habe. Das ist das Schlimmste. Die Enttäuschung ist zwar da, steht aber als Gefühl nicht so sehr im Vordergrund wie das Peinlichkeitsgefühl."

Coach: „Wie stark fühlen Sie sich jetzt bei dem Gedanken an diese Szene in Ihrem Wohlgefühl beeinträchtigt? Schätzen Sie bitte Ihr subjektives Unbehagen auf einer Minusskala von 0 bis -10 ein."

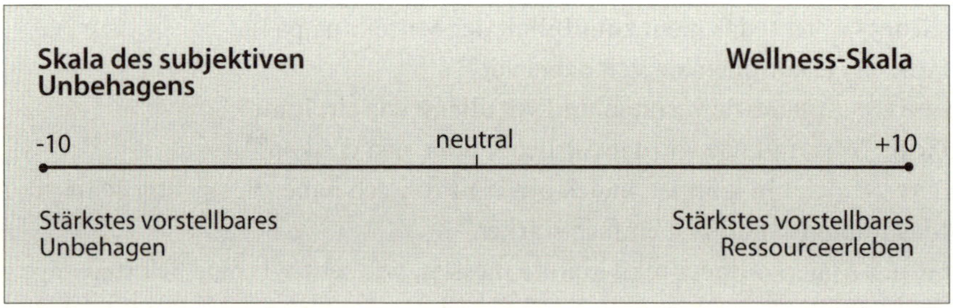

Abbildung 9: Skala des subjektiven Erlebens

Karsten: „Es wurmt mich immer noch sehr, ich sage -8."

Coach: „Bitte fühlen Sie jetzt ganz genau in Ihren Körper hinein. Wir nennen dieses Einfühlen den *Bodyscan* oder auch die *Suche nach dem Körperecho.* Wo und wie genau ‚wurmt' Sie das Unbehagen beim Gedanken an die Szene?"

Karsten: „Mir dreht sich regelrecht der Magen um. Nicht wie eine Übelkeit, sondern mehr wie ein Krampfen. Eben der Schlag in die Magengrube."

Erst nach dieser ausführlichen Exploration beginnt das Winken. Tatsächlich winkt der Coach vor den Augen des Klienten, der mit den Blicken entsprechend folgt, im Sekundentakt horizontal hin und her: eine halbe Sekunde hin, eine halbe zurück. Die so induzierten schnellen Augenbewegungen verlaufen ähnlich den REM-Mustern (Rapid Eye Movements) während der Traumphase im Schlaf. Auch auf dieses Winken müssen die Coachees gut vorbereitet werden. Die meisten haben zunächst das Gefühl, dass der Coach zu schnell winkt. Das hat einen guten Grund, denn die meisten der Emotionen, die wir subjektiv als unangenehm einschätzen, gehen – wie schon beschrieben – mit einem hohen Muskeltonus an den Augäpfeln einher.

Bei traurigen oder depressiven Menschen sieht man ebenfalls nur minimale Blickbewegungen. Hier ist der Grund jedoch ein zu niedriger Muskeltonus. Mit dem Winken muss nun der zu hohe Muskeltonus „gelockert" oder der zu niedrige belebt werden. Man sieht als Anwender deutlich, dass die Augen des Klienten zunächst den Fingerbewegungen ruckartig oder träge folgen und dass erst nach längerem Winken die entsprechende Bewegung fließend wird. Demnach muss die Bewegung schnell genug sein, um das „Eye Movement“ in Gang zu bringen, und langsam genug, damit die Augen des Klienten im Kontakt mit dem „Winke-Takt“ bleiben.

Wenn wir dieses Fließen beobachten, hören wir nach einem ersten physiologischen Wechsel in Mimik- und Körperausdruck des Coachee mit der ersten Winksequenz auf. Was sich hier zeigt, ist ein typisches Zeichen für den Wechsel einer Stress-Aktivierung hin zu einer parasympathischen, gelösten Körperaktivierung. Dies können sein: ein tiefes Atmen, ein Schlucken, eine spontane Änderung der Sitzposition, ein Bauchgeräusch, sogar ein Lachen oder ein plötzlicher Einfall, den die Person spontan äußert. EMDR-Therapeuten empfehlen, ungefähr 20 Hin- und Herbewegungen pro „Set“ durchzuführen. Wir haben jedoch festgestellt, dass das individuelle „Abholen“ der verschiedenen Menschen in ihren jeweiligen Spontanreaktionen zu rascheren Ergebnissen führt. Einige Coachees zeigen den ersten physiologischen Wechsel in die angestrebte Richtung schon nach zehn Wink-Einheiten, andere erst nach 30.

Nach dem besagten ersten Wechsel von der sympathikotonen Körperaktivierung (Stress, Anspannung, Gefäßverengung) in Richtung zur parasympathikotonen Aktivierung wird der erste Veränderungs-Check besprochen. Auch Karsten hat plötzlich einmal tief durchgeatmet. Der Coach lässt die Hand sinken.

Coach: „Denken Sie nun wieder an die Szene. Fühlen Sie in Ihren Magen hinein. Was nehmen Sie jetzt wahr?“
Karsten: „Es krampft nicht mehr so, fühlt sich viel entspannter an.“
Coach: „Fühlen Sie sich noch so gedemütigt?“
Karsten: „Nein, aber ich werde total sauer.“
Coach: „Wie und wo fühlen Sie das?“
Karsten: „In den Armen, vor allem in den Händen“ (er ballt die Fäuste).
Coach: „Denken Sie wieder an die Szene und nehmen Sie wahr, wie die Wut in den Händen sitzt.“

Wir erklären den Klienten zusätzlich, dass man nur vor und nach der Winke-Sequenz vollständig konzentriert an die Stressszene und die damit verknüpften Emotionen und Körpersensationen zu denken vermag. Es ist völlig klar, dass während des Winkens die Stressszene weniger intensiv fokussiert werden kann, da das Winken auch wie eine Ablenkung wirkt.

Nach einer weiteren Abfolge von 20 Winkbewegungen atmet Karsten tief durch. Nun kann man wieder sprachlich einen Zwischenstatus erheben.

Coach: „Was ist jetzt?“
Karsten: „Die Wut ist völlig weg. Gleichzeitig geht mir der Satz durch den Kopf: ‚Lass dir nichts anmerken.‘“

COACH: „Wie fühlt es sich an, wenn man sich nichts anmerken lässt?"
KARSTEN: „Es ist, als würde die Körpertemperatur heruntergefahren."
COACH: „Und wo im Körper fühlt sich das besonders cool an?"
KARSTEN: „Im Bauch."
COACH: „Bleiben Sie bei dem Satz ‚Lass dir nichts anmerken'. Denken Sie an die Szene und fühlen Sie in den coolen Bauch hinein."

An dieser Stelle scheint der Prozess plötzlich in einer sich wiederholenden Schleife hängen zu bleiben, ein Phänomen, das man „Loop" nennt. Karstens Empfindungen pendeln von Set zu Set immer zwischen Wut und Cool-Bleiben hin und her. An dieser Stelle geht der Coach zu einer verbalen Intervention über.

COACH: „Warum dürfen Sie sich Ihre Gefühle nicht anmerken lassen?"
KARSTEN: „Das ist doch nur Selbstmitleid!"
COACH: „Was ist daran verkehrt? Glauben Sie nicht, dass jeder in Ihrer Situation getroffen gewesen wäre?"
KARSTEN: „Meinen Sie? Aber man darf doch kein Selbstmitleid haben!?"
COACH: „Und wenn es aber völlig berechtigt und angemessen ist? Denken Sie nochmals an unser Gespräch über Abgrenzung und Ablehnung, über Sozialschmerz und soziale Kälte. Schließlich sind Sie nicht ärgerlich, weil Ihre Krawatte zu wenig Tupfer hat. Dann wäre Selbstmitleid in der Tat lächerlich. Sie fühlten sich nach Ihrem persönlichen Engagement für Sönke einfach sehr verletzt und hatten dabei ganz normale und völlig ‚ehrenwerte' Gefühle."

Bei dem Wort „ehrenwert" muss Karsten etwas schmunzeln. Der Coach weiter: „Warum sollte man so etwas nicht registrieren dürfen? Denken Sie einmal darüber nach und folgen Sie den Fingerbewegungen." Wieder folgt ein Set.

Hier zeigt sich deutlich, dass der Coaching-Prozess nicht nur aus Winken besteht. Die eben erwähnte Winksequenz – sie dauerte nur 30 Sekunden – nennt man „kognitives Einweben". Der Coach fügt in einer kurzen verbalen Intervention der Wahrnehmungswelt des Klienten gezielt einen erweiternden Aspekt hinzu und vergrößert somit seinen Bewertungsrahmen. Karsten stand sich scheinbar selbst im Weg, mit einem Belief, der lauten könnte: „Ein Profi darf keine Gefühle zeigen." Der Coach beginnt keine bewusste Belief-Diskussion, sondern bietet lediglich einen neuen, mentale Grenzen öffnenden Gedanken an. Macht die Bemerkung den Klienten offensichtlich nachdenklich, wird sofort weiter gewunken. Das beschleunigt die Integration der neuen Information in das „Processing".

Bereits in der Einführung wird der Klient darauf vorbereitet, dass der Coach im Prozess möglichst wenig sagt und dass auch bei einer verbalen Sequenz möglichst schnell wieder weitergewunken wird. Die Technik des kognitiven Einwebens verlangt vom

Coach eine hohe Kompetenz im Erkennen von ressourcenhemmenden Beliefs und in der Formulierung von erlaubenden und Ich-stärkenden Beliefs und Glaubenssätzen. Da dieser Teil der Coachingarbeit für die Ressourcenaktivierung im subjektiven Erleben des Menschen so immens wichtig ist, haben wir ihm später ein Extra-Kapitel gewidmet: „Belief-Coaching: konstruktiver Umgang mit Glaubenssätzen."

Doch zurück zu Karsten: Mitten in diesem Winke-Set guckt er plötzlich wie jemand, der eine überraschende Eingebung hat. Er macht das Stopp-Zeichen, der Coach hört auf zu winken. In der Einführung wird als Stopp-Zeichen meist die erhobene Hand abgesprochen. Zusätzlich vereinbaren wir noch ein Zeichen für Weiterwinken, denn viele mit der Methode vertraute Coaching-Kunden spüren intuitiv, wie viel „Winke-Energie" sie benötigen, um über einen wichtigen Punkt hinwegzukommen oder um das Wohlgefühl ausreichend zu steigern.

Coach: „Was ist jetzt?"
Karsten: „Ich sage es ihm einfach."
Coach: „Wie meinen Sie das?"
Karsten: „Ich habe ihm eben in Gedanken ganz ruhig ins Gesicht gesagt: ‚Sönke, es ist natürlich dein gutes Recht zu kündigen, aber für mich ist das jetzt im Moment ein ziemlicher Schlag. Das muss ich erst mal verdauen. Ich möchte das Gespräch daher lieber morgen fortsetzen, dann habe ich mich wieder beruhigt.'"
Coach (begibt sich mit in den „Film" hinein): „Und wie reagiert er darauf?"
Karsten (lacht): „Das blöde Grinsen hört endlich auf und jetzt ist ihm die Situation peinlich."
Coach: „Wie geht es Ihnen mit dieser Vorstellung?"
Karsten: „Erleichtert."
Coach: „Wo im Körper spüren Sie die Erleichterung am deutlichsten?"
Karsten: „In den Schultern und im Brustkorb, am meisten im Brustkorb. Ich kann jetzt tief durchatmen."

Karsten setzt sich aufrecht und gerade hin und dehnt den Brustkorb. Dabei hört man zweimal ein leises Knacken von sich lösenden Blockaden im Nacken-Rückenbereich. Auf dieses Phänomen der befreienden Körperreaktionen gehen wir später noch ausführlich ein.

Coach: „Spüren Sie das angenehme Gefühl und folgen Sie wieder der Fingerbewegung."

Es folgt ein weiteres Set, bei dem der Coach nun ganz langsam winkt. Es hat sich gezeigt, dass durch die langsame Blickführung die angenehme Körperwahrnehmung verstärkt wird. Den unterschiedlichen Einsatz des schnellen und des langsamen Wink-Tempos kann man mit folgendem Gedanken erklären: Mit dem möglichst schnellen Winken scheucht man Stressspuren auf und vertreibt sie dann, mit dem langsamen Winken möchte man positive Gefühle in die Seelenlandschaft einweben und dort verfestigen.

Es hat sich gezeigt, dass der Einsatz wacher REM-Phasen jede subjektive Befindlichkeit in Richtung positives und angenehmes Erleben führt. Das gilt nicht nur für unangenehme, sondern auch für angenehme körperlich-seelische Zustände, welche durch die Intervention deutlich verstärkt werden können. So kann ein Wohlbehagen zunächst in seiner Intensität auf der Skala bei +2 gewertet werden und steigt dann durch das langsame „Genuss-Winken" bis auf +6 oder +7 an.

Karsten: „Das gute Gefühl breitet sich jetzt im ganzen Körper aus."
Coach: „Bitte denken Sie wieder an die Situation. Wie ist das jetzt?"
Karsten: „Das gute Gefühl bleibt und plötzlich denke ich ganz anders über Sönke." (Gelassen schaut er auf die erinnerte Szene, mit dem ruhigen Gesichtsausdruck eines „sinnierenden Betrachters".)
Coach: „Können Sie das in Worte fassen?"
Karsten: „Ich musste mich plötzlich in Sönke hineinversetzen. Und ich glaube, Sönke war gar nicht cool, sondern einfach unsicher. Es war ihm bestimmt selbst unangenehm, mir zu sagen, dass er geht. Anstatt das zu zeigen, hat er mit seiner zur Schau gestellten Lässigkeit einfach zu dick aufgetragen. Er hat sich einfach ungeschickt benommen – na ja, er ist ja auch noch ziemlich jung. Die ganze Szene macht mir überhaupt keine Probleme mehr."

Hier ist Karsten genau an dem emotionalen Niveau angekommen, das er sich in den vorhergehenden Wochen stets gewünscht hatte. Er wollte mit dem inneren Abstand der erfahrenen Führungskraft über die Szene nachdenken und nicht „empfindlich wie eine Mimose" sein. Doch dieser über den Verstand gesteuerte Wunsch fand keinen Weg in Karstens Gefühlswelt. Erst die Coaching-Intervention sorgte für eine spürbare Vernetzung zwischen Wunsch und Emotion bzw. zwischen Cortex und dem limbischen System. Die Amygdala verhält sich nun ruhig, wenn Karsten an die Szene mit Sönke denkt, sie macht keinen Alarm mehr. Er kann jetzt „ganzhirnig" kreativ aus eigenem Antrieb weiterarbeiten.

Interessant ist, dass Karsten durch die Wiederherstellung seines emotionalen Flows unbewusst und intuitiv einen anderen emotionalen Weg als das Schmerzfrei-Sein für die Problemlösung wählte. In diesem Fall nahm er Kontakt mit den Gefühlen des Gegenübers auf und nutzte seine Spiegelneurone für die Überwindung seines zwischenmenschlichen Problems.

Mit dem Begriff „Spiegelneurone" bezeichnet man Gehirnzellen, die bei uns Menschen dann aktiv werden, wenn wir uns in das Gefühlsleben eines anderen Menschen hineinversetzen. Von Menschen, die zusehen mussten, wie eine ihnen nahestehende Person mit einer Nadel – vergleichbar einer Spritze – gepiekst wurde, wurden Hirnscans gemacht. Sie zuckten beim Zuschauen nicht nur kurz zusammen, sondern es gab auch ein Leuchten im Schmerzzentrum ihres Gehirns. Hier waren demnach Spiegelneurone aktiv geworden. Sie meldeten einen Schmerz über eine Verletzung, die der „Gehirnbesitzer" gar nicht körperlich selbst erleiden musste. In seinem Buch *Warum ich fühle, was du fühlst* beschreibt der Neurowissenschaftler Joachim Bauer, wie wir beständig über Spiegelneurone im systemischen Kontakt mit unseren Mitmenschen vernetzt sind. Über diese systemische Vernetzung führt auch Karstens Lösungsweg.

COACH: „Denken Sie jetzt wieder an die Szene und vergegenwärtigen Sie sich dabei den Satz: ‚Ich bin kompetent.' Wie sehr können Sie diesen Satz jetzt glauben?"

KARSTEN: „Er fühlt sich jetzt richtig an. Ich komme mir wieder wie ein Profi vor. Ich könnte den Satz noch ergänzen: ‚Ich kann kompetent mit meinen Gefühlen umgehen." Hinzu kommt noch der Gedanke: ‚Meine Gefühle sind o.k.', was ich auch wichtig finde."

COACH: „Wie wirkt der Satz: ‚Ich bin ein Idiot'?"

KARSTEN: „Der ist völlig falsch, trifft überhaupt nicht zu."

Im Coaching-Prozess erinnern wir in der Regel gar nicht mehr an die ursprüngliche negative Kognition. Auch zum Abschluss lassen wir den ersten negativen Satz meistens weg und fokussieren die Wahrnehmung auf die Kraft des positiven Satzes. Karsten wirkt allerdings jetzt so befreit und sicher, dass der Coach es nochmals riskiert, den ersten Satz als Test ins Spiel zu bringen.

Warum aber lassen wir den ersten Satz mit der negativen Kognition am liebsten in Vergessenheit geraten? Im wingwave-Coaching berücksichtigen wir wichtige Grundlagen aus dem Neurolinguistischen Coaching, in dem es u. a. um den gehirngerechten Umgang mit Sprache geht. Hier ein einfaches Beispiel: „Denken Sie, lieber Leser, jetzt bitte nicht an ein Krokodil!" Was passiert? Natürlich, das Krokodil taucht jetzt erst recht vor Ihrem geistigen Auge auf.

Abbildung 10: Krokodil

Das Gehirn reagiert prompt auf Wörter und ignoriert Negationen wie „nein" oder „nicht". Deshalb ist die Wortwahl im Coaching besonders wichtig: Bewusst benutzen wir (überwiegend) Wörter, die den Zielzustand verankern, und sprechen hier von „optimaler Zielformulierung". Dazu gehören noch weitere Kriterien. Beispielsweise sollte ein Ziel so formuliert sein, dass es für die Person aus eigener Kraft zu realisieren ist. Man sollte sich nicht etwa wünschen: „Alles ist machbar!" Demnach müsste ich z. B. in zwei Wochen Chinesisch oder Finnisch lernen können. Die Enttäuschung und ein Versagergefühl wären vorprogrammiert – egal, wie fleißig ich lerne. Ebenso wenig ist es nützlich, wenn ich mir wünsche, dass mein Vorgesetzter netter zu mir ist. Gewinnbringender ist die Frage: Wie kann ich selbst anders denken, handeln und fühlen, damit die Wahrscheinlichkeit zunimmt, ihn zu mehr Freundlichkeit zu motivieren?

Nach diesem Exkurs in die Welt der optimalen Zielformulierung stellen wir noch die Abschlussszene der Coaching-Einheit mit Karsten vor.

COACH: „Denken Sie zum Abschluss nochmals an die ursprüngliche Szene – soweit es Ihnen möglich ist. Vorhin war Ihre Einschätzung auf der Minus-Seite der Skala bei -8. Wie empfinden Sie jetzt, wenn Sie an die Szene denken?"

KARSTEN: „Neutral, also bei 0. Aber wenn ich mich jetzt weiter konzentriere, fühle ich mich sogar ganz gut, so bei +2 Punkten. Der Sönke hat wirklich viel durch mich gelernt und darauf kann ich auch stolz sein. Ich bin eigentlich auch ein guter Coach – finde ich."

Zur Unterstützung der Aussage schlägt er mit der flachen Hand ziemlich dynamisch auf die Stuhllehne und wirkt dabei sehr kraftvoll. Danach wird der positive Effekt durch noch ein Set stabilisiert, indem Karsten an die Szene in Verbindung mit dem Satz „Ich bin kompetent" denkt. Übrigens nennen wir den Plus-Bereich der Befindlichkeitsskala die „Wellness-Skala". Manchmal können weitere Winke-Sets sogar noch eine weitere Intensivierung eines positiven Gesamtzustands bewirken.

Die hier geschilderte Intervention dauerte 45 Minuten, die Einführung davor ebenso lange. Mit der Nachbesprechung kamen wir dann auf knapp zwei Zeitstunden. Karsten hatte schon mit dieser Sitzung sein Ziel erreicht. Er fühlte sich im Unternehmen wieder motiviert und ressourcevoll und konnte vor allen Dingen wieder offen und humorvoll mit seinen Mitarbeitern umgehen.

Karstens Stressreaktion war jedoch nicht allein durch das enttäuschende Erlebnis mit dem jungen Mitarbeiter entstanden. Sie lässt sich auch durch den vorangegangenen Leistungsstress erklären, dem er sich Tage und Wochen vor dem Ereignis ausgesetzt hatte. Dass Leistungsstress nicht stark, sondern empfindlich macht, beschreiben wir in Kapitel 5.2 „Wie wirkt sich Spitzenleistungsstress auf die Wahrnehmungsverarbeitung aus?" Doch zuvor lernen Sie noch weitere Einzelheiten der wingwave-Methode kennen.

2.7 Welche Effekte hat das Winken?

Beim Einsatz der wachen REM-Phasen läuft der gesamte Coaching-Prozess mit nur sparsamen inhaltlichen Anregungen vonseiten des Coaches ab. Eine Ausnahme ist das „kognitive Einweben“, bei dem der Coach die Persönlichkeitsentfaltung und die Lebensqualität einschränkende Beliefs durch gedankliche Inspirationen erweitern oder gar auflösen hilft. Bei Karsten handelte es sich um das unbewusste Gesetz: „Ich darf kein Selbstmitleid haben.“ Viele Leser mag dieser Satz an Aussagen wie: „Ein Indianer kennt keinen Schmerz“ oder: „Ein Junge weint nicht“ erinnern, Haltungen, die beim „Sozialschmerz“ hemmend auf die Selbstakzeptanz und somit auf die innere Verarbeitung wirken.

Alle anderen Prozesse beruhen auf der durch die Intervention aktivierten Kreativität des Klienten. Beispielsweise würde der Coach in Karstens Prozess nicht sagen: „Was hätten Sie denn Sönke in dieser Situation sagen können?“ Der Einfall des zielorientierten Dialogs entwickelte sich allein aus Karstens bereits vorhandenem Ideen-Pool an Lösungswegen. Deswegen zählt dieses Vorgehen unserem Verständnis nach zu den humanistischen Persönlichkeitsmodellen, die sinngemäß mit folgender Prämisse arbeiten: „Jeder Mensch verfügt über eigene Ressourcen, die ihm das Erreichen seiner Ziele ermöglichen – sie müssen nur aktiviert werden.“ Die durch die wache REM-Aktivierung freigesetzten mentalen Energien können sich in verschiedensten Effekten ausdrücken, die nicht der Coach vorschlägt, sondern die der Coachee ganz aus sich heraus entwickelt. Sie „passieren“ im Processing, finden plötzlich statt – oft auch zur Überraschung des Klienten. „Das ist ja wie Kopfkino“, beschrieb einer unserer Klienten dieses Phänomen. „Ich sitze in der ersten Reihe und bestaune meine eigene positive Entwicklung.“

2.7.1 *Die Erinnerung verblasst*

Bei PSI leiden fast alle Betroffenen unter immer wiederkehrenden inneren Bildern der kränkenden oder bedrohlichen Erinnerung oder Zukunftsfantasien. „Das geht mir nicht mehr aus dem Kopf“, heißt es dann, oder: „Ich werde es nicht mehr los.“ Der Fachausdruck für dieses Phänomen lautet „intrinsische Bilder“ oder „intrinsisches Vorstellungserlebnis“. Die Bilder drängen sich dem mentalen Bewusstseins-Bildschirm auf, ohne dass der Betroffene Kontrolle darüber ausüben kann, man fühlt sich ihnen regelrecht ausgeliefert. Die Macht dieser Bilder entsteht durch ihre Qualität: Sie sind deutlich, nah, meist farbig, laut. Oft sind es nicht einmal Bilder, sondern dreidimensionale innere Darstellungen. Durch die Intensität der inneren Bildqualität tut das Gehirn so, als sei die Szene keine Erinnerung oder eine spielerische Vorstellung, sondern ein Ereignis, dass gerade heute passiert oder unweigerlich in der Zukunft auf einen zukommt – wie etwa das berühmte Bild, das man obdachlos „unter der Brücke“ landet, wenn man nicht erfolgreich ist.

Beim Winken ergeben sich dann – oft in Sekundenschnelle – folgende Veränderungen:
- Das Bild wird blass und eindimensional.
- Die vorgestellte Szene „flackert“ oder „wackelt“, indem sie sich aus- und einblendet.
- Viele Coachees können die zuvor bedrohlichen Bilder nach nur ein bis zwei Winke-Sets nicht mehr reproduzieren.
- Das Bild rückt von der Person weg, sodass man sich nur noch „entfernt“ erinnert.
- Die gesamte Szene verkleinert sich.
- Die Stimmen, Klänge und Geräusche von „lauten Bildern“ werden leise oder verstummen.

Im Neurolinguistischen Programmieren (NLP) spricht man von der „Veränderung der Submodalitäten“. Es gibt die Sinnes-Modalitäten wie Sehen, Hören, Fühlen, Riechen und Schmecken. Jede einzelne – beispielsweise das Sehen – hat dann wieder in sich verschiedene Qualitätsdarstellungen, wie farbig – schwarz / weiß, kontrastreich – verschwommen, kleines Bild – großes Bild, dunkel – hell usw. Man kann diese visuellen Submodalitäten teilweise mit einem Fernseher und seiner Fernbedienung vergleichen: Mit wenigen Knopfdrücken kann man die Einstellung verändern. Das Gleiche gilt auch für Stimmen, Klänge, Geräusche – also für den auditiven Sinneskanal: laut – leise, Klangquelle im Raum usw. Haben beispielsweise Unfälle ein Stress-Imprinting hinterlassen, klingen oft noch die Geräusche – wie die quietschenden Bremsen – in den Ohren nach. Es wird dann als sehr befreiend und angenehm empfunden, wenn diese Erinnerungen leise werden oder ganz verstummen.

Viele NLP-Interventionen arbeiten mit dem bewussten Ändern der Submodalitäten. „Probieren Sie bitte einmal, aus dem Bild die Farbe herauszudrehen“, heißt es dann beispielsweise, oder: „Machen sie die Vorstellung zweidimensional und packen Sie diese dann in einen Bildschirm.“ Diese Methoden wirken äußerst effektiv auf das subjektive Erleben. Erstaunlich ist, dass die Coachees unter dem Einfluss wacher REM-Phasen mit sich selbst eine Submodalitäten-Arbeit durchführen – ohne weitere psychologische Anleitung und ohne theoretisches Know-how. Diese Veränderungs-Weisheit tragen sie in sich und entfalten dieses Potenzial bei einer förderlichen Gehirnaktivierung aus eigener Kraft.

Sinnesmodalitäten

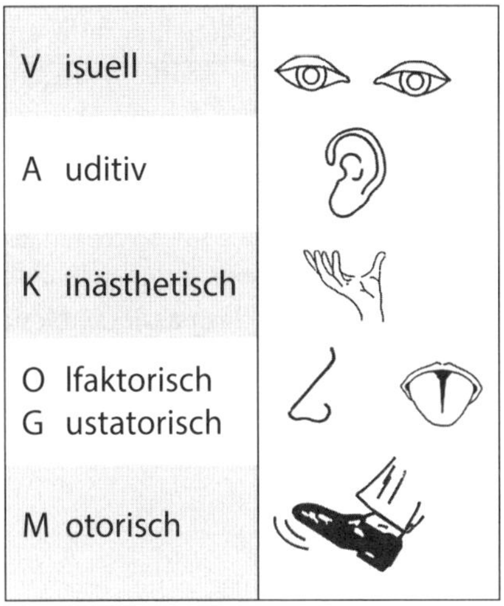

Liste einiger Submodalitäten

Visuell
- farbig/schwarz-weiß
- Helligkeit
- Größe
- Rahmen/panoramisch
- Assoziiert/dissoziiert
- Distanz
- Kontrast
- zwei-/dreidimensional

Auditiv
- laut/leise
- hoch/tief
- schnell/langsam
- modisch/eintönig
- Vordergrund/Hintergrund

Kinästhetisch
- Temperatur
- Druck
- weich/hart
- leicht/schwer
- gustatorisch
- süß
- sauer
- salzig
- (Speisen, Getränke usw.)
- olfaktorisch
- Gerüche (aller Art) sind sehr starke Anker, die oft unbewusst wirken

Abbildung 11: Modalitäten und Submodalitäten

Durch diese Einstellungsveränderungen im wahrsten Sinne des Wortes findet die „bewinkte" Person schnell ihr Zeitgefühl zurück. Viele formulieren Sätze wie: „Es ist vorbei" oder: „Das ist jetzt Schnee von gestern". Einige denken plötzlich an heute oder morgen, manchmal an ganz triviale Dinge: „Mir fiel gerade ein, dass ich nachher noch ein Brot kaufen will", sagte eine Klientin und fügte hinzu: „Wieso denke ich jetzt an so etwas?" Es scheint so, als komme die stehen gebliebene Zeit wieder in Fluss. Die mentalen Energien können sich wieder mit dem Leben im Hier und Jetzt beschäftigen.

2.7.2 *Change History oder die Neugestaltung des erlebten Inhalts*

Hier entwickelt die erinnerte Szene inhaltlich eine neue Psychodynamik, indem das Erlebnis in seinem Ablauf weiter oder neu durchgespielt wird. Karsten stellte sich beispielsweise vor, wie er Sönke eine zufriedenstellende Antwort gibt. Andere Klienten beschreiben, dass sie sich plötzlich umdrehen und die Situation verlassen oder dass sie statt betroffen gelassen oder gar humorvoll reagieren. Manchmal wird es auch handfest: „Ich hau dem Schwein in die Fresse!" Natürlich ändern solche Vorstellungen nichts an der Tatsache, dass das reale Erlebnis in seiner ursprünglichen Version stattgefunden hat. Aber man kann plötzlich Verhaltensalternativen imaginieren, die in der Originalszene aufgrund innerer Blockaden oder einschränkender Beliefs nicht zur Verfügung standen.

Die aufgehobene Blockade setzt nun in der Vorstellung Ressourcen frei, die später in einer ähnlichen Situation tatsächlich spontan eingesetzt werden können. So berichtete auch Karsten in der nächsten Sitzung, dass es ihm jetzt generell leichter falle, auf eine angemessene Weise seine persönliche Betroffenheit zu zeigen, wenn ein Gegenüber seine Gefühlsgrenzen überschreitet.

Das vorhin genannte aggressive Beispiel („in die Fresse hauen") hat übrigens selten etwas mit realer körperlicher Aggression zu tun. Vielmehr symbolisieren solche vorgestellten Szenen die Änderung von fatalen unbewussten Glaubenssätzen wie „Ich darf mich nicht wehren" oder gar: „Es ist meine Schuld, dass mir das passiert." Neue Beliefs könnten dann beispielsweise so lauten: „Ich bin es wert, gut behandelt zu werden." Das Verhaltensergebnis kann durchaus eine neue „Schlagfertigkeit" sein – natürlich im verbalen Bereich.

2.7.3 Tagtraum-Symbolik

Ähnlich wie bei Change History wird die Erinnerung der Stress-Imprinting-Szene mit neuen mentalen Erlebnismomenten durchwoben. Hierbei handelt es sich jedoch um nichtreale Fantasieelemente, wie man sie aus dem Reich der Träume kennt. Sie verfügen immer über einen entsprechenden symbolischen Charakter. Beispielsweise fing eine Klientin an, in der Vorstellung zu wachsen und auf die Umgebung hinabzublicken, worauf die ihr gegenüberstehenden Personen in der Vorstellung erschrocken und eingeschüchtert reagierten. „Jetzt fühle ich mich solchen Leuten gewachsen", war ihr spontaner Kommentar. Ebenso können sich Personen in Tiere verwandeln, in einer Szene regnet es plötzlich rosa Konfetti oder der heiß ersehnte Wettkampfpokal schwebt aus unerreichbarer Ferne plötzlich ganz nah in Großaufnahme auf den Sportler zu. Diese Phänomene erinnern auffällig daran, dass die echte Traumphase – wie bereits erwähnt – ebenfalls mit schnellen Augenbewegungen einhergeht. Anscheinend bewirken also die wachen REM-Phasen einen ähnlichen Verarbeitungsmodus im Gehirn wie beim aufschlussreichen und verarbeitenden Träumen. Zumindest gilt diese Parallele für die innere visuelle Erlebniswelt.

2.7.4 Befreiende Körperreaktionen

Belastende Erinnerungen wirken beeinträchtigend, weil man sich körperlich unangenehm berührt fühlt, wenn sie auf dem Bewusstseins-Bildschirm auftauchen. Im EMDR und im wingwave-Coaching wird ganz explizit nach dem körperlichen Zentrum der negativen Empfindung gefragt. Die Klienten werden sogar gebeten, bei einem Gedanken an die problematische Erinnerung jede Körperzelle nach einem unangenehmen Gefühl durchzuchecken. Karsten fokussierte seine Beeinträchtigung als krampfendes Gefühl im Magen. Andere beschreiben einen Druck auf Brustkorb oder Schultern, Schwächegefühle in den Beinen oder Armen oder Phänomene wie Schwitzen, Hitze oder Kälte. Die Beschreibungen sind stets so individuell wie auch die Persönlichkeit der Klienten.

Beim Winken „verblassen" nicht nur die inneren Bilder, sondern auch die unangenehmen Körpergefühle. Das wird als ganz besonders befreiend empfunden. Interessanterweise können die Missempfindungen noch eine Weile im Körper „herumrutschen", bevor sie ganz verschwinden. Bei einer Klientin rutschte ein unangenehmes Unterbauchgefühl pro Winke-Set jeweils zehn Zentimeter höher. Zum Schluss drückte es noch etwas im Hals. Beim letzten Winke-Set muss sie ein paar Mal heftig gähnen und dann war auch der Hals frei. Diese Klientin erfand dafür den Begriff „Körperspuk". „Spuk deshalb, weil das alles so unglaublich schnell geht. Wenn ich's nicht am eigenen Körper gefühlt hätte, würde ich es nicht glauben."

Wir erleben diese Art des Emotions-Coachings wegen der konkreten Auswirkung auf das Körpergefühl auch als Körpertherapie, wird doch der Körper selbst hier zum Erfolgsbarometer. Erst wenn sich das Nervensystem, die Muskeln und Organe beim Gedanken an die Erinnerung oder an einen Zukunftsentwurf wieder wohl- und gesund fühlen, sind diese überwunden und verarbeitet. Viele Coaching-Klienten „bestellen" wegen dieser Erfahrung oft gezielt ein Winke-Set zur Steigerung des körperlichen Wohlbehagens. Denn es können – wie schon erwähnt – auch positive Empfindungen mit dem Winken noch intensiviert werden: Eine Leichtigkeit wird noch leichter, ein Kraftgefühl strömt stärker nach einem Winke-Set. Eine solche Intervention ist dann schon eine Ressourcen-Aktivierung im Coaching.

2.7.5 Das Froschkönig-Phänomen

Sie erinnern sich vielleicht, dass bei Karsten gegen Ende des Coaching-Prozesses ein leichtes Knacken im Rücken zu hören war, als er sich nach einem Winke-Set im Nacken-Schulterbereich aufrichtete. Solche hör- und spürbaren Blockadelösungen des Gelenkapparats ergeben sich während eines Emotions-Coachings mit wachen REM-Phasen häufig durch Haltungsänderungen. Zu diesen werden die Coachees jedoch nicht – wie etwa in der Krankengymnastik – aufgefordert, sondern sie reagieren körperlich intuitiv auf die angenehme neue Mentalenergie mit dem Impuls, sich jetzt anders – meist gesünder – zu bewegen und zu halten. Dass die Befreiung aus einem seelischen Trauma mit hörbaren Ent-Blockierungen verbunden sein kann, ist ebenfalls in einem Grimm-Märchen wunderbar beschrieben.

Im „Froschkönig“ wurde ein Prinz von einer Hexe in einen hässlichen Frosch verwandelt. Der Diener des jungen Königs, der treue Heinrich, ließ sich daraufhin „drei eiserne Bande“ um sein Herz legen, damit es ihm „nicht vor Weh und Traurigkeit zerspränge“. Nach der Erlösung aus dem Zauber holt er den zurückverwandelten Prinzen und dessen Gemahlin – natürlich eine schöne Prinzessin – mit einem prächtigen Wagen ab. Unterwegs hört der Prinz ein Krachen und ruft: „Heinrich, der Wagen bricht“, woraufhin dieser antwortet:

> „Nein, Herr, der Wagen nicht,
> es ist ein Band von meinem Herzen,
> das da lag in großen Schmerzen,
> als Ihr in dem Brunnen saßt,
> als Ihr ein Frosch wart.“

Diese Worte sprechen für sich. Nicht umsonst heißt es übrigens, dass jemand einen „gelösten“ Eindruck macht. Übrigens ist der Froschkönig auch zur Metapher des Neurolinguistischen Programmierens geworden: „Frogs into Princess“ heißt der Originaltitel (deutsch: „Neue Wege der Kurzzeit-Therapie“) des bekanntesten Standardwerks der NLP-Begründer Richard Bandler und John Grinder.

Abbildung 12: Froschkönig

2.7.6 Auswirkungen im Alltag

Gerade im Coaching fühlen sich die meisten Klienten nach einem erfolgreichen Emotions-Management frei und gelöst – wie es in Karstens Beispiel beschrieben wurde. Das bezieht sich nicht nur auf die konkrete bearbeitete Thematik, sondern auch auf den Allgemeinzustand, denn jede „Ent-Stressung“ entlastet das Nervensystem und steigert das Wohlgefühl. Klienten schildern auch, dass sie sich auf eine angenehme Weise erschöpft fühlen. Einige Klienten müssen noch ein paar Stunden nach der Intervention immer wieder gähnen oder haben das Bedürfnis, tief durchzuatmen.

Auch leichte Trance-Phänomene können auftreten, da sich jetzt an den Synapsen im Gehirn „herumspricht“, dass sich das Stress-Imprinting in Wohlgefühl aufgelöst hat. Übrigens benötigt das Gehirn vier bis sechs Wochen, bis die Veränderung in jeder Zelle „angekommen“ ist. Wir fordern unsere Klienten auf, möglichst oft dem Bedürfnis zum Tagträumen nachzugeben, beispielsweise im Flughafen-Warteraum keine Zeitung zu lesen, sondern den Blick schweifen zu lassen und den Gedanken einen „Spaziergang“ zu erlauben. Heute weiß man, dass unser Gehirn zwar überwiegend nachts die Eindrücke abspeichert, dass jedoch leicht Tagträume und Trancezustände ebenfalls kleine Speichervorgänge sind.

Spontane Alltagstrancen sind physiologisch betrachtet der gleiche Zustand wie eine gezielt eingesetzte Hypnose. Mit einem Unterschied: Die Hypnose erfolgt geplant. Wegen der optimalen Gehirnaktivierung wird die Hypnose für positive Suggestionen, Schmerz- und Stresslinderung, die Planung von erfolgreichen Zukunftsereignissen, Erinnerungsaktivierung und für kreative Prozesse eingesetzt. Auch dieses Wissen geben wir weiter, damit sich die meist allzu emsigen Coaching-Kunden Alltagstrancen mit einem guten Gewissen gönnen können.

Viele Klienten berichten auch über lebhafte Träume nach einer derartigen Sitzung, was ein Zeichen für eine unbewusste Fortsetzung des durch die Intervention in Gang gesetzten kreativen Lösungsprozesses ist. Man kann dieses Phänomen gut am Beispiel einer zu großen E-Mail vergleichen, die wegen ihrer komplexen Datenmenge auf dem Server „hängen bleibt“. Oft fallen einem auch weiter Ereignisse im Leben ein, die thematisch zur jetzt verarbeiteten Erinnerung passen. Diese können dann zusätzlich bearbeitet werden, damit die Stress-Erinnerungsspur – in der Schmerztherapie spricht man von einem „generellen Schmerzgedächtnis“ – sich sozusagen flächendeckend beruhigt. Ins Reich der Psyche übertragen, könnte man hier, je nach Emotionssorte, beispielsweise von einem „generellen Angst-, Ärger-, Abscheu- oder Gekränkt Sein Gedächtnis“ sprechen, das insgesamt beruhigt werden möchte. Auf die Bedeutung von emotionalen Vorerfahrungen gehen wir jedoch später noch genauer ein.

Selbstcoaching-Tipp: Mit „Augenturnen“ das Stressfenster öffnen

Sie können jederzeit von der ent-stressenden Wirkung der gelösten Augenbewegungen profitieren, indem Sie diese einfach zur allgemeinen Entspannung einsetzen. Wann immer Sie Leerlauf haben – in der Warteschlange im Supermarkt, an der roten Ampel ... –, lassen Sie Ihre Augen bewusst ein bisschen „turnen“. Das belebt und lockert die jeweils sechs Muskelpaare, die unseren Augapfel und somit unseren Blick steuern. Im zivilisierten Alltag ist unser Blick allzu oft zur Erstarrung verurteilt: beim Lesen, Fernsehen, am PC-Monitor.

Diese Einengung auf Monitor-Format erinnert sehr an das sogenannte Stress-Fenster aus der Pilotensprache. Hier hat die kompakte Anordnung von Handlungssymbolen und -schaltern eine wichtige Funktion im Notprogramm. Eine Notsituation kann auch bei einem erfahrenen Piloten Stress auslösen und zum Tunnelblick führen: Die Lebhaftigkeit im Blick geht verloren, der Pilot starrt vor sich hin und kann so eingeschränkt nur noch die für eine glimpfliche Landung wichtigsten Schalter und Hebel finden und bedienen. Deshalb sind diese auf kleinstem Feld zentral im Blickfeld angeordnet. Kein wichtiger Schalter ist etwa neben dem Sitz oder ganz oben an der Konsole angebracht, da ein gestresster Mensch einen eingeschränkten Blickfeldradius hat.

Nach dem Turnen lassen Sie die Augen wie beim Tagträumen geöffnet ruhen. Schauen Sie leicht in die Ferne und defokussieren Sie dabei den Blick. Sie werden nun feststellen, dass Sie einen sehr weiten Blickradius haben und auch ohne Augenbewegungen ganz weit nach links und rechts die Peripherie wahrnehmen können. Daher nennt man diesen Tagtraum-Blick auch den „peripheren Blick“, auf den auch Ihre Mitmenschen unbewusst äußerst positiv reagieren.

Lassen Sie die Augen gelöst im Blickkontakt ruhen und nehmen Sie den ganzen peripheren Rahmen wahr, der die Gegenüber umgibt. Ihr Gesprächspartner erlebt diese Art des Angeschaut-Werdens als freundlich, interessiert und warm. In Experimenten hat man festgestellt, dass ein starrer, gestresster Blick hingegen beim Gegenüber Spannungen bis hin zu ängstlichen Gefühlen auslösen kann. Der gelöste Blick hilft demnach auch, eine angenehme Kommunikationsatmosphäre zu fördern.

Der „gelöste“ und auch lebhafte Blick macht also gleichermaßen angenehm wach, entspannt, vergrößert den Wahrnehmungsradius und öffnet für Sie und andere mögliche Stressfenster. Er wirkt automatisch befreiend und beruhigend. Ein gezieltes Augenturnen ist außerdem eine ideale Mental-Erfrischung für zwischendurch, z. B. am Schreibtisch. Ist der Blick im Flow, fließen auch Gedanken, Gefühle und Gespräche wieder optimal.

2.8 Warum wirken die wachen REM-Phasen?

Über die Wirkungsprinzipien der wachen REM-Phasen gibt es mehrere Theorien, die allesamt bis heute noch nicht endgültig belegt sind. Einige Beobachter vermuten das schon lange bekannte Prinzip der Desensibilisierung. Der Klient setzt sich in Gedanken einer stressenden Erinnerung oder Vorstellung und somit einem aversiven, also unangenehmen, Reiz aus. Die gleichzeitig ausgeführten Augenbewegungen lenken laut Theorie vom Gedanken ab und bewirken so ein „Entlernen": Die Erinnerung verknüpft sich zunehmend mit neutralen Emotionen und Empfindungen.

Bei klassischen Desensibilisierungsverfahren kombiniert man die Konfrontation mit dem aversiven Reiz üblicherweise mit einer zuvor erlernten Entspannungstechnik. Als erfahrene Therapeuten jedoch können wir – wie viele unserer Kollegen – berichten, dass dieses reine Konfrontieren in Zusammenhang mit einer zusätzlichen, entspannenden oder neutralen Aufgabe zwar erleichternde Effekte bringen kann, dass diese jedoch im Methodenvergleich den effektiv befreienden EMDR- und wingwave-Prozessen nicht gleichkommen. Eine wirkliche Befreiung tritt nur dann ein, wenn schnelle Augenbewegungen oder andere Formen einer schnell zwischen links und rechts wechselnden Stimulierung der Sinneskanäle eingesetzt werden. Auf diese anderen Formen der bilateralen Stimulation gehen wir gleich noch ausführlicher ein.

Bei klassischen Desensibilisierungs-Interventionen ohne den Einsatz bilateraler Stimulation passiert es recht häufig, dass die Klienten keinerlei Erleichterung durch eine wiederholte Konfrontation finden. Sie sind immer wieder gleichbleibend betroffenen von der schmerzenden Erinnerung oder der quälenden Vorstellung. Auch mehrmaliges Erzählen der belastenden Erinnerung hilft oftmals nicht, sondern wird von vielen Klienten mit störenden Stress-Imprintings als gleichbleibend unangenehm oder gar retraumatisierend erlebt. Auswirkungen wie die zuvor beschriebenen kreativen Ideen der behandelten Personen oder die spontan befreienden Körpererlebnisse treten unserer Erfahrung nach in verlässlicher Häufigkeit und in ihrer intensiven Wirkung nur bei Einsatz der wachen REM-Phasen oder vergleichbarer Prozesse auf.

Interessanterweise treten die zuvor beschriebenen Effekte nicht nur durch das Winken auf, sondern auch bei einem auditiven Input vergleichbarer Art. Schnipst man beispielsweise im ursprünglichen Winke-Rhythmus links und rechts am Ohr der Klienten, erfahren viele ein ähnliches positives Ergebnis wie mit den Augenbewegungen. Das Gleiche gilt für taktile Reize: abwechselndes Tippen auf die linke und rechte Schulter oder auf die linke und rechte Handfläche. Viele EMDR- und wingwave-Anwender probieren mit ihren Klienten aus, auf welchem Sinneskanal die Links-rechts-Intervention am besten wirkt. Die EMDR-Begründerin Francine Shapiro und viele Neurowissenschaftler wie Bessel van der Kolk gehen inzwischen davon aus, dass wache REM-Phasen als „bilaterale Stimulationen" wirken und so eine optimale Zusammenarbeit von rechter und linker Gehirnhälfte bewerkstelligen. Es kommt zu einer fließenden Aktivierung neuronaler Vernetzungen, was einen intensiven mentalen Lösungs- und Heilprozess auf Basis bereits vorhandener Ressourcen des Klienten freisetzt.

Wenn also das Gehirn im Traumschlaf unsere Erlebnisse des Tages in den großen Speicher integriert, geht dieser Prozess immer mit schnellen Augenbewegungen einher, da diese rasche Augenmotorik scheinbar zum erfolgreichen Verarbeiten und Abspeichern unserer neurobiologischen „Daten" einfach dazugehört. Die Augen sind übrigens organisch dem Gehirn zugehörig. Deshalb ist die Augenstimulation immer unsere Sinnesmethode der ersten Wahl. Hier spielen sich die Prozesse unserer Erfahrung nach besonders rasant, intensiv und zielführend ab.

Auch die Schlafforschung zeigt, dass man an den Augenbewegungsmustern eines Menschen seine Konzentrationsfähigkeit und Reaktionsschnelligkeit ablesen kann. Lassen die geistigen Fähigkeiten wegen Übermüdung nach, kann der Mensch seine Augen nur noch ruckartig und nicht mehr fließend bewegen. Diese Erkenntnis wird heute sogar schon in ihrer Bedeutung für die Fahrsicherheit von Autofahrern – vor allem Berufskraftfahrern – diskutiert. Man erwägt, Assistenzsysteme zu entwickeln, die sensibel die Augenbewegungen des Fahrers messen und zu einer Warnfunktion übergehen, wenn die Bewegungsmuster langsam und ruckartig werden, um so den gefährlichen Sekundenschlaf zu verhindern.

Bilaterale Hemisphären-Stimulationen wie die wachen REM-Phasen sind in ihrem Kern nicht-sprachlich. Der Weg der Veränderung führt über rhythmische, bilaterale Sinneserlebnisse – seien es nun Augenbewegungen oder links und rechts wechselnde auditive oder taktile Reize. Vielleicht erwachen durch diese Intervention wieder die neuronalen Bahnen, die für den Austausch zwischen rechter und linker Gehirnhälfte sorgen, und bringen so dem Gehirn seine vollständige Leistungskraft zurück. Der Verarbeitungsstau wird behoben und die neuen Erfahrungen können vom limbischen System fließend in das Großhirn „hochgeladen" werden. Sind die Mentalkräfte dann wieder vollständig und ganzheitlich aktiviert, findet ein Gehirn seine eigenen kreativen Lösungen im Sinne einer heilenden Informationsverarbeitung der im Nervensystem blockierten und „hängen gebliebenen" Erinnerung.

Anscheinend bleibt die so wieder hergestellte Vernetzung auch bestehen, wenn der Klient später allein mit dem Erlebten umgeht. Konnte die emotionale Blockade im Coaching oder in der Therapie einmal aufgelöst werden, kann er sich jetzt durch seine Eigenkräfte neuronal immer wieder aus den emotionalen Spuren des damals Erlebten herausarbeiten.

Wir möchten bei diesen Ausführungen daran erinnern, dass wir Menschen diesen befreienden und nachhaltigen Effekt unzählige Male genießen, ohne dass wir groß darüber nachdenken. Im Verlauf unseres Lebens bauen wir im Nachtschlaf unzählige Stress-Spuren immer wieder verlässlich ab. Nur in einzelnen Fällen reicht das nächtliche Träumen alleine nicht aus, um stressende Emotionen zu überwinden. Diese werden dann zu Stress-Imprintings: „Es ist wie ein Stachel im Fleisch", beschrieb einer unserer Klienten sein subjektives Erleben. Er konnte einfach nicht verkraften, dass er vor zwei Jahren bei einem wichtigen Golfturnier nach monatelanger Vorbereitung gegen einen bestimmten Gegner verloren hatte. Bezeichnenderweise kann in einem solchen Fall auch der Nachtschlaf gestört sein, weil die Betroffenen in ihren Träumen in der Verarbeitung stecken bleiben und von diesem blockierenden Gefühl wach werden. „Ich träume immer wieder von diesem Erlebnis", berichtete unser Coachee. „Meistens bin ich wie gelähmt und kann den Schläger nicht bewegen." Die emotionale Hürde konnte in diesem Fall erst durch eine bilaterale Stimulation im Wachzustand überwunden werden.

Die Frage, warum die bilateralen Interventionen – vor allem die wache Augenmotorik – manchmal auch bei Phantomschmerzen helfen, bleibt weiterhin offen. Die Methode scheint hier die entsprechenden Nerven zu veranlassen, das chronische Senden eines Schmerzgefühls wieder zu entlernen und auf die Aussendung von angenehmen oder neutralen Körperempfindungen zurückzuschalten. Vielleicht wirken EMDR und wingwave ja ebenfalls entlernend auf Neuronen, die Emotionen wie Angst, Wut oder Scham chronisch aufrechterhalten.

Die vielen offenen Fragen sind jedoch kein Grund, die Methoden in der Anwendung zurückzuhalten. Die offensichtliche positive Wirkung scheint uns als Anwendungs-Motiv voll ausreichend zu sein. Und eines scheinen EMDR und wingwave mit Sicherheit zu bewirken: Sie erlauben es, sich direkt mit der Amygdala, also dem Gehirn-Alarmglöckchen, zu unterhalten und sie nachhaltig dazu bewegen zu können, sich zu beruhigen.

Selbstcoaching-Tipp: Die „Butterfly-Technik"

Sie haben für die Selbstanwendung der bilateralen Stimulation als Entspannungsmethode bereits das „Augenturnen" und den Einsatz der wingwave-Musik kennengelernt. Als taktile Methode für den Gefühlskanal empfehlen wir die „Butterfly-Technik", die Sie sehr gut im Liegen oder im bequemen Sitzen anwenden können.

Kreuzen Sie die Unterarme über dem Brustkorb, sodass Ihre Hände mit den Fingerspitzen die beiden Schultern berühren. Nun können Sie mit den Handflächen oder Fingerspitzen die Schultern durch leichtes abwechselndes Klopfen im „Winke-Takt" berühren und so den gewünschten neuronalen Stimulationseffekt erzielen.

Neben der taktilen Stimulation findet auch ein auditiver Input statt, da das Klopfen natürlich links und rechts abwechselnde Geräusche mit sich bringt. Übrigens mögen Kinder diese Methode besonders gern anwenden. Sie hilft beim Einschlafen und zur Beruhigung vor Klassenarbeiten.

Für Kinder und Erwachsene ist die Butterfly-Technik übrigens ein hervorragendes Beruhigungsmittel kurz vor einer Zahnbehandlung. Sie kann wunderbar auf dem Behandlungsstuhl beim Warten auf das kommende Geschehen eingesetzt werden. Spüren Sie in Ihren Körper hinein, nehmen Sie Ihr Körperecho beim Gedanken an die Behandlung wahr und nach mindestens 30 Sekunden setzt ein deutlich tieferer Atemzug ein – ganz ohne das bewusste Dazutun. Klopfen Sie sanft weiter und registrieren Sie die angenehme Beruhigung Ihrer Gefühlswelt.

2.9 Durch bilaterale Hemisphärenstimulation die „Sprache wiederfinden“

Die Theorie der bilateralen Hemisphärenstimulation wird durch einmalige Aufnahmen vom aktiv tätigen Gehirn gestützt. Die Bilder, die in einem Beitrag des Senders arte zum Thema EMDR[4] gezeigt wurden, konnten während des Nachtschlafs von unter Albträumen leidenden schwer traumatisierten Menschen, aufgezeichnet werden. Die Betroffenen – beispielsweise Kriegsveteranen – wachen von überwältigenden Angsterlebnissen auf und fühlen sich dadurch emotional in ein traumatisches Erlebnis aus der Vergangenheit zurückkatapultiert. In der Traumatherapie spricht man von einem „Flashback-Phänomen“.

Gehirnscans veranschaulichen Bereiche im Gehirn, in denen gerade Gehirnzellen-Netzwerke aktiv sind. Aktivitäten in beiden Hirnhälften werden in verschiedenfarbigen Energiezentren dargestellt. Die o.g. Aufnahmen der Schwerst-Traumatisierten zeigen nun deutlich, dass im Flashback-Erleben die linke Gehirnhälfte – und hier vor allem das Sprachzentrum – wie „ausgeschaltet“ ist, also keinerlei Aktivität zeigt. Die rechte Gehirnhälfte hingegen zeigt eine hohe Aktivität, als würde dort das erinnerte Erlebnis in Bildern und Gefühlen „aufgeführt“. Ein stressendes Flashback-Erleben scheint dem Menschen also „die Sprache zu verschlagen“ – wie es im Volksmund sehr anschaulich heißt. Es gibt noch mehr Redewendungen zu dem Thema: „Mir fehlten die Worte“, da die „Kinnlade heruntergefallen“ ist. „Bist du denn auf den Mund gefallen?“, fragt man schüchterne Kinder, die nicht reden mögen. Oder nicht können? Kinder reagieren auf traumatische Erinnerungen übrigens oft mit chronischen Sprachstörungen – wie beispielsweise Stottern – oder sie verstummen sogar.

Diese Beobachtung ist schon deshalb von besonderer Bedeutung, weil wir die Sprache nicht nur zur Kommunikation mit anderen Menschen, sondern beständig auch für unser Selbstmanagement nutzen. Täglich gehen uns Tausende von Gedanken durch den Kopf, mit denen wir auch unsere täglichen Erlebnisse, Pläne und Befindlichkeiten kommentieren: „Oh, es ist schon sieben Uhr, jetzt muss ich aber aufstehen“, denken wir, oder: „Was ziehe ich heute an?“ Diese unbewussten inner-sprachlichen Abläufe nennt man „automatische Gedanken“. Sie kommen auch zum Einsatz, um die Sinneseindrücke des Tages zu verarbeiten: „Was hat da denn geraschelt? Mensch, hab' ich mich erschrocken. Ach, das war ja nur ein kleiner Vogel im Gebüsch – völlig harmlos.“ Wir benutzen also die automatischen Gedanken, um Erlebnisse und damit auch unsere Gefühle beständig zu „moderieren“. Erst diese intrapersonelle sprachliche Moderation sorgt dafür, dass „der Schreck nachlässt“.

---

4 „Das Ende der Angst“ von Sonja Hachenberger. arte, 9. Juni 2011.

Bei Bedarf machen wir uns im Gespräch, durch Lesen oder Nachdenken gewonnene Erkenntnisse in Gedanken über inneres Sprechen zugänglich. Geht ein Kriegsveteran abends zu Bett, kann er sich selbst sagen: „Es ist alles in Ordnung, ich bin zu Hause, der Krieg ist viele Jahre her." Doch nachts kann dieser sprachliche Selbstberuhigungseffekt wegen eines vorübergehenden Ausfalls des Sprachzentrums offensichtlich nicht mehr wirken. Auch die anderen ordnenden Fähigkeiten dieser nun „ausgeschalteten" Hirnhälfte wie Analysieren, Denken in Zahlen, das Einordnen von Erlebnissen im inneren Zeitverlauf können die überwältigenden inneren Eindrücke nicht mehr bändigen. Das emotionale Erleben, die Bilder „überschwemmen" unmoderiert die Seele und können weder durch Sprache noch durch andere Möglichkeiten der Denkordnung einsortiert werden. Es ist, als würde sich die unangenehme Emotion wie ein Flaschengeist ungehindert ausbreiten und niemand weiß den Zauberspruch, der den Geist in die Flasche zurückbringt, damit man wieder den Korken draufsetzen kann.

Die genannten Ergebnisse aus der Gehirnforschung haben uns und viele unserer Kollegen sehr nachdenklich gestimmt, gilt doch die Psychologie als eine „Hochburg des Sprechens". „Gut, dass wir darüber gesprochen haben" ist eine gängige Floskel geworden oder: „Sprich dich aus, dann geht's dir besser" gilt als allgemein akzeptiertes Seelenrezept. Insofern sind wir in den 1980er- und 1990er-Jahren in unseren Therapien stets gut meinend über die Ängste unserer Klienten hinweggegangen, die sagten, sie hätten vor dem Sprechen Angst, müssten sich überwinden oder befürchten, dadurch alles nur nochmals durchleben zu müssen. Wir Experten wussten einfach, was gut ist, und haben das Sprechen oft mit sanfter Gewalt aufgezwungen. Was ist aber, wenn bei posttraumatischem Stress bzw. Stress-Imprintings Gesprächsergebnisse trotz aller Logik und Güte die verletzten oder gekränkten Gefühle gar nicht lindernd erreichen? Was ist, wenn bei dieser ganz besonderen mentalen Beeinträchtigung durch Stress-Imprintings die Vernetzung zwischen Sprachzentrum und Emotionsverarbeitung blockiert ist? Dann könnte es durchaus stimmen, dass in einzelnen Fällen Gespräche alte Gefühle einfach nur reaktivieren, anstatt sie wohltuend zu integrieren, und dass der Impuls vieler Menschen, in Ruhe gelassen zu werden, intuitiv gar nicht so falsch ist, wie die Psychotherapeuten immer alle dachten.

Hinweis für Coaches: Der klienten-orientierte Umgang mit Sprache und Körpersprache

Gerade weil Menschen in Stress-Momenten „die Worte fehlen" können, hat sich ein sensibler Umgang mit der Wortwahl des Coachees im Interventions-Prozess bewährt. Wir arbeiten – so weit möglich – während des Processings nur mit der Wortwahl unseres Gegenübers. Der Coach vermeidet eigene Deutungen, Interpretationen oder persönliche Satzformulierungen, sondern wiederholt im Prozess die Formulierungen des Klienten. Fragen werden möglichst offengehalten: „Was ist jetzt?" – „Wie ist es nun?" Antwortet nun der Coachee: „In meinem Bauch rumpumpelt es." Bedeutungsvoll erwidert der Coach: „Aha, es rumpumpelt. Spüren Sie in den rumpumpelnden Bauch hinein und nehmen Sie dieses Gefühl mit, wenn ich nun weiterwinke." Wir sagen keinesfalls: „Was ist denn das für ein Wort – das kenne ich ja gar nicht." Wir unterdrücken auch Deutungen wie: „Na, da hat sich wohl allerhand Wut zusammengebraut", denn dies entspricht nicht der Wortwahl des Coachees.

Dieses sprachlich klienten-orientierte Vorgehen fördert die Prozesse besonders intensiv, da die betreffende Person so auf diese eigene Erlebniswelt fokussiert bleibt. Über allem steht die Anforderung, dass die Winke-Sets möglichst schnell aufeinanderfolgen sollen und dass nicht durch längere Gespräche zu lange Pausen entstehen, denn dann ist das angestrebte REM-Tempo (man bedenke: „rapid" bedeutet „schnell"!) nicht mehr gegeben. Eine Ausnahme von dieser Regel bildet natürlich die Technik des kognitiven Einwebens, wenn der Prozess in einen Loop gerät und der Coach dem Coachee sprachliche Impulse für die Erweiterung des Wahrnehmungswinkels anbietet. Allerdings unterbreiten wir diese Angebote wirklich nur in einer Loop-Situation.

Auch körperlich folgt der Coach den Vorgaben des Coachees. Lehnt dieser sich beispielsweise plötzlich nach hinten, legt den Kopf in den Nacken und schaut nach oben, sagen wir schnell: „Bleiben Sie so und nehmen Sie diese Körperhaltung beim nächsten Set mit." Vielleicht müsste man sich dann weit vorbeugen oder gar aufstehen. Der Coach würde aber keinesfalls sagen: „Setzen Sie sich wieder gerade hin, damit wir weiterwinken können!" Wir bitten die Klienten auch, eine bestimmte Handbewegung in das Set mit hineinzunehmen: „Sie haben eben beim Wort ‚leicht' mit beiden Händen eine kreisende Bewegung gemacht. Nehmen Sie diese Bewegung mit in das nächste Set hinein, wenn wir fortfahren." Wenn wir die Körpersprache in den Prozess einbeziehen, kommt es zu besonders intensiven und befreienden positiven Effekten.

Selbstcoaching-Tipp: dem Konflikt „Beine machen“

In einem Streit- oder Konfliktgespräch kann es natürlich sein, dass Ihnen selbst oder auch Ihrem Gegenüber die richtigen Worte fehlen, um sich aus dem Konflikt zu befreien und gemeinsam nach Lösungen zu suchen. Hier empfiehlt sich ganz einfach, gemeinsam einen Spaziergang zu unternehmen. Allein das Gehen regt das Gehirn zur fortlaufenden bilateralen Hemisphärenstimulation an, denn die Motorik des linken und des rechten Beines muss beim Vorwärtsschreiten koordiniert ablaufen. Auf diese Weise gerät nicht nur die Körperbewegung, sondern auch die Sprache wieder in Fluss.

Auch wenn Sie nach guten Ideen suchen und nicht weiterkommen, gehen sie spazieren, joggen Sie oder fahren Sie Fahrrad. Ideensuche spielt sich nämlich nicht nur in inneren Bildern, sondern auch im inneren Dialog ab. Auch hierfür benötigen wir unser Sprachzentrum, das durch bilaterale motorische Impulse seinen Redefluss wiederfindet.

2.10 Ein weiteres Ergebnis: Der Generalsierungs-Effekt

Viele Personen berichten, dass sich nach einem wingwave-Coaching nicht nur das mitgebrachte Thema, sondern auch das subjektive Erleben, Fühlen und spontane Handeln in Bereichen verbessert, die inhaltlich in den Sitzungen gar nicht zur Sprache gekommen sind. Das erklärt sich durch die Vorliebe unseres Gehirns, nach Regeln und Mustern zu suchen, die sich hinter einem Erlebnis verbergen, und diese auch auf andere Wahrnehmungen zu übertragen. So bezeichnet man auch eine Familie als „Modell der Welt": Kinder lernen hier nicht nur ihre Eltern in- und auswendig kennen, sondern sie speichern auch ab: „So sind Männer" und: „So sind Frauen" – und vieles mehr. Man spricht hier auch von einem „Zukunfts-Sinn": Das Erkennen von Regeln und Mustern erlaubt dem Gehirn in einem gewissen Umfang Prognosen über kommende Ereignisse, auf die es sich dann optimal vorbereiten kann. Es wählt dann die bestmögliche „Einstellung", um stets optimale Überlebenschancen zu gewährleisten. Für einen Urzeitmenschen war es beispielsweise sehr wichtig, hinter einem Rascheln das zukünftige Auftauchen eines feindlich gesonnenen Wesens zu vermuten oder in der Dunkelheit zu wissen, dass bei einsetzendem Vogelgesang demnächst die Sonne aufgehen wird.

Unseren Coaching-Kunden erklären wir dieses Phänomen als „Tomaten-Effekt". Wenn Sie jetzt das Wort „Tomate" lesen, müssen Sie sich sicherlich gleich eine Tomate vorstellen, richtig? Die meisten Menschen sehen sie gleich in Großaufnahme vor dem geistigen Auge. Nun fragen Sie sich als Nächstes: „Wie viele Tomaten habe ich tatsächlich schon in meinem Leben gesehen?" – „Unzählige viele natürlich!", ist meist die Antwort. Die Überlegung geht weiter: Wissen Sie auch, welche von den unzähligen Tomaten eben beim Stichwort vor Ihrem geistigen Auge aufgetaucht ist? Welche war das genau? Die meisten Menschen können diese Frage nicht auf den Punkt beantworten, da unser Gehirn praktischerweise gar nicht alle Tomaten als Einzelbilder sammelt. Irgendwann legt es ein Bild – einer einzigen repräsentativen Tomate an, die dann das Schlüsselbild für alle wird: Die ist rot, rund, mit einem kleinen grünen „Dödel" in der Mitte. Das reicht, wenn man das einmal als Muster „anlegt".

Ebenso geht das Gehirn beispielsweise bei Auftrittsängsten vor: Situationen ähnlicher Art werden quasi zu „einer Tomate" zusammengefasst: Es gibt dann so etwas wie ein Schlüsselbild oder eine repräsentative Szene für alle jemals nicht so toll gelaufenen Vorträge: „Da sagt man was, andere gucken oder hören zu, es können viele Fehler passieren, das ist peinlich. Dann muss man schwitzen und das ist noch schlimmer." Offensichtlich gelingt es manchmal mit wingwave, mit nur einer Intervention das gesamte Schlüsselbild für alle dahinter liegenden Szenen positiv zu ändern, sodass – wie Wellen im See – der Effekt auf den gesamten „Ordner" zu diesem Thema im Gehirn ausstrahlt. Nun gibt es eine neue Generalisierung: „Auftritt ist etwas, wo ich die Gelegenheit habe, Dinge weiterzugeben, die ich kann oder weiß. Es kommen viele Menschen, die sich freuen oder interessiert sind, das zu sehen oder zu erfahren. Wenn man es gut macht, gibt es hinterher Anerkennung und neue Kontakte." Man nennt dieses Phänomen der ausstrahlenden positiven Wirkung in Fachkreisen auch „Generalisierungs"- oder „Streamline-Effekt".

Kommen wir zurück zu unserem Beispiel: Wie könnte sich in Karstens Fall ein Streamline-Effekt auswirken? Im Konflikt mit seinem Gegenüber kritisierte er zunächst ausschließlich selbst: Er stelle sich an, sei eine Mimose, von einem Profi könne man mehr Coolness verlangen usw. Im Interventionsfluss überprüfte er dann auch sein Gegenüber kritisch und stellte dann auch bei ihm Defizite fest. Das erleichterte ihn und gab der Interpretation des Ereignisses eine andere Richtung. Das heißt natürlich nicht, dass Schwächensuche beim Gegenüber immer der Königsweg ist, aber speziell für Karsten beendetet diese Entdeckung sein subjektiv auswegloses Blockiert-Sein. Vielleicht hat er früher einmal unter irgendeinem autoritären Einfluss als Regel gelernt, er müsse ein Defizit immer bei sich selbst suchen, während andere immer alles richtig machten und sich dabei toll fühlten – man weiß es nicht. Auf jeden Fall nahm Karsten nach diesem Coaching insgesamt eine größere Gelassenheit in kontroversen Gesprächssituationen bei sich wahr – beispielsweise auch im Umgang mit schwierigen Kunden.

3. wingwave-Coaching: Die Methoden-Elemente

Der 40-jährige Dennis freut sich über eine neue Managerposition in einem führenden Unternehmen der Kosmetikbranche. Kaum tritt er die neue Stelle an, wird er auch schon von einem Fernsehsender in eine Talkshow zum Thema „Schönheitsideal" eingeladen. Obwohl er ein erfahrener Redner ist, spürt er eine unangenehme Aufregung beim Gedanken an diesen öffentlichen Auftritt. Den Grund dafür kann er aber nicht genau benennen.

Die 35-jährige Eva ist seit vielen Jahren Expertin im Personalwesen. Nun möchte sie sich im Geschäftsfeld Recruiting, also als Headhunterin, selbstständig machen. Obwohl sie sich mit der Selbstständigkeit einen Traum erfüllen will, hat sie Probleme, Texte für ihr Leistungsangebot zu entwickeln, und stellt nach ein paar missglückten Versuchen eine Schreibblockade bei sich fest. „Ich werde schon von so vielen Seiten darauf angesprochen, wann meine Homepage online geht, aber seit vier Wochen habe ich keinen Satz mehr verfasst!"

Dennis und Eva kommen beide zum wingwave-Coaching, um Impulse für die Überwindung ihrer Blockaden und für eine persönliche Leistungssteigerung zu bekommen. Allerdings können sie beide keine konkreten „Knackpunkte" für den empfundenen Stress benennen, so wie Karsten das konnte. Sie haben lediglich Vermutungen. Bevor hier also das „Winken" zum Einsatz kommen kann, müssen Coach und Coachee erst einmal herausfinden, an welchem Punkt die Intervention überhaupt ansetzen muss. Hierfür ist der wingwave-Ansatz optimal, um punktgenau den richtigen Hebel für das Aufspüren indirekter Stress-Trigger und für eine individuelle Ressourcen-Aktivierung anzusetzen.

In diesem Kapitel erfahren Sie, wie wingwave-Coaches bei Themen dieser Art vorgehen. Dazu stellen wir Ihnen nun die Methoden-Elemente der wingwave-Methode vor. Das Methoden-Element der bilateralen Hemisphärenstimulation haben Sie bereits ausführlich kennengelernt. Wir werden später noch über weitere Einsatzmöglichkeiten der wingwave-Musik als auditives Interventions-Tool berichten. Bevor wir Sie jetzt gleich mit dem bereits erwähnten Muskel-Feedback-Test vertraut machen, der im Coaching-Prozess von Coach und Coachee als Kompass auf dem Weg zum Ziel genutzt wird, eine wichtige Vorbemerkung: Für diesen Myostatik-Test sind immer zwei Personen vonnöten; deshalb eignet er sich nicht so gut als Selbstcoaching-Möglichkeit. Es gibt Personen, die diesen Test auch bei sich selbst einsetzen, indem sie mit der einen Hand den festen Muskelring bilden, den sie dann mit einem kräftigen Zug durch die Finger der anderen Hand testen. Wir selbst sind nicht überzeugt von der Güte dieser Ergebnisse, da hier die vom Stress betroffene Person und der Tester ein und derselbe Mensch sind.

Es hat sich gezeigt, dass die Güte des Tests auch eine emotionale Ausgeglichenheit und innere Sicherheit des Coaches benötigt. Natürlich sollte man stets von einem Coach eine innere Stabilität und Methodensicherheit verlangen. Wie bei allen anderen Methoden auch setzt das Testen zumindest eine Ausbildung sowie Methodenerfahrung und interkollegiale Supervision voraus. Viele wingwave-Coaches nehmen auch für ihre eigenen Themen ein Coaching durch einen in der Methode erfahrenen Kollegen in Anspruch, beispielsweise anlässlich gemeinsamer Arbeitsgruppen oder auch in offiziellen Einzel-Coachings. Auch wir Coaches verlassen uns ungern auf einen Selbsttest, sondern vertrauen uns lieber einem Kollegen an.

Als Selbstcoaching-Möglichkeit empfehlen wir eher die wingwave-Musik. Coaches setzen diese auch alternativ im Einzelcoaching ein, wenn sie aus irgendeinem Grund den Test nicht anwenden können. Die wingwave-Musik verschafft einen sicheren „Emotions-Teppich" im Coaching-Prozess und stellt sicher, dass der Coachee intensiv auf das eigene mentale Prozessmaterial fokussieren kann. Zu über 90 Prozent wird im wingwave-Coaching allerdings der Myostatik-Test aktiv eingesetzt.

Abschließend zeigen wir dann die Verknüpfung dieser ersten zwei Methoden-Elemente mit Formaten aus dem Neurolinguistischen Coaching. Dazu gehören beispielsweise die Optimierung des inneren Dialogs oder die imaginative Arbeit mit einem inneren Persönlichkeitsteil. Der Kombinationsvielfalt sind hier keine Grenzen gesetzt. So existieren auch wingwave-Programme für Familien- und Organisationsaufstellungen, Timeline-Coaching, Team-Coaching, Gesundheitstrainings für Gruppen und vieles mehr.

3.1 Muskelfeedback: Der Myostatik-Test und das Grundkraftniveau

Bevor wir bei unseren Coaching-Kunden mit dem „Winken" beginnen, wollen wir sicherstellen, dass wir sowohl die Stressoren einer möglichen Erfolgsblockade als auch die richtigen Impulse für den Weg zum Ziel punktgenau finden und anstoßen können. Dazu führen wir den Muskeltest durch, der uns wie ein Kompass durch den Prozess zum Coaching-Ziel leiten wird. Wie in der Abbildung gezeigt, bildet der Coachee mit Daumen und Zeigefinger einen festen Ring in Form eines „O", den er oder sie mit maximaler Kraft zusammenhält.

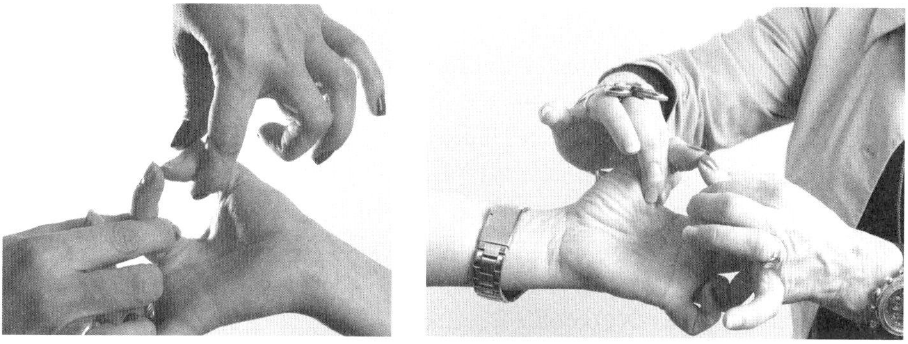

Abbildung 13: Myostatik-Test

Der Proband sitzt bei diesem Test vollkommen körpersymmetrisch (was bedeutet: nicht die Beine überschlagen, nicht den Kopf schief halten, sondern geradeaus schauen usw.) auf einem Stuhl, zwischen Knien und Füßen bleibt ein kleiner Abstand. Die andere Person, die als Tester fungiert, sitzt rechts oder links neben dem Probanden. Beide dürfen keine batteriebetriebene Armbanduhr tragen. Die Testperson sollte ausreichend Flüssigkeit getrunken haben und normal atmen. Auch der Coach sollte für sein körperliches Wohl gesorgt haben.

Der erste Krafttest wird neutral durchgeführt. Man testet nacheinander den Muskelring aus Daumen und Zeigefinger, Daumen und Mittefinger sowie Daumen und Ringfinger. Dabei müssen Coach und Coachee ein Gefühl für die individuelle Kraft des Probanden entwickeln. Es geht um die Frage, wie schnell, stark und stabil sich die Muskeln zusammenziehen, um durch das Zusammenhalten der Finger einer Gegenkraft widerstehen zu können. Es dürfte einleuchten, dass beispielsweise die individuelle Kraft eines siebenjährigen Kindes eine andere ist als die eines ausgewachsenen Bodybuilders. Auch wingwave-Coaches sind nicht alle körperlich gleich stark. Entsprechend kann jede der genannten Fingerpaar-Kombinationen später als Testinstrument verwendet werden.

Wenn diese ersten drei Tests stabil verlaufen, ist sichergestellt, dass der Proband über ein ausreichendes Grundkraftniveau verfügt. Sind die gebildeten Finger-Muskelringe oder einer von ihnen sehr leicht zu öffnen, wird der Coachee erst einmal stabilisiert: Er kann etwas trinken, tief durchatmen und die Thymusdrüse klopfen. Diese für unser Immunsystem und die allgemeine Körperkraft bedeutsame Drüse befindet sich hinter dem Brustbein, etwa fünf Zentimeter unter dem oberen Brustbeinansatz. Man klopft mit der lockeren Faust leicht auf diesem Bereich hin und her. Dadurch gerät die knöcherne Substanz in Schwingung und stimuliert durch die Vibration besagte Thymusdrüse.

Wer nicht weiß, wie das geht, schaue sich noch einmal einen Tarzan-Film an. Tarzan trommelt bei seinem berühmten Schrei sogar mit beiden Fäusten auf diese wichtige kraftspendende Stelle. Sie wählen jedoch die oben geschilderte moderate Form, ohne Schrei. Statt eines aufsehenerregenden Trommelns ist auch ein leichtes Klopfen mit einer Hand für die erwünschte Wirkung völlig ausreichend. Wie archetypisch tief verwurzelt dieses „Kraft-Klopfen“ ist, können Sie auch bei unseren entfernten Verwandten, den Affen, beobachten. Intuitiv klopfen alle Primaten gelegentlich das Brustbein im Bereich der Thymusdrüse. Auch wir Menschen fassen unwillkürlich dorthin, wenn wir uns erschrecken.

Doch zurück zu unserer Coaching-Situation, in der man nun die erstaunliche Wirkung der Thymusdrüsenstimulation testet: Nach nur ein- bis zweiminütigem Klopfen können die zuvor schwachen Finger den Muskelring mit deutlich vermehrter Kraft halten.

Die Erklärung hierfür finden wir wieder in der Funktionsweise des Nervensystems. Nervenimpulse in Gehirn und Körper müssen auf ihrem Weg durch unzählige Nervenbahnen und Nervenzellen im wahrsten Sinne des Wortes kleine Hürden überspringen. Diese Nervenbahnen verlaufen nicht durchgehend von Zelle zu Zelle, sondern sind in diverse Nervenbahnen-Abschnitte unterteilt. Über diese Abschnitte muss der Impuls dann „hinwegspringen“. Demzufolge bewegt sich ein Nervenimpuls wie bei einem Staffellauf durch den Körper. Die Übergabe des Staffelstabs erfolgt jedoch nicht von Läufer zu Läufer, sondern von Nervenbahn-Abschnitt zu Nervenbahn-Abschnitt und von Zelle zu Zelle. Das funktioniert durch die chemische Anwesenheit von sogenannten Nervenbotenstoffen zwischen den Nervenbahn-Abschnitten und den Zellen, den Synapsen. Die Thymusdrüse spielt eine wichtige Rolle im Stoffwechsel. Der Stoffwechsel wiederum garantiert u. a. die Anwesenheit der für die Nervenimpulse wichtigen Nervenbotenstoffe.

Vor diesem Hintergrund ist verständlich, warum die Thymusdrüsenstimulation die Muskelkraft spontan steigern hilft. Der Nervenimpuls kommt einfach besser an, da das „Staffelhölzchen" aufgrund der guten Stoffwechselsituation reibungslos durch die Nervenbahnen bis hin zur Muskelfaser transportiert wird.

Es gibt übrigens eine Vielzahl von Redewendungen, die den Zusammenhang zwischen einer guten körperlich-seelischen Verfassung und unserer Muskelreaktion anschaulich beschreiben. Die schlimmste Form einer blockierten Zusammenarbeit zwischen dem Befehle gebendem Gehirn und unserer Muskulatur ist die Lähmung. „Ich war gelähmt vor Angst", heißt es beispielsweise. Will ein Mensch seine Hilflosigkeit ausdrücken, führt er uns in der Gestensprache stets seine lahmen Hände und Arme vor: „Ich weiß auch nicht …". Dabei zuckt er mit den Schultern, hebt Arme und Hände an, um sie dann sichtlich lahm wieder herunterfallen zu lassen. Man bekommt „weiche Knie", „verliert den Boden unter den Füßen" oder „lässt den Kopf hängen". Dann wieder fühlt der Mensch sich „handlungsfähig", wobei wortwörtlich die „Hand" ins Spiel der Wortwahl kommt. Dann kann man es „packen" und „sich gerade machen".

Selbstcoaching-Tipp: **Entstressung durch die Thymusdrüsen-Stimulation**

Wenn Sie nur drei bis fünf Minuten täglich die Thymusdrüse stimulieren, steigern Sie damit die subjektiv verfügbare Körperkraft und die Krankheitsabwehr. Auch das mentale Leistungsvermögen wird durch diese Stimulation stabilisiert. Viele Klienten fragen zu Recht misstrauisch: „Aber ich soll doch nicht vor meinem Chef oder mitten im Vortrag klopfen?" Natürlich nicht, ist hier die Antwort. Die kraftspendende Wirkung der Thymusdrüsenstimulation hält zwei bis drei Stunden an. So reicht es völlig aus, wenn Sie sie eine halbe Stunde vor einem wichtigen Leistungsereignis durchführen. Klopfen Sie einfach so lange, bis sie einen tiefen Atemzug machen müssen. Das tiefe Einatmen zeigt die Wirkung der Stimulation an.

Übrigens profitieren auch Kinder von diesem einfachen Energiespender vor Klassenarbeiten, sportlichen Ereignissen oder sonstigen aufregenden Erlebnissen, bei denen sie ihre Leistung unter Beweise stellen wollen oder sollen.

3.2 Muskel-Feedback: Die Testbarkeit testen

Wie beim Testen des Grundkraftniveaus versucht nun der Coach, den geschlossenen Muskel-Ring zu öffnen. Diesmal jedoch bietet er dem Coachee verschiedene Stressoren an. Auch jetzt geht es noch nicht um das Coaching-Thema, sondern um die Frage, ob sich die Muskelreaktion bei diesem Tester-Paar als Feedback eignet. Man nennt diese Phase „Kalibrierung".

Meistens funktioniert die Kalibrierung schon mit Wörtern und Sätzen. Ist der Ring sehr leicht zu öffnen, weist der Test darauf hin, dass die getestete Person das mit der Aussage verbundene Thema „nicht verkraften" kann oder sehr irritiert ist, man ist also auf einen Stress gestoßen. Hält der Ring aber „bombenfest", fühlt der Coachee sich dem genannten Thema gewachsen – er kann es gut bewältigen, aushalten oder er reagiert zumindest ausgeglichen und neutral darauf.

Viele Leser kennen vielleicht Muskeltests aus der Kinesiologie, wie beispielsweise den seitlich ausgestreckten Arm, der vom Tester hinuntergedrückt wird, um Kraft oder Stress des Probanden festzustellen. Der Test mit den Fingern der Hand scheint jedoch ganz besonders sensibel die mentale Verfassung eines Menschen zu spiegeln: Nicht umsonst arbeiten Krimi-Regisseure gern mit dem dramatischen „Aus-der-Hand-Gleiten" von Vasen, Gläsern usw., um zu zeigen, dass die betroffene Person gerade erschrocken oder schwer irritiert ist. Es gibt verschiedene kinesiologische Schulen und Theorien, die teilweise auch auf die Meridiankunde der chinesischen Medizin aufbauen. Diese Theorien werden beim wingwave-Coaching nicht herangezogen. Für uns ist die enge Korrespondenz zwischen dem Muskeltonus von Hand und Fingern und der neurophysiologischen Situation des Gehirns der Fokus des Interesses.

Die Hand ist in der belebten Biologie ein ganz einmaliges Organ: Sie vereint Sensorik und Feinmotorik in einzigartiger und hoch komplizierter Weise. Daher benötigt die Hand in unserem Gehirn eine vergleichsweise große Steuerungsfläche – auch im Großhirn. Hier ist nicht nur der Sitz unseres Verstandes, sondern hier ist die wichtigste Instanz überhaupt angesiedelt: Man kann nämlich sagen, dass sich im Frontalhirn der Dirigent unseres Gesamterlebens befindet. Erst durch seinen Einsatz können wir Erlebnisse, neue Erfahrungen, Denken, Fühlen und Handeln zu einem sinnvollen „Auftritt" kombinieren. Kann dieser Dirigent seine Arbeit nicht machen, sind wir irritiert, durcheinander, „nicht auf der Reihe". Dieses Irritiert-Sein kann man auch mit einer Spannungsänderung im Großhirn messen, Effekt, der „P 300" bzw. „N 300" genannt wird. Die jeweilige Bezeichnung „P" für „positiv" und „N" für „negativ" ist übrigens abhängig davon, ob die Spannung nach oben oder nach unten aus dem Takt gerät

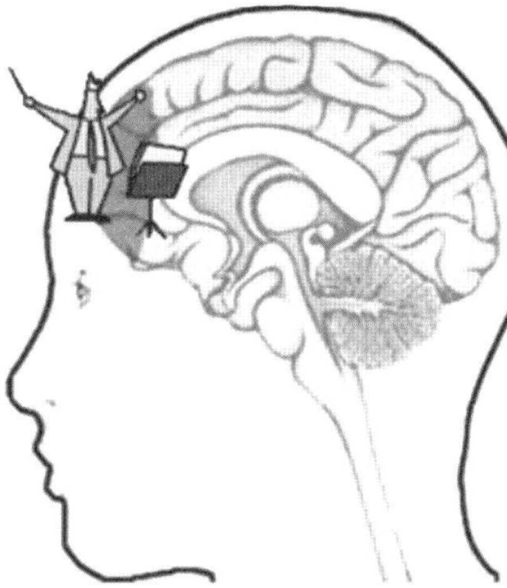

Quelle: http://www.wiredtowinthemovie.com/images/hotspots/level04prefrontalcortex.jpg

Abbildung 14: Präfrontaler Cortex

Anscheinend spiegeln sich auch kleine Irritationen in der Koordinationsfähigkeit des Großhirns innerhalb von Bruchteilen von Sekunden in den Handmuskeln. Bei Eva, der im Kapitel zuvor erwähnten Coaching-Kundin mit der Schreibblockade, beginnen wir die Kalibrierung mit folgendem Aussagen-Test: „Halten Sie bitte den O-Ring und sagen Sie dabei: ‚Ich heiße Heinrich'" fordern wir sie auf. Das Aussprechen des falschen Namens provoziert anscheinend eine kleine Irritation mit der damit verbundenen Spannungsänderung im Großhirn, denn Eva kann den Muskelring nicht zusammenhalten. Nun wiederholen wir das Experiment mit dem Aussprechen des richtigen Namens und der Ring hält „bombenstark".

Man kann die künstliche Irritation auch durch andere „Ärgernisse" provozieren: Der Coach gibt dem Coachee ein Stück weißen Zucker oder eine batteriebetriebene Quarzuhr in die Hand. Oder man bittet den Probanden, mit einer Hand während des Testens den Bauchnabel zur Wirbelsäule zu drücken, was ebenfalls schnell zu einer Schwächereaktion im Myostatik-Test führt. Im Bauchraum sitzt nämlich ein empfindliches Nervengeflecht, Nervus vagus genannt, das den Druck-Stress sofort auf das gesamte Nervensystem überträgt. Bei Eva ist kein weiteres Stress-Experiment nötig, sie fühlt sich schon durch den „Heinrich" ausreichend irritiert. Wir wissen jetzt beide, dass sie testbar ist, und können auf dieser Basis mit dem Coaching beginnen.

Die Verlässlichkeit des Myostatik-Tests konnte an der Deutschen Sporthochschule Köln im Rahmen der Doktorarbeit des Diplom-Psychologen Marco Rathschlag mit einem objektiv messenden Gerät als aussagekräftig bestätigt werden. Alle Forschungsergebnisse aus diesen Studien finden Sie im wingwave-Buch „Mit Freude läuft's besser". In Kapitel 6 finden Sie eine Zusammenfassung dieser Forschungsergebnisse.

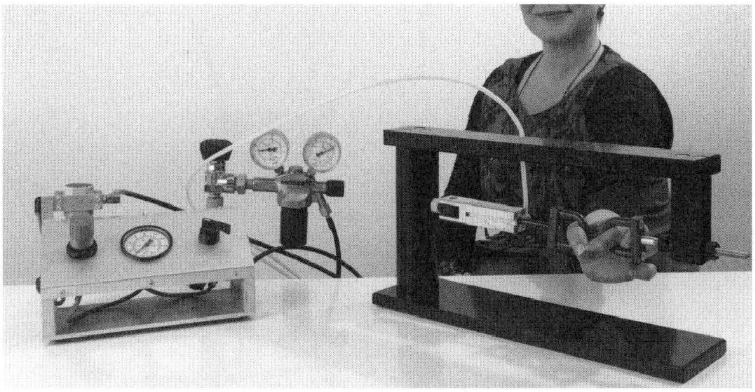

Abbildung 15: Messgerät für den Myostatik-Test

Hinweis für Coaches: Testvarianten für die Kalibrierungsphase

In seltenen Fällen reagieren Menschen nicht eindeutig auf den „Namenstest". Schauspieler beispielsweise reagieren auch auf einen falschen Namen kraftvoll, denn das gehört zu ihrem Beruf. Dann setzen wir die anderen künstlichen Stressauslöser ein und notieren uns später auf der Kundenkarte, mit welchem Stressor die Kalibrierung bei diesem Coachee gut festzustellen ist: mit dem falschen Namen, mit der Quarzuhr oder mit dem „Ärgern" des Nervus vagus durch das Bauchnabel-Drücken. Auch Unsinns-Aussagen wie: „Die Pizza ist zu heiß zum Fliegen" führen zur mentalen Irritation und damit zu einem schwachen Test. Als Kalibrierungs-Stress bevorzugen wir Aussagen, weil der Coachee beim Sprechen gleichzeitig atmen muss. Viele Menschen halten bei Kraftanstrengungen gern den Atem an, was das Testergebnis wiederum unbrauchbar macht, denn der angehaltene Atem gleicht kurzfristig einen Stressreiz aus. Das kennen wir von Gewichthebern oder auch von uns selbst, wenn wir eine Getränkekiste anheben sollen: Wir heben an und gleichen mit dem angehaltenen Atem den Anstrengungs-Stress aus.

Wenn Sie also mit ihren Klienten den Kalibrierungstest – egal mit welchem künstlichen Stressor – durchführen, geben Sie stets folgende Anweisungen: „Sitzen Sie bitte körpersymmetrisch, schauen Sie geradeaus, atmen Sie fließend." Beim Testen sollten Sie als Coach selbst keine Quarzuhr tragen, das könnte das Ergebnis ebenfalls verfälschen.

3.3 Coaching-Kompass Muskel-Feedback: Den Stress-Trigger finden

Dieser Abschnitt beginnt mit einer wichtigen Information: Keinesfalls werden die Ergebnisse des Myostatik-Tests mit den Wörtern „Ja" und „Nein" gleichgesetzt, sondern mit „verkraftbar" und „nicht verkraftbar". Wir stellen beim wingwave-Coaching auch keine Fragen, wir präsentieren nur Wörter und Aussagen und testen die „emotionale Aufladung".

Emotional wirksame Wörter und Aussagen bezeichnen wir als „Vita-Sprache" eines Menschen. Hierzu ein Beispiel aus dem Sportcoaching: Aus einer speziellen Aussagen-Liste nennt der Coach den Begriff „Publikumsreaktion" und der Coachee kann den Myostatik-Test bei der Konfrontation nicht halten. Für diesen Coachee ist also „Publikumsreaktion" ein emotional negativ aufgeladenes Vita-Wort. Damit der Sportler trotz lärmender Schlachtenrufe in Topform spielen kann, muss an diesem stressenden Einfluss gearbeitet werden. Eine starke Aussage hätte bedeutet, dass der Sportler emotional mit den Publikumsreaktionen gut umgehen kann. Er verkraftet sie und lässt sich dadurch nicht irritieren.

Diese neurolinguistische Präzision im Vorgehen macht möglich, dass punktgenau nur die Themen gecoacht werden, die tatsächlich stressen, irritieren, nicht verkraftbar sind. Stabile Reaktionen zeigen demnach auch an, dass kein Bedarf für ein Emotions-Coaching besteht. Der Myostatik-Test trägt demnach auch zur bestmöglichen Ökonomie im Coaching bei. Außerdem sorgt die positive Testung meist für eine Verstärkung der positiven Motivation: „Es freut mich richtig, dass ich beim Gedanken an die nächste Kollektion so gut teste!", kommentierte eine Managerin aus der Modebranche ihr Testergebnis.

Um nach Stress-Triggern zu suchen, bieten wird nicht nur verbale Äußerungen, also Wörter oder Sätze an. Wertvoll ist auch die konkrete Darbietung von Gegenständen und Abbildungen, wie beispielsweise Fotos von wichtigen Gesprächspartnern oder Charts, die ein Coachee in einem Vortrag zeigen möchte. Eine Pharmareferentin brachte einmal Packungen von allen Produkten mit, die sie bei ihren Arztbesuchen präsentiert und vertritt. So konnten wir mit dem Test ein Produkt herausfinden, das bei ihr anscheinend mit einem Stresserleben verknüpft war. Zunächst wunderte sie sich über das Ergebnis, da sie selbst besonders von diesem Medikament überzeugt war. Der weitere Emotionstest auf der Suche nach emotional definierten Vita-Wörtern ergab dann, dass sie mit Ärger zu kämpfen hatte, wenn einige Ärzte kritisch auf ihre Präsentation reagierten. Sie nahm dies nicht professionell gelassen auf, sondern fühlte sich aufgrund der eigenen Begeisterung für das Präparat persönlich angegriffen.

Beim Testen richten wir uns nur sekundär nach unserer Intuition als erfahrene Coaches oder nach der Intuition des Coachees. Beide könnten bei der Konfrontation mit einem Problem oder einer Fallgeschichte Gefahr laufen, durch kognitives Fachsimpeln am eigentlichen „Knackpunkt“ vorbeizudenken und vorbeizucoachen. Evas Beispiel zeigt frappierend, wie weit psychologisches Theoretisieren am Ziel vorbeiführen kann. Wie bereits erwähnt, stellte Eva sich mit einer Schreibblockade im Coaching vor. Sie brachte nicht nur ihr Thema, sondern auch gleich die Erklärung für ihre Blockade mit: „Ich gehe davon aus, dass ich mir unbewusst verbiete, meinen Traum von der Selbstständigkeit zu verwirklichen. Auf dieses Thema bin ich bereits bei einer Familienaufstellung gestoßen. Ich habe bestimmt einen Belief in mir, der sagt: ‚Du bist es nicht wert, Erfolg zu haben.‘ Das will ich natürlich ändern.“

Man erkennt sofort, dass Eva keinesfalls eine Psychologie-Anfängerin ist. Sie hat selbst eine Coaching-Ausbildung abgeschlossen und interessiert sich auch in der Freizeit für Seminare, Trainings und Selbsterfahrung rund um die Themen Persönlichkeit, Psyche und Kommunikation. Da sie auch schon mit wingwave-Coaching Erfahrung gemacht hat, formt sie schon von sich aus mit Daumen und Zeigefinger den Ring und hält dem Coach die Hand hin. Wir testen entsprechend Evas Plan gleich die Aussage: „Ich bin es wert, Erfolg zu haben“ – und der Ring hält. Eva ist verblüfft: „Woran kann es denn sonst liegen, dass ich mich seit Wochen um das Texten drücke?“

Wir setzen das Coaching mit der Systematik des sogenannten Aussagenbaums fort, den wir im übernächsten Kapitel ausführlich vorstellen. Auf der Suche nach einem oder gar mehreren Stress-Triggern überprüfen wir den gesamten Ablauf im Problemkontext. „Wenn Sie sagen: ‚Ich versuche zu texten‘, – wo spielt sich das genau ab?“, fragt der Coach. „In meinem Arbeitszimmer“, ist die Antwort. Wir testen zunächst den Gedanken an das Betreten des Arbeitszimmers – der Test fällt stark aus. Ebenso stabil testet das Sitzen am Schreibtisch. „Wie schreiben Sie denn – überwiegend am Computer oder auch mit der Hand?“ – „Ich mache mir zwischendurch handschriftliche Notizen und gebe den eigentlichen Text in den Computer ein“, berichtet Eva. Wir testen die Aussagen „Schreiben mit der Hand“ und „Schreiben am Computer“, wobei der zweite Test deutlich schwach ausfällt. „Haben Sie selbst schon eine Idee, was mit dem Computer sein könnte?“, fragt der Coach. „Zunächst einmal ist es gar kein richtiger Computer – den habe ich vor vier Wochen abgeschafft und mir einen kleinen Laptop gekauft, der ist einfach praktischer für mich.“ – „Es ist irgendetwas mit dem Laptop“, testen wir als Nächstes und wieder gibt es ein Stress-Feedback. Wir fahren fort: „Es sind die Dateien.“ „Es ist der Inhalt der Dateien.“ Die Tests fallen stark aus. Es bleiben nur noch Äußerlichkeiten übrig: „Es ist die Tastatur“ – und hier werden wir fündig.

Eva blickt verblüfft auf die eigene Hand: „Das gibt es doch gar nicht!" Sie möchte den Test wiederholen. Wir setzen den Wunsch sofort um – das Ergebnis ist dasselbe. Eva geht für eine Weile in Trance, dann richtet sie sich plötzlich auf, nimmt Augenkontakt auf und sagt: „Wissen Sie was, der Test stimmt haargenau! Ich habe die Schreibblockade tatsächlich, seitdem ich mit dem neuen Laptop arbeite. In der Tat ist die Tastatur ein Stress für mich, denn sie ist viel kleiner als beim großen PC. Immer wieder habe ich ganze Absätze gelöscht, weil die Tasten einfach zu eng beieinanderliegen. Das war extrem ärgerlich!" Obwohl Eva bei sich selbst eine Erfolgsblockade auf der Selbstwert-Ebene vermutet hat, ist sie faktisch beruflich stets erfolgreich gewesen. Mit ein Grund dafür ist sicherlich, dass sie ausdauernd, effektiv und vor allem schnell arbeiten kann und mag. Dabei kann sie es nur schwer ertragen, wenn die Technik um sie herum nicht spurt und sie dadurch unnötig gebremst wird. Das gilt für Telefone, Computer, aber auch für Staus auf der Autobahn oder verspätete Flugzeuge: „Ich hasse so etwas!"

„Denken Sie an die kleinen Tasten und an den besonders ärgerlichen Augenblick, wenn durch einen kleinen Fingerklick ein ganzer Absatz verschwindet. Wo können Sie jetzt den Ärger spüren, wenn Sie nur an diese Panne denken?" – „Im Hals, ich bekomme im wahrsten Sinne des Wortes einen dicken Hals!" Wir bewinken den Ärger und nach zwei bis drei Sets kann Eva schon befreit über das Thema lachen. Wir testen noch die Aussagen: „Schreiben mit dem Laptop", „Tastatur" und „Das Thema ist jetzt in Ordnung" – alle Aussagen halten.

Zur Sicherheit gibt es noch den Gegentest: „Wir arbeiten weiter an dem Thema." Hier testet Eva schwach. Dieses Ergebnis interpretieren wir beim wingwave-Coaching folgendermaßen: Eine Fortsetzung der Intervention würde jetzt vom Unbewussten bzw. von der unbewussten Psychoneurologie als überflüssig oder gar störend empfunden werden. Von nun an kann Evas Wahrnehmungs- und Handlungssystem allein mit dem Thema umgehen. „Gras wächst nicht, wenn man daran zieht", heißt ein sinniger Spruch zum Thema „zu viel des Guten". Interessanterweise kann der Myostatik-Test nicht nur Auskunft über einen geeigneten Einstieg, sondern auch über ein geeignetes Ende des Coaching-Prozesses anzeigen.

Evas Beispiel verdeutlicht vor allem den ökonomischen Wert der wingwave-Methode. Jeder Leser kann sich gut vorstellen, dass die mitgebrachte Hypothese dieser Coaching-Klientin ausreichend Stoff für mehrere Coachingstunden zu den Themen Selbstwert, Belief- und Motivations-Arbeit sowie zur Familien- und Lerngeschichte geboten hätte. Doch in diesem konkreten Fall hätte die ausführliche und fachgerechte Bearbeitung der genannten Felder die eigentliche Blockade nicht lösen können; man hätte also am Thema vorbeigecoacht. Vielleicht wäre der Coach nach der Entdeckung der Tastatur als Leistungsbremse auf die Idee gekommen, das Thema auszubauen, um an Evas hohen Ansprüchen an das Funktionieren ihrer technischen Umwelt zu arbeiten. Doch der Test ergab, dass die geschilderte Intervention für den Coaching-Erfolg völlig ausreichend war. Zum Schluss wurden die psychologischen Bemühungen noch durch eine naheliegende, praktische Lösung abgerundet: Coach und Coachee kamen fast gleichzeitig auf die Idee, dass Eva sich für den häuslichen Arbeitsplatz in Kombination zum Laptop einfach eine normal große Tastatur anschafft und nur unterwegs mit der kleinen Tastatur arbeitet. Schnell und effektiv, wie Eva nun einmal ist, steuerte sie gleich nach der Sitzung das nächste Kaufhaus an, kaufte sich eine große Tastatur, schloss sie zu Hause an ihren Laptop an und schrieb noch am gleichen Abend fünf Seiten Text für ihre neue Homepage. „Ich genoss das komfortable Schreibgefühl richtig", berichtete sie später. Die Schreibblockade ist bis heute verschwunden.

Hinweis für Coaches: der Muskeltest als Themenfinder und Prozess-Planer

Wir fassen hier nochmals zusammen, dass der Myostatik-Test zwei Körperreaktionen der Coaching-Kunden testet.

Die Kraftreaktion bedeutet:
☺ „Das fühlt sich gut an."
☺ „Ich reagiere neutral."
☺ „Ich kann das ab / verkraften."
☺ „Die Aussage stabilisiert mich."

Die Schwächereaktion bedeutet:
😐 „Das fühlt sich unangenehm an."
😐 „Ich bin gestresst."
😐 „Die Aussage / der Gedanke schwächt mich."

A: Der Myostatik-Test als Themenfinder:

Bei der Themenfindung testet man keine Fragen, sondern reine Aussagen, Wörter, Abbildungen, Darbietung von Gegenständen etc.

1. *Schwache Reaktionen* zeigen Stress-Trigger bei den Coaching-Themen an, denn an limbischen Schwachstellen muss der Coachee stabilisiert und wieder in seine emotionale Balance gebracht werden. Testet die Aussage stark, besteht kein Coaching-Bedarf, da der Coachee energetisch kraftvoll bei der Erwähnung dieses Erlebnisinhalts bleibt.
2. *Auf der Suche nach Ressourcen*, die der Coachee für die Erreichung seiner Ziele benötigt, *zeigt der starke Test das Coaching-Thema an*. Testet die Aussage: „Sie brauchen Humor" stabil, benötigt der Coachee eine gewisse Portion Humor auf dem Weg zum erfolgreichen Ziel. Testet diese Aussage hingegen schwach, würde Humor nicht besonders stabilisierend wirken.

B: Der Myostatik-Test als Prozessplaner und Überforderungsschutz

1. Geht es um das Thema, *welche weiteren Schritte im Coaching-Prozess unternommen werden müssen, richtet man sich nach der Kraftreaktion des Coachee,* sie gibt grünes Licht auf dem Weg zum Ziel. Die Möglichkeit der Prozessplanung bietet demnach eine große Sicherheit für die Coaching-Qualität. Die Klienten kennen sich unbewusst stets gut genug, um sowohl ihre Ressourcen als auch ihre Grenzen zu spüren. Auf diese Weise kann man ganz genau ermitteln, wie viel Coaching-Input für den Klienten in der jeweiligen Sitzung sinnvoll ist und an welchen Themen man vielleicht nicht oder später arbeiten sollte. Man kann auch Zeitkontingente testen, wie z. B.: „Für dieses Thema verabreden wir eine Doppelstunde" im Vergleich zu: „Dafür benötigen wir eine einstündige Sitzung." Die Kraftreaktion zeigt dann das ideale Zeitkontingent an.
2. *Die Schwächereaktion* zeigt bei der Prozessplanung, dass ein in Aussicht gestellter Prozessschritt nicht durchgeführt werden sollte, sie *schützt vor Überforderung oder vor überflüssigen Umwegen im Coaching.* Testet beispielsweise die Aussage: „Wir arbeiten weiter an diesem Thema" schwach, sollte die Weiterarbeit mit bilateralen Hemisphärenstimulationen unterlassen werden. In diesem Fall rücken Coach und Coachee ihre Stühle wieder auseinander, kehren in die Gesprächsposition zurück und führen eine Nachbesprechung der bisherigen Sitzung durch.

3.4 Die Auswirkung von Biografie-Stress auf das individuelle Leistungsvermögen

Stellen Sie sich einmal vor, in einer Warteschlange stößt Sie jemand leicht am Oberarm und entschuldigt sich gleich dafür. Die meisten würden dann sagen: „Ist schon in Ordnung, es ist ja gar nichts passiert!“ Nun stellen Sie sich weiter vor, sie hätten genau an diesem Oberarm aber schon einen schmerzenden blauen Fleck. Dann würden Sie aufschreien und sich den Arm halten, was der arglose „Rempler“ sicher überhaupt nicht verstehen könnte, denn so arg hat er ja nicht gerempelt. Aus seiner Sicht ist Ihre Reaktion übertrieben. Ähnliche Szenen spielen sich täglich in der zwischenmenschlichen Kommunikation ab. „Der / die hat da einen wunden Punkt“, heißt es dann.

Diese „wunden Punkte“ sind chronisch gewordene Stress-Imprintings, die ein Mensch in seiner Lebensgeschichte und Erfahrungswelt erlitten hat. Meistens treten sie im Coaching als verdeckte Stress-Trigger auf: Sie sind weder dem Coachee noch dem Coach spontan als Auslöser bekannt. Im Einführungskapitel haben Sie ja bereits erfahren, dass ein unbearbeitetes resistentes Stress-Imprinting die unangenehme Eigenschaft hat, das innere Zeitgefühl vorübergehend außer Kraft zu setzen. Erinnert eine heutige Situation – beispielsweise ein reklamierender Kunde – bewusst oder unbewusst einen Verkäufer an ein Stresserlebnis mit einem früheren Lehrer, fühlt dieser sich tatsächlich wieder „so klein mit Hut“, wie er es damals als achtjähriger Schüler tatsächlich war. Der Verstand mag dann sagen: „Das hast du als Profi doch gar nicht nötig!“, aber das Gefühl hat Angst vor der schlechten Zensur oder gar vor einem blamierenden „Sitzenbleiben“.

Viele Coaching-Kunden wundern sich über diese Zusammenhänge, da die früheren Ereignisse teilweise schon Jahrzehnte zurückliegen. Hier ist wieder die ausführliche Information über Stress-Imprintings wichtig, um die aktuelle Bedeutung von „alten“ Erlebnissen nachvollziehen zu können. Beim wingwave-Coaching bezeichnen wir dieses Phänomen als „Biografie-Stress“, der sich als indirekter, unbewusster Stress-Trigger auswirkt.

Wann immer wir mit unseren Coachees einen Performance-Stress bearbeiten, testen wir auch einen eventuellen Biografie-Stress, den er oder sie möglicherweise schon in die Situation mit hineingebracht hat. Ist ein solcher (manchmal sind es auch mehrere) vorhanden, muss er immer mit bearbeitet werden, um den Menschen etwas „rempel-resistenter“ zu machen. Sehr oft kennen unsere Klienten schon ihre wunden Punkte aus der Lebensgeschichte. Manchmal tauchen sie aber erst im Laufe der Intervention auf. Es ist, als würde man durch das Winken in eine Art assoziatives Netzwerk geraten, in dem die nicht abgebauten Stress-Imprintings gespeichert sind.

Oft liegen Parallelen zum heutigen Ereignis auf der Hand, manchmal wundern die Klienten sich aber auch über die aus der Vergangenheit auftauchenden Szenen.

Unsere in ihrem Unternehmen sehr erfolgreiche Klientin Ines litt beispielsweise unter den permanenten Attacken eines älteren Kollegen. Er war schon seit über zehn Jahren in diesem Unternehmen, hatte einen gewissen gemütlichen Alltagstrott entwickelt und fühlte sich anscheinend durch Ines Dynamik in den Schatten gestellt. Ihr Problem war, dass sie sich seinetwegen sogar am Feierabend und am Wochenende einfach schlecht fühlte, da sie sich irgendwie nicht richtig wehren konnte. Während einer Sitzung taucht dann mithilfe des Muskeltests plötzlich die Erinnerung auf, wie ihre ältere Schwester sie im Alter von fünf Jahren im Streit vom Hochbett schubste und sie sich dabei sehr weh tat. Die herbeieilenden Eltern schimpften dann mit beiden streitenden Kindern, anstatt sie zu beschützen und die Schwester zu verwarnen. Szenen mit diesem Muster wiederholten sich dann im familiären Umgang, wodurch Ines Unbewusstes in etwa folgende Regel ableitete: „Ich kann mich gegen Ungerechtigkeit nicht wehren – es nützt nichts." Die unbewusste Wahrnehmung assoziierte demnach den neidischen Kollegen mit der älteren Schwester und scherte sich überhaupt nicht darum, dass der Kollege männlich war. Anstatt sich zu wehren, lief Ines stets mit einem unangenehmen Gefühl von Hilflosigkeit, Ausgeliefert-Sein und ohnmächtiger Wut herum.

Die beschriebene Assoziationsarbeit des Gehirns kommt den Klienten zunächst oft unlogisch vor. Unser Unbewusstes sortiert jedoch nicht wie der Computer des Einwohnermeldeamts nach Kategorien wie „männlich" oder „weiblich", sondern nach „fühlt sich so ähnlich an wie …" Der Sortierungsschlüssel richtet sich demnach hauptsächlich nach unseren am Biografie-Stress beteiligten Emotionen, wie Angst, Wut, Trauer, Scham, Ekel, Hilflosigkeit usw. Gibt es hier vom Muster her psychologische Ähnlichkeiten, werden die Ereignisse in die gleiche „Stress-Schublade" gesteckt. Entsprechend des weiter vorn beschriebenen „Tomaten-Effekts" werden sie in ein und demselben Erinnerungsordner abgelegt. Als Erwachsener mag man sich dann wundern, warum beispielsweise ein Kindheitsereignis noch im heutigen Leben seine Wirkung haben kann: „Aber überall haben doch Geschwister mal Streit miteinander", sagte auch Ines. Man sollte jedoch keinesfalls mit den Kriterien des großen Erwachsenen auf das eigene jüngere Ich schauen und durch den Abstand das damalige Erleben verharmlosen. Wie im Dornröschenschloss hat das Nervensystem die Emotion zum „Standbild" gemacht, und zwar haargenau so, wie die Szene auf die damals Fünfjährige gewirkt hat. Und diese Gefühle werden bei der psychologischen „Berührung" des immer noch wunden Punktes wieder aktiv.

Bei Ines ging es nicht nur um den Streit mit der Schwester, sondern auch die ohnmächtige Wut angesichts der ungerechten Eltern muss noch mit bearbeitet werden.

Denn genau diese ohnmächtige Wut fühlte sie auch, wenn der Kollege seine Spitzen gegen sie losschoss. Nach dem Coaching konnte sie ihn dann „so richtig schön auszählen", weil sie sich altersgerecht groß und aktiv fühlte und beim nächsten unangenehmen Vorfall ihre übliche Schlagfertigkeit zur Verfügung hatte: „Er machte wieder eine seiner provozierenden Bemerkungen, ich lehnte mich genüsslich im Stuhl zurück und sprach es ganz einfach aus: ‚Du bist ja schon ganz grün vor Neid!' Ich konnte ihn sogar anlächeln!" Als der Kollege sich verwahren wollte, ergriff zu Ines Überraschung ein weiterer Kollege das Wort: „Komm, Werner, Ines hat völlig recht, es fällt hier allen auf, dass du neidisch auf sie bist." So hatte Ines das Glück, durch ihr aktives Eingreifen in den Dialog mit Werner auch noch eine gegenteilige Erfahrung zu der in ihrer Kindheit gelernten Regel zu machen: Es gibt auch Menschen, die sich bei einer offensichtlichen Ungerechtigkeit solidarisch mit ihr verhalten können.

3.5 Coaching-Kompass Muskel-Feedback: Biografie-Stress identifizieren und ausgleichen

Wie geht nun ein wingwave-Coach vor, um bei seinem Coachee mit dem Myostatik-Test einen möglichen Biografie-Stress hinter seiner punktuellen Stressempfindlichkeit zu finden? Die wichtigste Antwort ist: durch Systematik. Am Beispiel von Dennis, der sich auf seinen Talkshow-Auftritt vorbereitet, wollen wir das Vorgehen nachvollziehbar vorstellen.

Als Dennis zur ersten Sitzung zu seinem Thema erscheint, hat er bereits ein erstes Vorgespräch zum Ablauf der Talkshow mit einem Mitarbeiter der Sendung durchgeführt. „Das Gespräch verlief eigentlich sehr gut, aber danach fing dieses komische Gefühl von Aufregung an. Dieser Tag liegt wie ein Berg vor mir." Wir kalibrieren uns mit Dennis auf den O-Ringtest. Dann setzen wir den Test als Coaching-Kompass ein. Zunächst testen wir nicht den Gedanken an die Talkshow, sondern die Erinnerung an das Vorgespräch. Die Aussagen-Testung stellen wir *kursiv gedruckt* dar. Die schwach testenden Aussagen gelten als emotional negativ assoziiert und werden dann später zum Coaching-Thema.

„Es ist der Gesprächspartner vom Vorgespräch."	*starker Test*
„Es handelt sich um den Ablauf der Talkshow."	*schwacher Test*
„Es geht um die anderen Gäste."	*starker Test*
„Es geht um Sie selbst."	*schwacher Test*
„Es geht um Ihre Gefühle."	*starker Test*
„Es ist Ihr Verhalten."	*schwacher Test*
„Es sind Ihre Wortbeiträge."	*schwacher Test*

An dieser Stelle wirkt Dennis irritiert: „Gerade meine Wortbeiträge habe ich besonders gut vorbereitet – auch mit Unterstützung von unserer Pressestelle. Das ist eigentlich alles wasserdicht." Wir testen weiter:

„Es ist der Inhalt."	*starker Test*
„Es ist die Art, wie Sie den Inhalt präsentieren."	*schwacher Test*

Dennis blickt immer noch ratlos drein. „Was hat man denn mit Ihnen abgesprochen? Wissen Sie beispielsweise, wann Sie drankommen?", fragt der Coach. „Ich werde als vorletzter Gast von einem der Moderatoren interviewt, allerdings hat man mir gesagt, ich könne vorher auch jederzeit dazwischenreden, um den Ablauf etwas lebendig und spontan zu gestalten." Wir testen weiter.

„Sie werden planmäßig interviewt."	*starker Test*
„Sie machen Zwischenbemerkungen."	*schwacher Test*

„Was bedeutet das?“, fragt Dennis. „Wir können versuchen, den Grund auszutesten“, schlägt der Coach vor. Wir testen uns auf der Suche nach einem indirekten Stress-Trigger durch die Kategorien des Aussagenbaums.

„Es geht um Ihre Gefühle.“	*starker Test*
„Es geht um die Gefühle der anderen.“	*schwacher Test*
„Es sind die Gefühle der Talkshow-Teilnehmer.“	*starker Test*
„Es sind die Gefühle der Fernsehzuschauer.“	*starker Test*
„Es sind die Gefühle der Talkshow-Moderatoren.“	*schwacher Test*
„Die Moderatoren könnten enttäuscht sein.“	*starker Test*
„Die Moderatoren könnten wütend werden.“	*schwacher Test*

„Aber ich wurde doch ausdrücklich darum gebeten“, sagt Dennis. „Das heißt doch, dass die Moderatoren es eher gut finden, wenn ich Zwischenbemerkungen mache.“ Da Dennis das Testergebnis nach wie vor rätselhaft findet, öffnen wir einen weiteren „Ordner“ im Aussagenbaum. Wir beschreiben das Kommunikationsmuster:

„Jemand wird wütend, weil Sie dazwischenreden.“	*schwacher Test*
„Der Stress kommt aus der Gegenwart.“	*starker Test*
„Der Stress bezieht sich auf die zukünftige Sendung.“	*starker Test*
„Der Stress kommt aus der Vergangenheit.“	*schwacher Test*
„Es ist das Erwachsenenleben.“	*starker Test*
„Es ist die Kindheit.“	*schwacher Test*
„Es ist die Familie.“	*starker Test*
„Es ist die Schule.“	*schwacher Test*

Nach wenigen weiteren Feintests landen wir anhand der identifizierten negativ definierten Vita-Sätze schließlich im achten Lebensjahr und hier bei Frau Eberhard, der Grundschullehrerin. Plötzlich fällt Dennis alles wieder ein. „Das war ein ewiger Kampf mit uns beiden“, sagt er. „Ich sehe noch deutlich den Satz in meinem Zeugnis: ‚Dennis stört den Unterricht.‘ Aber ich konnte einfach nicht meinen Mund halten, es hat irgendwie nicht geklappt. Immer wieder ist mein Temperament mit mir durchgegangen, ich habe nur Quatsch gemacht. Meine Eltern mussten in die Schule kommen und ich habe immer wieder zur Strafe draußen vor der Tür gestanden.“ Beim Erinnern presst Dennis die Lippen zu einem dünnen Strich zusammen, so wie jemand, der wirklich versucht, seinen Mund zu halten. „Diese Lehrerin war auch furchtbar langweilig. In der dritten Klasse bekam sie ein Baby und wir bekamen einen neuen Klassenlehrer. Den fand ich richtig gut. Mit ihm hatte ich keine Probleme mehr.“

Während er an die aufgebrachte Lehrerin denkt, geht Dennis der Frage nach: „Wo spüren Sie in Ihrem Körper bei dieser Erinnerung, dass Frau Eberhard voller Wut auf Sie ist?“ – „Es ist wirklich ein Gefühl, als sei ich in der Nähe einer tickenden

Bombe", antwortet Dennis. „Mein Nacken spannt sich an." Wieder presst Dennis die Lippen zusammen; er hält sichtlich den Mund bei dieser Erinnerung. Bei diesem Prozess geht es wieder um das Thema „Spiegelneurone". Viele Menschen spüren in Konflikten sensibel nach, in welcher Stimmung ihr Gegenüber wohl sein mag. Nachdem wir diese unangenehme Spannungsübertragung erfolgreich bewinken konnten, testen wir wieder:

„Die Wut von der Lehrerin."	*starker Test*
„Diese Situation ist jetzt in Ordnung."	*schwacher Test*
„Es geht auch um Ihre eigenen Gefühle."	*schwacher Test*

Nach dem Abbau von Übertragungsstress, der von einer anderen Person ausgestrahlt wird, kommen sehr häufig bei den Klienten die eigenen Gefühle hoch, die zuvor durch das Hineinspüren in das Gegenüber überdeckt waren.

„Es ist Angst."	*starker Test*
„Es ist Scham."	*schwacher Test*

„Ich hätte es damals nie zugegeben, aber ich weiß, dass ich mich selbst für mein Verhalten nicht mochte. Ich kam mir richtig schlecht vor, vor allem als meine Eltern in die Schule bestellt wurden. Auch diese negativen Sätze in meinem Zeugnis haben mich damals hart getroffen. Immer wieder bin ich voller guter Vorsätze zur Schule gegangen, habe dann mit meinen Freunden herumgealbert und plötzlich gingen die Pferde mit mir durch. Dann habe ich mich wieder geschämt. Auch das Vor-der-Tür-Stehen war einfach peinlich." Das schlechte Gewissen macht bei dieser Erinnerung ein ungutes Gefühl im Bauch: „Ein bisschen so, als würde sich der Magen umdrehen." Nachdem das Stress-Imprinting des schlechten Gewissens bewunken wurde, testet noch ein Wut-Gefühl auf die Lehrerin: „Diese Schlaftablette! So eine Spießerin! Die konnte doch gar nicht mit Kindern umgehen!" Nachdem auch diese Wut durch die wachen REM-Phasen nachträglich verfliegen kann, testet die Erinnerung stabil. Als Abschlusstest widmen wir uns wieder dem bevorstehenden Ereignis.

„Sie machen während der Talkshow Zwischenbemerkungen."	*starker Test*

In der Nachbesprechung fällt Dennis auf, dass er mit Reden und Vorträgen nie Probleme hatte, sich aber in Diskussionen oft gehemmt fühlte: „Das wäre mir bei einem wichtigen Assessment-Center beinahe zum Problem geworden. Zumindest sagten mir die Beobachter später, dass ich mich in Gespräche dieser Art spontaner einbringen solle." Dieses Dilemma taucht häufig in der Lerngeschichte auf: Menschen lernen in der Schule, dass das „Mund-Halten" zur guten Zensur, zu Anerkennung und zum Erfolg führt, und später sollen sie als Manager plötzlich lebhaft ihre Meinung sagen und werden dafür mit Beförderung belohnt. In diesem Fall weiß unser Unbewusstes nicht mehr, welche Erfolgsregel eigentlich die richtige ist, und wir fühlen uns blockiert. Später berichtete uns Dennis, dass er sich nach diesem Coaching auch in lebhaften Meetings und Diskussionen viel freier äußern könne.

Doch zurück zur Ausgangssituation: Nachdem Dennis auch auf unbewusster Ebene die Erlaubnis zum Dazwischenreden „freischalten“ konnte, testen wir weiter.

„Das Talkshow-Thema ist jetzt insgesamt o.k.“	*schwacher Test.*

Es gibt demnach noch mehr verdeckte Stress-Themen bezüglich des Fernsehauftritts. Bei den folgenden Tests werden wir in der konkreten Talkshow-Situation nicht fündig. Wir konzentrierten uns wieder an der Systematik des Ablaufs.

„Sie erwachen am Morgen der Talkshow.“	*starker Test*
„Sie durchleben den Tag.“	*starker Test*
„Sie fahren zum Studiogelände.“	*starker Test*
„Sie betreten das Studiogelände.“	*schwacher Test*

In der weiteren Testung landen wir diesmal nicht beim emotionalen Stress, sondern beim Thema „Soma-Stress“. Hiermit bezeichnen wir im wingwave-Coaching Stress-Imprintings, die durch körperliche Überforderung entstanden sind, wie beispielsweise Schmerz, Müdigkeit, Hunger, Kälte, Erschöpfung oder Überanstrengung usw. In diesem Fall testet der Begriff „Überanstrengung“ schwach.

Die Feintests führen uns noch einmal in Dennis Jugend, diesmal landen wir im zwölften Lebensjahr, wiederum im Kontext Schule. Diesmal erweist sich das Fach „Sport“ als Biografie-Stress. Konkret landen wir bei den Bundesjugendspielen, einem jährlichen Sportereignis, in dem sich alle deutschen Schüler bundesweit in den Leichtathletikdisziplinen Laufen, Weitsprung und Weitwurf messen. „Wir haben uns schon im Training wochenlang abgekämpft, sind um die Wette gelaufen und haben uns verausgabt.“ Dennis ist immer noch sportlich und weiß daher: „Nach den heutigen Kriterien haben wir alles falsch gemacht. Wir waren immer im körperlichen Stressbereich und haben bis zum Muskelkater trainiert. Heute weiß man ja, dass der Muskelkater gar nicht gesund ist, sondern eine Mikro-Verletzung der Muskelfasern anzeigt.“ Dennis hat immer noch den großen Sportplatz und die vielen Schüler aller Altersgruppen vor Augen, die sich an diesem Tag auf dem Gelände tummelten. „Es standen auch immer große Gruppen herum und feuerten sich gegenseitig an.“ Hier fand seine unbewusste Wahrnehmung anscheinend einen Anknüpfungspunkt: das große Studiogelände, das Kräftemessen in Schlagfertigkeit mit den geladenen Talkshow-Gästen und den Moderatoren und der Wunsch, vor vielen Menschen – den Studiogästen, den Fernsehzuschauern und vor allem auch vor den Kollegen – gut abzuschneiden.

Beim nächste Durchgang bitten wir Dennis, an eine Disziplin zu denken, bei er sich früher besonders stark auf dem Sportplatz verausgabt hatte. Er muss gleich an das Laufen denken. „Wenn Sie jetzt in sich hineinspüren – wo könnte Ihr Körpererleben die Überanstrengung gespeichert haben?" „Ich kann tatsächlich wieder das Brennen in den Lungen fühlen und ich spüre deutlich, wie sich mein ganzer Kiefer anspannt." „Nehmen Sie das mit", sagt der Coach und startet mit dem Winken. Nach nur zwei Sets atmet Dennis tief durch und entspannt sich.

„Das Thema Talkshow ist o.k."	*starker Test*
„Wir können an dieser Stelle aufhören."	*starker Test*

Zur Absicherung kommt noch die Gegenbestätigung:

„Wir müssen mit dem Thema weiterarbeiten."	*schwacher Test*

Nun scheint die bestmögliche emotionale Stabilität für das kommende Ereignis erreicht zu sein. Abschließend soll Dennis nochmals an den bevorstehenden Auftritt denken. Er wirkt recht gelassen und sagt: „Jetzt freue ich mich fast schon, so oft kommt man ja auch nicht ins Fernsehen. Ich sehe meine Mutter stolz vor dem Fernseher sitzen, das tut irgendwie gut. Das Studiogelände kommt mir übrigens jetzt in der Vorstellung viel kleiner und übersichtlicher vor. Es ist, als würde ich den Ort von weiter oben aus betrachten."

Das gute Gefühl hält an, Dennis kann in der Nacht vor der Talkshow gut schlafen und beim Live-Auftritt gibt er sich souverän, schlagfertig und humorvoll."

Hinweis für Coaches: Die eigene Grundhaltung ist wichtig

Für einen erfolgreichen Coaching-Prozess ist natürlich in jedem Coaching-Setting die Grundhaltung des Coaches von Bedeutung. Wenn Sie jedoch einen Muskeltest im Prozess einsetzen, könnten Sie im direkten Hautkontakt Ihren Mitmenschen Informationen über die eigene emotionale Verfassung mitteilen. Das geschieht natürlich auf nonverbalem Weg, beispielsweise durch physiologische Informationen wie den elektrischen Hautwiderstand. Und auch ohne direkten Körperkontakt könnten Sie durch Ausdruckselemente wie Anspannung oder Mimik Ihrem Gegenüber indirekte Botschaften senden. Wir haben bereits etwas zum Thema „Spiegelneurone" gesagt. Das Phänomen des Nachempfindens spielt sich natürlich auch in Ihren Coaching-Kunden ab.

Für eine zielführende Kommunikation ist es keinesfalls optimal, stets „pur" nachzuspüren, was im Gegenüber vorgeht. Wie immer geht es auch hier um die gesunde Dosierung und den ökologischen Einsatz dieser menschlichen Fähigkeit. Vor allem sollte der professionelle Kommunikator auf das Gefühle-Spiegeln seiner Klienten mit einer ressourcevollen emotionalen Response reagieren können. „Erfahrene Therapeuten haben ihre persönlichen Themen so weit geklärt, dass sie die Problemschilderungen ihrer Klienten mit emotionaler

Stabilität aufnehmen können", erklärt Joachim Bauer, Medizinprofessor, Psychotherapeut und Autor des bekannten Buches „Warum ich fühle, was du fühlst".

Diese Anforderung gilt unserer Meinung nach nicht nur für Therapeuten, sondern auch für Coaches, da auch sie immer wieder von ihren Kunden Problemphysiologien gezeigt bekommen. Coachees zeigen im vertraulichen Coaching-Gespräch Enttäuschung, Wut, Hilflosigkeit, Unsicherheit oder auch körperliche Erschöpfung. Natürlich erwartet der Coachee Verständnis für seine Themen und Gefühle, aber er will seinen Coach nicht energetisch herunterziehen, sondern wünscht sich, dass seine Themen beim Coach Zuversicht und vor allem Kreativität auslösen. Es wäre wenig förderlich, wenn der Coach den Coachee mit vor Schreck geweiteten Augen anstarrt, wenn dieser von seinen persönlichen Katastrophen berichtet. Das Unbewusste in diesem Menschen wird sagen: „Nun haben wir den armen Coach überfordert, wir sollten ihn lieber schonen." Das wäre das Ende der gemeinsamen Problemlösung. Der Glaube an positive Veränderungsmöglichkeiten des Coachee – auch und gerade in verfahrenen Situationen – zählt daher zum wichtigsten Anlagevermögen des Coachs.

Wenn Sie coachen – und vor allem, wenn Sie testen –, setzen Sie ein paar einfache Selbstmanagement-Techniken für die eigene Ausgeglichenheit ein. Sorgen Sie dafür, dass Sie selbst ausreichend gegessen und getrunken haben. Stimulieren Sie in Arbeitspausen immer wieder die Thymusdrüse, bewegen Sie Ihren Körper nach langem Sitzen, hören Sie selbst ab und zu die wingwave-Musik. Beim direkten Testen atmen Sie einfach zweimal bewusst tief durch. Vor allem das Ausatmen sorgt sekundenschnell für eine ausgeglichene parasympathische Körperreaktion, die sich positiv überträgt.

Denken Sie im Kontakt mit den Coachee ab und zu in jedem Prozess bewusst den Satz: „Dieser Mensch ist voller Fähigkeiten – er kann es schaffen." Lassen Sie sich selbst als Klient in der Supervision oder im Coaching „bewinken", wenn Sie unsicher auf emotionale menschliche Reaktionen wie Weinen oder Wutausbrüche reagieren. Coaching-Kunden wünschen sich zu Recht emotional stabile und ausgeglichene Coaches.

3.6 Der Aussagenbaum: Wie erklärt sich die Treffsicherheit des Myostatik-Tests?

wingwave-Coaches hören oft Fragen wie diese: „Wie sind Sie eigentlich auf die Idee gekommen, die Beziehung zu meiner Tante zu testen? Das war ja ein toller Einfall." Die oft verblüffenden Testergebnisse entstehen jedoch weniger auf der Basis von Intuition oder Inspiration, sie sind meistens das Ergebnis eines sorgfältig verfolgten Aussagen-Schemas gemäß des Aussagenbaums im wingwave-Coaching. Tests und Feintests helfen beim Herausfiltern allerkleinster versteckter Stress- und Weisheits-Körnchen – und zwar in der Erlebniswelt des Coaching-Kunden, nicht in der des Coaches. wingwave-Coaching arbeitet vom Anspruch her klientenzentriert, da der Weg zur Lösung immer im Persönlichkeitssystem des Coaching-Kunden verläuft. Denken Sie nur an das Beispiel mit Evas Laptop-Tastatur – auch der professionellste Coach wäre allein durch seinen Erfahrungsschatz und seine Intuition nicht bzw. nicht so schnell auf das Stressthema gekommen.

Der Aussagenbaum arbeitet überwiegend mit der Darbietung von Wörtern bzw. Sätzen und orientiert sich damit an der bildgebenden Gehirnforschung. Hier gibt es viele Studien, die aufzeigen, wie konkret, schnell und trennscharf unser Gehirn auf Wörter reagiert. Wir haben bereits den „Krokodil-Effekt" besprochen, der inzwischen durch die Gehirnforschung gut belegt ist. Die Reaktion des Großhirns auf Wörter ist äußerst interessant. Beispielsweise hat man englischsprachigen Probanden drei auditiv äußerst ähnliche Wörter angeboten: lick, pick und kick. Das heißt übersetzt: lecken, picken – also mit der Hand aufnehmen – und mit dem Fuß kicken. Die drei Wörter lösten im Großhirn in unterschiedlichen Bereichen neuronale Aktivitäten aus – und zwar im Bereich Zunge, Hand und Fuß. Wir erreichen demnach mit Wörtern punktgenau unterschiedliche Gehirnaktivitäten, was der Begriff „Neurolinguistik" ja auch zum Ausdruck bringt.

Warum erlaubt der Myostatik-Test in Verbindung mit dem Coaching-Aussagenbaum zusätzlich zur Wortbedeutung so präzise Einblicke in die Strukturen unserer Stressmuster? Es ist Fakt, dass alle von außen kommenden Reize immer zuerst vom limbischen System kontrolliert werden. Wörter und Sätze sind Reize, die meistens als Schallwellen über den Gehörgang das Nervensystem innerhalb von Bruchteilen von Sekunden erreichen. Unser Gehirn speichert Wörter nicht nur hinsichtlich ihrer Schreibweise oder ihrer semantischen Bedeutung. Es registriert mithilfe des limbischen Systems sämtliche emotionalen Erfahrungen, die wir in Verbindung mit einem bestimmten Wort erlebt haben. Es hat sich auch gezeigt, dass mit Stress verknüpfte Wörter im limbischen System andere Effekte haben als Lieblingswörter. Bei diesem Erinnerungsvorgang scheint vor allem auch der sogenannte Hippocampus – das ist ein Bereich des limbischen Systems – eine wichtige Rolle zu spielen.

„Nerven im Hippocampus lassen sich direkt dabei beobachten, wie sie neue Inhalte lernen“, schreibt der bekannte Gehirnforscher Manfred Spitzer in seinem Buch „Lernen – Gehirnforschung und die Schule des Lebens“. Er beschreibt eindrucksvoll, wie man allein durch die Beobachtung von Hippocampus-Aktivitäten auf einem Computerbildschirm den Aufenthaltsort von Mäusen in bestimmten Käfigecken vorhersagen kann – ohne Tiere und Käfig dabei zu sehen. Zehn Minuten, nachdem eine Maus einen Käfig kennengelernt hat, konnte man Lernergebnisse in ihrem Hippocampus erkennen, denn es hatte „jedes Neuron eine Vorliebe für einen bestimmten Platz im Käfig“. Beispielsweise feuerten bestimmte Neuronen immer dann besonders stark, wenn sich das Tier in der linken hinteren Ecke befand. Die Forscher mussten gar nicht die Ratte sehen, sondern konnten über die am Bildschirm wiedergegebene Neuronenaktivität erkennen, an welchem Platz im Käfig das Tier sich gerade befand.

Diese Zuordnungsfähigkeit des Hippocampus bezieht sich nicht nur auf Orte, sondern auch auf Wörter: „Beim Menschen konnte man zeigen, dass das Lernen von Vokabeln – ähnlich wie das Lernen von Orten beim Nagetier – von der Entstehung von Repräsentationen im Hippocampus abhängt. Ebenso wie man beim Nager anhand der Aktivierung von Zellen im Hippocampus voraussagen konnte, wo sich das Tier gerade befindet, konnte man durch Ableitung von einzelnen Neuronen beim Menschen voraussagen, ob er sich eine Vokabel gemerkt hat oder nicht.“

All diese Ergebnisse aus der Gehirnforschung legen nahe, dass jedes Wort sowie auch alle anderen Informationen wie Bilder, Gerüche usw. in Bruchteilen von Sekunden inhaltlich und emotional zugeordnet werden. So kann man sich gut erklären, warum Menschen im Test auch auf die Darbietung von Lebensjahren reagieren und wir so herausfinden, in welchem Alter ein Biografie-Stress entstanden ist. Beispielsweise könnte eine deutliche Stressreaktion bei der Wortkombination „16 Jahre“ auftreten. So eine Aussage ist keinesfalls eine rein sachliche Information außerhalb der individuellen Erlebniswelt. Immerhin hat jeder Mensch ein Jahr seines Lebens besagte Zahl als Teil seiner Identität empfunden: „Ich heiße Reinhard und bin 16 Jahre alt.“ Von daher weiß das limbische System mit seinen assoziativen Fähigkeiten sehr wohl, dass hier ein themenrelevanter Stress vorliegt: „Der Hippocampus […] ist […] in der Lage, unvollständige Informationen zu ergänzen, denn er ist unter anderem sehr stark mit sich selbst verknüpft. Solche Netzwerke vervollständigen unvollständigen Input anhand gespeicherter Informationen“, schreibt Manfred Spitzer weiter zu diesem Thema. Über diese assoziativen Zusammenhänge gelangen dann nahezu gleichzeitig mit dem Wort und jedem anderen Außenreiz die entsprechenden limbischen Signale in den Körper: Es werden Herzfrequenz, Gefäße, Stoffwechsel und damit auch unser Muskeltonus passend zur gespeicherten Wort- oder Reizerfahrung aktiviert. Dieses Wortreiz-Reaktionsprinzip benutzt der Aussagenbaum für die Identifikation von Stress-Imprintings.

3.7 Die schematische Darstellung des Aussagenbaums

Der Aussagenbaum I: Stressursachen testen

Bestimmung der Stressbeeinträchtigung:

- 😐 Emotion wie „Angst“ usw.
- 😐 Soma-Stress wie „Schmerz“ usw.
- 😐 „Schicksals-Stress“ / „Höhere Mächte“ (Das so etwas sein darf!) / „systemischer Stress“ (Zugehörigkeit zu einer Gruppe, z. B.: „Das machen Frauen nicht!“)

Feintest weiter mit Aussagenbaum Teil II

Einordnung auf der Zeitschiene:

Der Stress kommt aus der

- 😐 Gegenwart
- 😐 Zukunft
- 😐 Vergangenheit

Feintest Lebensabschnitt:

- 😐 Erwachsenenleben
- 😐 Kindheit
- 😐 Jugend

Feintest Lebensjahr:

- 😐 Dekadentest (Zehnerschritte, z. B. „20 bis 30 Jahre“ usw.)
- 😐 Fünfjahres-Abschnitte
- 😐 Test der einzelnen Lebensjahre

Bei Lebensalter „null“ und Lebens- und Familiengeschichte vor der Geburt

- 😐 Vorstellungen über erzählte Lebens- und Familiengeschichte
- 😐 Emotionale Einschränkungen, die gar nicht die eigenen sind.
- 😐 Die eigene Geburt
- 😐 Schwangerschaft der Mutter (Feintest der einzelnen Monate)
- 😐 Die Zeugung
- 😐 Die Beziehungsgeschichte der Eltern
- 😐 Die Lebensgeschichte des Vaters / der Mutter / der Großeltern usw.

Feintest Kontext

- 😐 Familie
- 😐 Beziehung
- 😐 Beruf / Schule / Ausbildung
- 😐 Freizeit / Hobby / Studium / persönliches Engagement (z. B. Kirche)

Feintest Personen / Dinge / Themen

- 😐 Mann / Frau
- 😐 Bei Familie: einzelne Familienmitglieder
- 😐 Bei Schule: Lehrer, Fach, Schulweg, Mitschüler, Schulgebäude
- 😐 Eine bestimmte Prüfung
- 😐 Abitur, Beobachtungsjahr etc.
- 😐 Feintestung auch bei Hobby / Beruf
- 😐 Studium (z. B. beim Medizinstudium, Fächer wie Pathologie)

Bei getesteten Personen

- 😐 Es sind die eigenen Gefühle
- 😐 Es sind die Gefühle des anderen

Feintest Erlebnis-Charakter

- 😐 Ein einzelnes Ereignis
- 😐 Ein Muster (z. B. „Jeden Tag über vier Jahre der gleiche ungerechte Lehrer“)

Der Aussagenbaum II: Emotionen und Soma-Stress bestimmen

Die angenehmen Emotionen / geeignete Ressourcen zum „Einweben“	**Die unangenehmen Emotionen**
Lust  Freude, Spaß Liebe Power Grenzenlose Freiheit („Born to be wild“) Zufriedenheit, innere Ruhe, Gelassenheit, Geduld Hoffnung, Zuversicht Stolz, Selbstwertgefühl Geborgenheit, die „liebe Gewohnheit“ Wollen / Durchhalten („Kolumbus-Phänomen“)	Wut, Ärger, Empörung, Genervt-Sein Angst, Beunruhigung, Panik Trauer, Verlustschmerz  Hilflosigkeit, Ohnmacht, Ausgeliefert-Sein Schock Nicht-Fühlen Überraschung, Verwirrung, „falscher Film“ Schuld, Verantwortung Scham, Kränkung, Beleidigung, Entwürdigung, Beschmutzt-Sein Ekel, Hass, Abscheu, Widerwille, „Grusel“

Emotionen beim Thema „übermäßiger Genuss“	**Soma-Stress**
Lust Freiheit Geborgenheit, Dazugehören („Your friends are here.“) Stolz, Anerkennung, Selbstwertgefühl („Das habe ich verdient.“)  Gerechtigkeit (Entschädigung) Zufriedenheit, Ruhe, Entspannung Macht, Kontrolle („Jagdfieber“, „alles meins“) Somatische Stärkung	Intoxikation (Narkose, Alkohol etc.) Atemnot Gleichgewichtsstörung (Erdbeben, Schiff) Müdigkeit Schmerz Überanstrengung, Erschöpfung Hunger  Durst Temperatur (warm / kalt) Der „Kopf funktioniert nicht“: Blackout, Konzentrationsstörung Tod und Sterben

3.8 Beispiele für Stress-Trigger-Listen: Flugangst „wegwinken" und Wettkampfvorbereitung beim Sportcoaching

Wir zeigen Ihnen nun zwei Beispiellisten für das systematische Arbeiten mit dem Aussagenbaum bei konkreten Themen. Natürlich sind diese „Fahrpläne" noch erweiterbar. Sie sind als Feinfilter für das Auffinden von möglichen Stress-Triggern zu verstehen. Da sie auf praktischen Erfahrungen beruhen, sind sie nicht vollständig, sondern werden ständig erweitert. Es existieren ähnliche Sammlungen für Konfliktmoderation, Heißhunger-Management, Zahnbehandlungsangst, sicheres Auftreten, Organigramm-Coaching usw.

„Schwächelt" der Coachee bei einem der Punkte, geht der wingwave-Coach so vor: Emotionssorte bestimmen, Bodyscan, manchmal auch Biografie-Stress identifizieren, den Coachee in die Stabilität hineinwinken, vielleicht auch Ressourcen „einweben". Das ist natürlich die Kurzbeschreibung. Den genauen Prozess mit den einzelnen Schritten stellen wir dann in Kapitel 4 „Die Prozess-Schritte der wingwave-Intervention" vor.

Beispiel 1: Stress-Trigger für Flugangst identifizieren

Den ganzen Prozess vom Verlassen des Hauses bis zum Fliegen durchtesten:

- Anfahrt mit Taxi, Bus oder Bahn
- Betreten der Abfertigungshalle
- Gepäck einchecken und Sicherheitskontrolle
- Gate aufsuchen / der Flug wird aufgerufen
- In der Schlange stehen, durch die Gangway gehen, den Platz suchen
- Die Stewardess gibt Erklärungen zur Flugsicherheit
- Anschnallen
- Das Flugzeug rollt, bleibt dann stehen
- Der schnelle Start, das Abheben
- Die Reisehöhe ist erreicht, das Flugzeug fliegt geradeaus, es kommen Klingelzeichen
- Turbulenzen, das Flugzeug wird gerüttelt
- Test von „Höhe", „Geschwindigkeit": Was ist eigentlich der Stressor?
- Das WC aufsuchen
- Reisezeit bei langen Flügen (Coachee kann nicht abwarten, langweilt sich etc.)

Beispiel 2: Wettkampfvorbereitung beim Sportcoaching

- Der Wettkampfgegner / „Angstgegner“
- Der Austragungsort (z. B. Heimspiel, Auswärtsspiel, anderes Land)
- Beschaffenheit der Aktionsfläche: z. B. Kunstrasen, Bunker (beim Golf)
- Wettkampfkleidung
- Ausrüstung (Schläger, Ball, Gebissschutz)
- Fan-Publikum / gegnerisches Publikum
- Schlachtrufe, Geräuschkulisse
- Presse, Kameras etc.
- Bei Mannschaften und Teams: die Mitspieler
- Der eigene Trainer
- Die Schiedsrichter (z. B. der Schiedsrichter entscheidet ungerecht), auch gelbe und rote Karte, Pfeifen, Wörter wie „aus“ usw.
- Sponsoren
- Reiseumstände: Flugzeug, Hotel, anderes Klima etc.

3.9 Stress-Trigger-Liste und Selbstcoaching-Kompass: „Magic Words“

Dass wir einen Selbsttest mit dem hier beschriebenen Muskelfeedback-System nicht für sinnvoll halten, haben wir bereits erwähnt. Wir empfehlen die professionelle Durchführung durch einen ausgebildeten Coach oder das Arbeiten mit der wingwave-Musik; für Letzteres finden Sie in diesem Buch einige Anleitungen. Allerdings gibt es eine sehr gute Selbstcoaching-Möglichkeit zum Umgang mit Stresswörtern. Es ist keine gleichwertige Alternative zum Myostatik-Test, stellt aber eine spürbare Hilfe für die Stressregulation dar.

Wenn Sie sich beispielsweise auf eine wichtige Situation vorbereiten – etwa eine Rede oder ein sportlicher Wettkampf – listen Sie, wie im Kapitel zuvor beschrieben, die möglichen Stress-Trigger auf. Lesen Sie dann diese Liste laut und langsam durch und spüren Sie nach, bei welchen der aufgeschriebenen Wörter Sie ein Unbehagen verspüren, z. B. beim Namen des „Angstgegners“ oder bei einem Begriff wie „Kalt-Akquise“. Mit der sogenannten Magic-Words-Methode können Sie diese Schlüsselwörter dann so verändern, dass Sie zum Schlüssel für eine ressourcevolle Grundhaltung werden: für Gelassenheit, Humor oder auch Mut und Entschlossenheit. Dieser Ansatz ist eine eigenständige Methode und wird in dem Buch „Magic Words – der minutenschnelle Abbau von Blockaden“ beschrieben. Außerdem können Sie die wingwave-App nutzen, um für Ihr persönliches Selbstcoaching Magic Words und die wingwave-Methode zu kombinieren. In diesem Kapitel erhalten Sie eine kurze Einführung in das Thema.

Sicherlich kennen Sie den Ausspruch: „Wenn ich nur das Wort schon höre, wird mir ganz anders!“ Die Rede ist von Stresswörtern wie „Zahnarzt“, „Steuererklärung“, „Kennzahlen“, „Wurzelspitzenresektion“ oder „Elf-Meter-Schießen“. Natürlich sind die Reaktionen der Menschen auf Wörter ganz individuell. Vielen sträuben sich die Nackenhaare bei dem Wort „Hai“, Sporttaucher hingegen spüren freudige Erregung, wenn ihnen ein Tauchgang mit „Hai-Garantie“ angeboten wird. Nun hat sich gezeigt, dass die meisten Menschen sich ihre Stresswörter vor dem geistigen Auge in dicker schwarzer Blockschrift vorstellen. Manchmal scheinen sie wie das berühmte „Damoklesschwert“ über einem zu schweben. Andere wieder hören das Wort vor dem geistigen Ohr von einer Gruselstimme mit unheimlichem Hall gesprochen: „Wirtschaftskrise.“

Die Vorgehensweise von Magic Words ist denkbar einfach: Wir verändern die innere Repräsentation des Wortes mit sinnlich-konkreten Mitteln. So schreiben wir beispielsweise „Wirtschaftskrise“ in Blümchenschrift, als beleuchtetes Cocktailbar-Schild oder einfach nur winzig klein ganz unten in die Ecke. Man kann ein Wort auch innerlich in Micky-Maus-Stimme hören oder es sich aus Wattebäuschchen gelegt vorstellen. Es gibt unendlich viele Varianten – wichtig ist nur, dass wir eine Form finden, die den bloßen Gedanken an das Wort erleichtert, neutralisiert, ihn mit einem guten oder einem starken Gefühl verknüpft im Sinne von: „Das schaffe ich schon!" Durch die Maßnahme verändern wir nicht die Welt um uns herum, sondern die Art, wie wir auf die Welt reagieren. Magic Words ist als schnelles Emotionscoaching sogar – oder gerade – auch bei Kindern gut einsetzbar: Ein Schulfach, der Name des Lehrers, die verschiedenen Zensuren, die Wörter „Zeugnis" und „Klassenarbeit" usw. werden quasi „verzaubert". Die Methode ist sozusagen „Neurolinguistik pur", da sie nur das Wort in seiner Funktion als Schlüssel zum individuellen Erleben variiert.

Abbildung 16: „Angst" – Magic Words (Zeichnung: Lola Siegmund)

Selbstcoaching-Tipp: Worte verzaubern – „Magic Words"

Denken Sie an ein bestimmtes Stresswort, das Ihr Unbehagen im Zusammenhang mit einer Stresssituation treffend spiegelt. Präsentieren Sie nun das Wort im inneren Sehen, Hören oder Fühlen mit den folgenden Sinnes-Elementen. Spüren Sie in sich hinein, welche Maßnahme dieses „Sinnes-Coachings" das Unbehagen mindert oder gar positive Emotionsqualitäten auslöst.

1. *Visuelle Möglichkeiten*

- Farbe der Buchstaben – einfarbig oder gar bunt
- Form der Buchstaben: z. B. geschwungene Schreibschrift
- Größe des Wortes, z. B. winzig klein geschrieben
- Position im Raum: auf dem Fußboden liegend, in der linken oder rechten Ecke, weit weg am Horizont
- „Wortschmuck": die Buchstaben haben Gesichter, sind aus Blümchen oder bunten Bonbons gelegt

2. ***Auditive Möglichkeiten***
   - Eine bestimmte Stimme spricht das Wort, z. B.: „Speedy Gonzales – die schnellste Maus von Mexiko".
   - Ein Kinderchor singt das Wort.
   - Es wird innerlich einfach nur ganz leise gesprochen, als hätte man den Lautstärkeregler ganz nach unten reguliert.
3. ***Gefühls-Qualitäten***
   - Das Wort erscheint in unterschiedliche Materialien: als Wolke, als Pudding, in Holz geschnitzt, wie ein Gebirgsbach auf der Wiese, dessen Flussbett das Wort bildet usw.

Lassen Sie sich inspirieren und entwickeln Sie weitere sinnesspezifische Darstellungen Ihrer Schlüsselwörter, die ein Stresswort in ein „Magic Word" verwandeln. Wenn Sie nur zwei bis drei zentrale wichtige Wörter aus Ihrer Stress-Trigger-Liste mit dieser Methode in Magic Words verwandeln, erleben Sie bereits eine deutliche emotionale Befreiung im Umgang mit dem Gesamtthema, da der Magic-Words-Effekt sich schnell auf ein gesamtes Themen-Erlebnis generalisieren kann. Wenn Sie den Effekt mit dem Hören der wingwave-Musik kombinieren, verstärkt sich die Wirkung.

4. Die Prozess-Schritte der wingwave-Intervention

4.1 Einleitung

In diesem Kapitel fassen wir für Sie die wichtigsten Schritte der wingwave-Intervention zusammen. Die Darstellung beinhaltet das ursprüngliche EMDR-Format, erweitert durch die wingwave-Methoden-Elemente, insbesondere durch den Myostatik-Test. So können Sie Ihre Vorstellung von einer wingwave-Sitzung weiter vertiefen und erleben gleichzeitig eine gute Einleitung in das Selbstcoaching mit dieser Methode.

Etliche Feinheiten zur Durchführung haben Sie schon in den ersten beiden Kapiteln erfahren, wo wir wingwave-Coachingprozesse mit unseren Klienten Karsten, Eva und Dennis vorstellen. Wenn Sie sich also für konkrete Details der Durchführung interessieren, lesen Sie sich diese Schilderungen nochmals durch.

Zur Sitzungsfrequenz und Dauer lässt sich sagen: In der Regel treffen sich Coach und Coachee pro Thema für ca. zwei bis fünf Coachingstunden. In diesem Zeitrahmen darf der Coache einen deutlichen Coaching-Effekt erwarten. Ist dies nicht der Fall, sollte das Coaching mit wingwave nicht fortgesetzt werden.

4.2 Die zwölf Phasen der wingwave-Intervention

1. Phase: Die inhaltliche Vorbereitung

Der Coachee wird ausführlich auf die wingave-Intervention vorbereitet. Dabei erfährt er auch etwas über die Grundannahme der Methode, dass unangenehme Emotionen als resistentes Stress-Imprinting im Nervensystem unverarbeitet „hängen bleiben" können. wingwave bringt einen natürlichen, körpereigenen Verarbeitungsprozess zum Laufen, der hilft, nicht nur kognitiv, sondern auch in der gefühlten Emotions-Qualität „über die Sache hinwegzukommen". Wir erläutern, welche Phänomene – wie z. B. der „Küchenjungen-Effekt" – beim Processing auftreten können. Für den Ablauf der inneren Erlebnisse suchen wir gemeinsam nach einer Metapher, wie z. B.: „Alles läuft wie im Kino ab, aber Sie sitzen dabei sicher in Ihrem Sessel."

Vor allem erwähnen wir die „Tunnel-Metapher": „Fürchtet ein Mensch sich vor Tunneln, wünscht er sich, dass der Lokomotivführer extra Gas im Tunnel gibt, um schnell heraus- und wieder ins Licht zu kommen. Er würde nicht mitten im Tunnel die Notbremse ziehen." So machen wir deutlich, dass der Coach besonders dann weiterwinken wird, wenn sich ein unangenehmes Gefühl, bevor es abfließen kann, wie eine Welle aufbaut. In diesem Zusammenhang erwähnen wir auch noch den „Küchenjungen-Effekt": Wenn der böse Zauber aufgehoben wird, bekommt der Küchenjunge noch seine Ohrfeige. Im Ressourcen-Coaching informieren wir darüber, dass mit wingwave auch positive Emotionen und Allgemeinzustände noch verstärkt und stabilisiert werden können.

Schon an dieser Stelle kann getestet werden, wie die Intervention genau durchgeführt werden soll: Wie weit von den Augen entfernt wird gewunken, welche Begleitumstände sind angenehm? Möchte der Coachee beispielsweise seine Brille abnehmen oder aufbehalten? Wie bereits erwähnt, können auch bilaterale Stimulationen wie auditive Reize oder abwechselndes „Tippen" an den Händen, Schultern oder Knien vereinbart und ausprobiert werden. Weiterhin gehört zum praktischen Aufbau, also zum „Setting", noch die Einrichtung der beiden Stühle: Coach und Klient sitzen versetzt einander gegenüber, als wären die Stühle zwei Schiffe, die auf einem Fluss kurz davor sind, aneinander vorbeizufahren.

2. Phase: Der Myostatik-Test

Coach und Coachee kalibrieren sich nun auf den Muskeltest. Bei Bedarf wird noch das Grundkraftniveau des Coachee mit dem Klopfen der Thymusdrüse oder durch Wassertrinken gestärkt. Testet der Coachee nur stark und reagiert auf keinen künstlichen Stressreiz, wie „falscher Name", „Bauchnabel-Ärgern", „Batterieuhr in die Hand nehmen" oder einen inhaltlichen Unsinns-Satz sagen, muss der Coachee noch „entblockiert" werden. Dies geschieht durch ein langsames „Eröffnungswinken": oben, mittig und mit gesenktem Blick. Danach reagiert der Coachee in der Regel schwingungsfähig auf den Test.

Der Coachee denkt nun an etwas Schönes oder Erbauliches: beispielsweise an einen Ort, eine Tätigkeit oder einen lieben Menschen. Mithilfe des Muskeltests erfährt er, wie stark er bei einer positiven Vorstellung testet. Auf diese Weise wird der Myostatik-Test auch zum positiven Anker für einen stabilen emotionalen Zustand des Coachee. Der Coach notiert sich ein Anker-Wort für die Ressource-Vorstellung, z. B. „Strand", „Malen", „Enkeltochter" etc. Für den Coachee sind dies emotional positiv aufgeladene Vita-Worte.

3. Phase: Die Etablierung nonverbaler Zeichen

Coach und Klient verabreden zwei nonverbale Zeichen. Es kann im Prozess vorkommen, dass dem Coachee in seinem emotionalen Involviert-Sein die „Worte fehlen“ und Finger- und Handzeichen leichter fallen als Sprechen. Das Stoppzeichen zeigt an, dass der Klient eine Unterbrechung der Intervention wünscht, mit dem „Weitermachen-Zeichen“ signalisiert er, dass er jetzt noch schnell ein Fortfahren des „Winkens“ wünscht, um über eine emotionale Hürde hinwegzukommen. Gut vorbereitete Klienten nutzen das Stoppsignal übrigens im Sinne der „Tunnel-Metapher“ äußerst selten. Der Coach beschwört auch keine Probleme herauf, sondern arbeitet mit Formulierungen wie: „Es könnte sein, dass Sie plötzlich niesen müssen oder einen Schluck Wasser trinken wollen. Dann zeigen Sie mir ein ‚Stopp‘.“ Wir sagen keinesfalls: „Zeigen Sie das Stoppzeichen, wenn es Ihnen ganz, ganz schlimm ergeht und Sie es nicht aushalten können.“ Damit sorgen wir nur für unnötige Vorbehalte.

4. Phase: Das Thema nennen und fokussieren

Nun wird genau bestimmt, auf welche Erinnerung oder Vorstellung der Coachee seine innere Wahrnehmung beim Winken fokussieren soll. Entweder ist es das unangenehmste Bild, der unangenehmste gehörte Satz beim Erinnern eines Stresserlebnisses oder eine beunruhigende Vorstellung hinsichtlich eines zukünftigen Ereignisses.

Beim Ressourcen-Coaching denkt der Klient vielleicht an ein Projekt, für das er oder sie gute Ideen braucht. Beim Sport-Coaching versetzt sich der Klient beispielsweise in einen Bewegungsablauf, den er perfektionieren oder beschleunigen möchte. Für das Ressourcen-Coaching finden Sie in Kapitel 8 einige Beispiele.

Mit dem Myostatik-Test bestimmen wir dann, ob die genannte vorgestellte Szene überhaupt einen Stress auslöst. Sollte dies nicht der Fall sein, wird weiter getestet. Beispielsweise sagt ein Coachee mit Arbeitsstörungen: „Ich denke an meinen cholerischen Chef“ – und der Test fällt stark aus. Der Chef ist zwar eine unangenehme Person, aber er ist nicht der Auslöser für die Arbeitsstörung. Es wird dann weiter nach einem Stress-Trigger gesucht: „Es ist der Anblick des überfüllten Schreibtisches.“ Wenn hier der Myostatik-Test aufgeht, haben Coach und Coachee den punktgenauen emotionalen Einstieg in das Thema gefunden. Bei einem Muster – „Das passiert immer wieder“ – bestimmt man eine einzige Situation, die typisch für das Muster ist. Man fängt immer mit Szenen aus der Gegenwart oder mit dem zuerst geschilderten Erlebnis des Coachees an.

Abschließend testen wir nochmals die Ressource aus Phase 2, damit der Coachee den Kraftunterschied zwischen Stressaktivierung und Ressourcenaktivierung bewusst und sensibel spüren kann.

5. Phase: Eine blockierende Ich-Kognition finden

Hier sucht der Klient nach einem sogenannten Ich-Satz, der sein emotionales Erleben bezüglich des Themas spiegelt, wie z. B.: „Ich bin am Boden zerstört", „Ich bin hilflos" oder auch „Ich bin ein Idiot" usw. Oft ist die gezielte Hilfe des Coaches wichtig, um genau den Satz zu finden, der die emotionale Qualität des gewählten Themas auf den Punkt bringt. Der Satz sollte allerdings keine sachliche Beschreibung sein wie: „Ich wurde betrogen", wenn man auf einen Hochstapler hereingefallen ist, denn dann beschreibt die Aussage nur Fakten, keine emotionale Interpretation. Eine solche wäre in diesem Fall: „Ich bin naiv und dumm", was einer subjektiven Selbstwertung entspricht, die stresst, quält oder bedrückt.

6. Phase: Eine positive Ich-Kognition bestimmen

Hier wird die Frage gestellt: „Was würden Sie eigentlich lieber über sich selbst bezüglich dieses Themas bzw. im inneren Umgang mit diesem Thema glauben?" Man versucht einen Satz zu finden, der ein gutes Gegengewicht zum blockierenden Satz darstellt, wie z. B. „Ich habe Power", „Ich kann es schaffen" oder „Ich bin kompetent". Es ist natürlich klar, dass sich der Klient vor der Intervention von der Gefühlsqualität, die dem positiven Satz entspricht, innerlich weit entfernt fühlt. Nach dem Motto: „Schöner Satz, wäre schön, wenn ich's glauben könnte." Daher wird der Satz auch getestet: „Denken Sie an die Vorstellung und sagen Sie dazu: ‚Ich kann es schaffen.'" In der Regel fällt der Test schwach aus.

In Ergänzung zum Test kommt noch eine kognitive Einschätzung hinzu: „Nehmen wir an, man könnte die subjektive Glaubwürdigkeit von Sätzen mit einer Skala von 1 bis 7 messen. 7 heißt: ‚Stimmt hundertprozentig, trifft genau zu', 1 bedeutet hingegen: ‚Völlig unglaubwürdig'. Wie würden Sie jetzt im Hinblick auf das fokussierte Thema den positiven Satz auf der Skala zuordnen?" Die meisten Klienten nennen hier Werte zwischen 1 und 3, da der Satz noch sehr weit von den emotionalen Erlebnisinhalten entfernt ist.

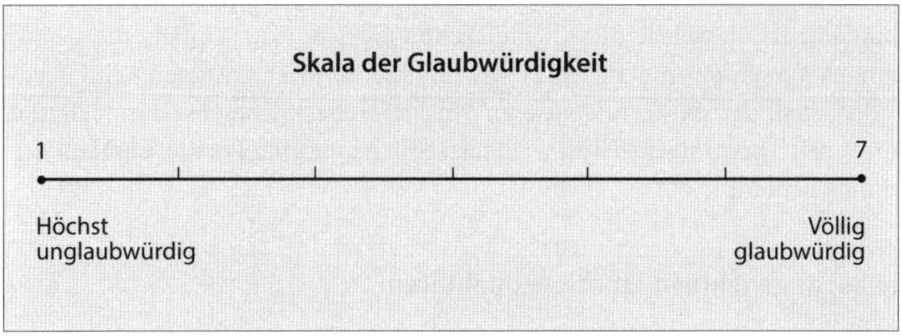

Abbildung 17: Glaubwürdigkeitsskala

7. Phase: Die Emotion oder den Soma-Stress benennen

Hiermit ist das Gefühl gemeint, das die psychophysiologische Gesamtverfassung des Klienten im Gedanken an sein Thema spiegelt. Benennt der Coachee eine Emotion, überprüfen wir mit dem Test: „Es ist Angst." Hält der Test, müssen wir weitersuchen: „Es ist Scham." Vielleicht geht hier der Muskeltest auf – und dann weiß man, dass der Prozess sich zunächst auf „Scham" konzentrieren sollte. Es folgen noch einmal die subjektiv als negativ empfundenen Emotionen aus unserem Aussagenbaum:

Liste der unangenehmen Emotionsqualitäten

- Wut, Ärger, Empörung, Genervt-Sein
- Angst, Beunruhigung, Panik
- Trauer, Verlustschmerz
- Hilflosigkeit, Ohnmacht, Ausgeliefert-Sein
- Schock
- Nicht-Fühlen
- Überraschung, Verwirrung, „falscher Film"
- Schuld, Verantwortung
- Scham, Kränkung, Beleidigung, Entwürdigung, Beschmutzt-Sein
- Ekel, Hass, Abscheu, Widerwille, „Grusel"

Manchmal testen alle negativen Emotionen stark. Dann prüfen wir eine weitere Aussage: „Es ist emotionaler Stress." Wenn der Test hält, geht es folgendermaßen weiter: „Es ist körperlicher Stress." Beim schwachen Test orientieren wir uns an der Liste „Soma-Stress" im Aussagenbaum: Schmerz, Müdigkeit usw.

Beim Ressourcen-Coaching werden Emotionen oder psychophysiologische Gesamtzustände benannt, welche die Klienten schon an sich wahrnehmen, die sie als Ziel aber noch verstärken möchten. Da wir uns hier auf der positiven Seite der Skala befinden, stellt der starke Test unseren Muskelfeedback-Kompass dar: „Ich brauche Gelassenheit." Beim starken Test wird tatsächlich eine gute Portion zusätzlicher Gelassenheit benötigt.

Liste der angenehmen Emotionsqualitäten

- Lust
- Freude, Spaß
- Liebe
- Power
- Grenzenlose Freiheit („Born to be wild")
- Zufriedenheit, innere Ruhe, Gelassenheit, Geduld
- Hoffnung, Zuversicht
- Stolz, Selbstwertgefühl
- Geborgenheit, die „liebe Gewohnheit"
- Wollen / Durchhalten: „Kolumbus-Phänomen"

8. Phase: Bei zwischenmenschlichen Themen: „Wer hat den Stress?"

Hier testen wir im Sinne des Phänomens der Spiegelneurone auch die Wahrnehmungsposition durch folgende Aussagen: „Es ist mein Ärger" – „Es ist der Ärger des Kunden."

9. Phase: Skalierung der subjektiven Berührtheit und Bodyscan

In dieser Phase arbeiten wir beim Coaching mit einer bipolaren Skala. Sie reicht von -10 über 0 bis +10. Der Wert 0 bedeutet: „Ich fühle mich neutral." Beim Wert -10 hieße die Zuordnung: „Es ist die schlimmste vorstellbare subjektive Beeinträchtigung." Die Minus-Seite der Skala benötigt man natürlich zur Veranschaulichung des subjektiven Unbehagens. Bei +10 heißt es dann entsprechend: „Schöner, besser oder angenehmer geht's nicht mehr." Mit dieser Skala wird nicht gemessen, wie stark die Gefühle damals, beim erinnerten Ereignis waren. Vielmehr geben die Coaching-Kunden an, wie intensiv sie sich jetzt im Moment von der Erinnerung berührt fühlen.

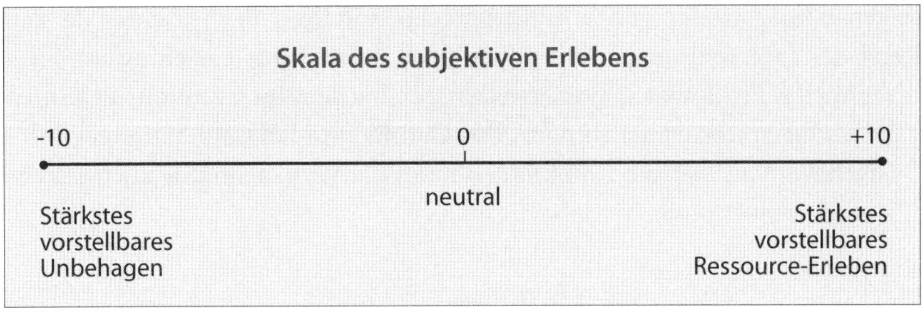

Abbildung 18: Skala des subjektiven Erlebens

Die Positivseite der Skala, also die Wellness-Skala, wird oft im Ressourcen-Coaching genutzt. Sie wird aber auch im Rahmen der Verarbeitung von Performance-Stress-Imprintings von den Klienten in Anspruch genommen. Denn viele fühlen sich nach einer gelungenen wingwave-Intervention nicht nur neutral, sondern erleichtert, befreit, „wie neu". Diese angenehmen Effekte werden dann der Wellness-Skala zugeordnet.

In Zusammenhang mit der Skalierung folgt dann der Bodyscan, der auch für ein erfolgreiches Selbstcoaching wichtig ist. Hier wird der Körper sozusagen Zelle für Zelle durchgespürt mit der Fragestellung: „Wo genau spüren Sie das Unbehagen im körperlichen Erleben?" Antworten könnten sein: eine Spannung im Nacken, ein Engegefühl im Hals, Herzklopfen, ein Druck auf dem Brustkorb oder im Magen. Bei positiven Gefühlen lässt man ebenfalls den Körperfokus bestimmen. Gibt der Klient mehrere Bereiche an, fragt der Coach weiter: „Welcher Bereich meldet sich am intensivsten?" Oder auch: „Von welchem Bereich geht das Gefühl aus?" Mit dem Myostatik-Test finden wir mit der Schwach-Testung den sensibelsten Bereich heraus. Manchmal legt der Klient beim Testen auch die Hand auf die genannten Körperbereiche. Wir selbst lassen im Sinne präziser NLP-Filter – der sogenannten Submodalitäten – noch genauer differenzieren: Ist das Körperecho vom Fühlen her …

- Leicht oder intensiv?
- Kühl oder warm?
- Zentriert sich das Gefühl z. B. wie ein „Knoten" bzw. empfindet man es als „geballt?" Oder hat es eher Fläche?
- Hat das Gefühl Bewegung oder ist es ganz ruhig?
- Wenn es in Bewegung ist: Ist sie fließend oder strahlend?
- In Wellen, in einem Rhythmus oder gleichmäßig?
- Welche Richtung nimmt die Bewegung: vorwärts, rückwärts?
- Hinauf oder herab, kreisend?
- Wenn kreisend: Wie herum?
- Hat es noch eine besondere Qualität wie z. B. „kribbelnd" oder „pieksend"?

Diese genauen Feststellungen zum Körperecho sind deshalb so wichtig, da sie sich während der Intervention und vor allem auch beim Selbst-Coaching immer wieder als schnelles Erfolgsbarometer erweisen. Nach jedem Interventionsset kann man ganz gezielt sagen und wahrnehmen: „Das Gefühl wird langsamer, leichter, löst sich auf" usw. Bei einer positiven Empfindung kann die Wahrnehmung auch sein: „Das Gefühl wird stärker, intensiver usw."

10. Phase: Die Intervention

Hier fokussiert der Klient das Bild und/oder Stimmen, Klänge, Geräusche der in Phase 2 bestimmten inneren Repräsentation seines Themas. Er denkt nochmals an die negative Kognition aus Phase 4. Nun wird gewunken: Ein Set umfasst vielleicht 20 Hin- und Herbewegungen; eine Hin- und Herbewegung pro Sekunde. Wir selbst winken meistens bei einem Set so lange, bis der Klient eine parasympathische Reaktion zeigt: Ein Durchatmen, eine Lockerung von verspannten Muskelgruppen, auch ein deutliches Schlucken sind körperliche Zeichen von physiologischer „Entstressung". Insgesamt werden so viele Sets durchgeführt, bis die in Phase 4 benannte Ausgangsituation mit dem Myostatik-Test stark testet. Im Plusbereich der Skala, im Bereich des subjektiven Wohlbehagens, sind der Intervention natürlich keine Grenzen gesetzt. Hier zeigen die Coachees oft das „Weitermachen-Zeichen", weil Sie die Intervention als besonders angenehm empfinden.

Insgesamt winken wir abwechselnd auf allen Blickhöhen, um möglichst viele Neurone und „Sinneskanäle" beim wingwave mit einzubeziehen. Aus dem NLP wissen wir, dass die Blickhöhe eines Menschen auch anzeigt, ob er gerade in Bildern, Tönen und Wörtern oder eher gefühlsbetont denkt. In Abbildung 19 finden Sie das bekannte NLP-Schema der Augenbewegungsmuster und ihrer Zugangshinweise. Der nach oben gerichtete Blick geht mit inneren Bildern einher, der eher waagerechte mit auditiven inneren Erlebnissen, der gesenkte Blick ist ein Zeichen von innerem Fühlen. Wenn Coaches die Winkbewegungen in fließendem Wechsel auf allen Ebenen durchführen, spricht man vom „Eye Movement Integrator": Der Prozess integriert alle Sinnesmodalitäten in die positive Veränderung. Dieses Vorgehen repräsentiert unter anderem ein wichtiges NLP-Modul im wingwave-Methoden-Set.

Abbildung 19: Augenbewegungsmuster

Während dieses Ablaufs kann der Prozess manchmal in Sekundenschnelle seine Richtung und Qualität ändern. Beim wingwave testen wir engmaschig immer wieder den aktuellen Stand des Geschehens.

Dies wird stets zur Kenntnis genommen, sofort bewunken und dann auf Stabilität getestet. Zwischendurch führt der Coach immer wieder zum ursprünglich fokussierten Thema aus Phase 4 zurück und fragt die subjektiv erlebte Veränderung ab: „Wie ist es jetzt?" Der Coach erinnert allerdings nicht folgendermaßen: „Spüren sie immer noch die Enge im Hals?" Dadurch würde an einen Punkt erinnert, der im Prozess schon der Vergangenheit angehört. Wir formulieren die Befindlichkeits-Checks stets offen und inhaltsneutral. Diese Phase ist abgeschlossen, wenn die Ausgangssituation aus Phase 4 stark testet.

11. Phase: Aussagentest: „Die Ausgangssituation ist in Ordnung" und „Das ganze Thema ist in Ordnung"

Testet der zweite Satz schwach, muss man sich per Test in den Aussagenbaum bewegen, um den Stress hinter dem Stress zu finden. Einer unserer Klienten fühlte sich stets unsicher, wenn er im Meeting vor dem Vorgesetzten und den Kollegen präsentieren sollte. Er fokussierte in Phase 4 eine für das Thema typische Situation, die dann nach ein paar Sets stark testete. Der Satz: „Das ganze Thema ist in Ordnung" testete aber schwach. Beim Weitertesten durch den Aussagenbaum hindurch landeten wir bei der Emotion „Scham", im Alter von acht Jahren im Kontext Schule. Es war „Stress mit dem Lehrer" im Fach „Mathematik".

So führten uns Erwachsenen-Probleme mit einer Präsentation zu einem Schulerlebnis des Coachees, und zwar zu einem Mathe-Spiel. Bei diesem Spiel stehen anfangs alle Kinder und der Lehrer nennt Aufgaben. Weiß ein Schüler das Ergebnis, kann er sich setzen. Das ist schön für jene, die gleich sitzen, und schlimm für die Schüler, die bis zum Schluss stehen bleiben.

Bei unserem Coaching-Kunden hatte dieses Spiel ein Performance-Stress-Imprinting hinterlassen. Wann immer er stand und andere saßen – so wie im Meeting –, sagte sein Unbewusstes: „Das ist das Schlimmste, was passieren kann!“ Im Business stehen erfolgreiche Menschen beim Präsentieren natürlich oft, während andere sitzen. Und das war das Biografie-Stress-Problem, das bewunken werden musste.

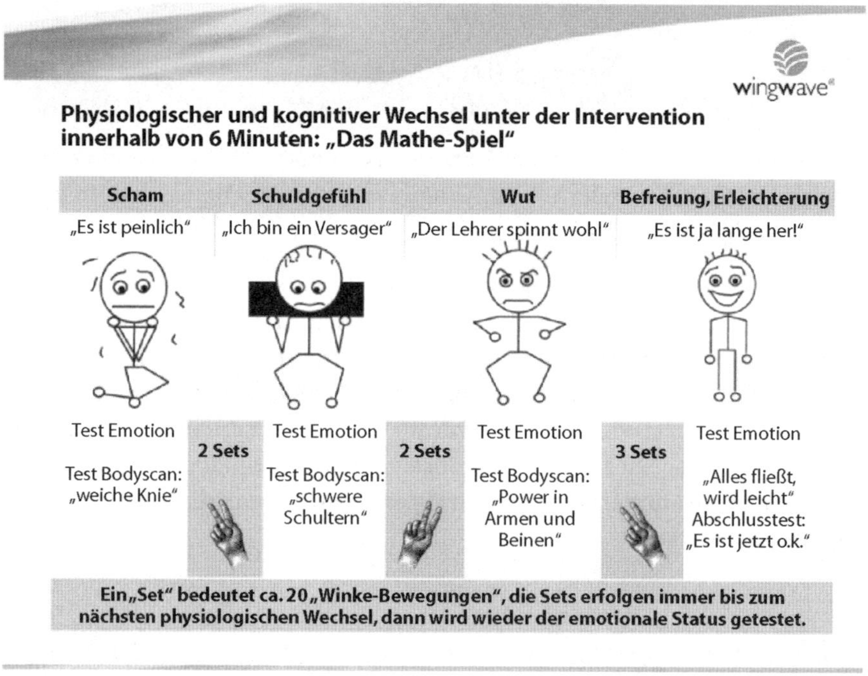

Abbildung 20: Mathe-Spiel

In Abbildung 20 erkennen Sie die schnell wechselnden Emotionsqualitäten, durch die der Prozess innerhalb von ein paar Minuten „hindurchrauschte“. Zum Schluss hielt auch der Satz: „Das ganze Thema ist o.k.“ Testet dieser Satz noch schwach, muss mithilfe des Aussagenbaums nach weiteren Stress-Imprintings gesucht werden, um diese auch zu stabilisieren. Die elfte Phase ist beendet, wenn der Satz: „Das Thema ist o.k.“ endgültig stark testet.

12. Phase: Kognitions-Check, Bodyscan und positive Verankerung

Fühlt sich der Klient jetzt frei, entlastet oder gar mental gestärkt, kehrt man nochmals zum Ausgangsbild zurück. Nun wird getestet, wie glaubwürdig jetzt die positive Kognition, die in Phase 5 bestimmt wurde, beim Gedanken an das Ausgangsbild erscheint. Meistens wird dann ein hoher Wert auf der Glaubwürdigkeitsskala angegeben, 6 oder gar der Höchstwert 7. Der Coachee denkt jetzt an die Ausgangsszene und sagt dazu die positive Kognition, in Verbindung mit dem Test. In der Regel kann er dann das Erlebnis oder die Vorstellung verkraften und gleichzeitig fest an den positiven Satz glauben. In Verbindung damit erfolgt wieder der Bodyscan: „Wo spüren Sie das gute Ergebnis der Intervention als positive Resonanz im Körper?" Der Coachee benennt die Körperregion, denkt an die Ausgangssituation und der Coach spricht die positive Kognition laut aus. Es wird wieder langsam gewunken, um die Verankerung zwischen der inneren emotional stabilen Präsentation des behandelten Themas und der positiven Kognition bestmöglich zu verankern. Abschließend wird der Coachee noch in ein zukünftiges Erlebnis geschickt – eines, das der Ausgangssituation gleicht –, zusammen mit dem positiven Bodyscan und der positiven Kognition. Auf diese Weise nimmt man vorweg, dass er jetzt derartige Erfahrungen meistern, verkraften und abfedern kann.

Der Coachee wird noch über die Nachwirkungen der Intervention unterrichtet:

- Man könnte sich müde und angenehm erschöpft fühlen und sollte dann – so weit möglich – einem etwaigen Ruhebedürfnis auch nachgehen.
- Es können Tagtraumphänomene auftreten, da sich jetzt die neuen Informationen im Nervensystem „herumsprechen". Dieses Träumen oder Gedankenschweifen ist also ein gutes Zeichen für eine gelungene Integration des bearbeiteten Themas. Auch ansonsten sind Alltags-Trancen gesunde Phänomene. Sie sorgen nämlich dafür, dass auch tagsüber die „Akkus" unseres Gehirns wieder aufgeladen werden.
- Manchmal tauchen auch noch weitere Erinnerungen oder intensive Träume auf, die assoziativ im Zusammenhang mit dem bearbeiteten Thema stehen. Diese können auch wieder mit entsprechenden Emotionen verbunden sein und somit auch einmal zum „Küchenjungen-Phänomen" führen. Gut informierte Coachees können immer souverän mit diesen mentalen Erscheinungen umgehen. Die neu aufgetauchten Erinnerungen oder auch Träume werden aufgeschrieben und dann in der nächsten Sitzung auf die bewährte Art verarbeitet.

Hinweis für Coaches: Die Zusammenfassung der zwölf Phasen

1. Inhaltliche Vorbereitung
2. Den Myostatik-Test einrichten, inklusive eines Ressource-Tests
3. „Stop"- und-„Go"-Signale etablieren
4. Das Thema nennen und den Fokus bestimmen
5. Eine blockierende Ich-Kognition finden
6. Eine positive Ich-Kognition bestimmen und testen
7. Die Emotions- oder Somaqualität benennen und testen
8. Bei systemischen Themen: „Ich habe den Stress" – „Mein Gegenüber hat den Stress"
9. Skalierung der subjektiven Berührtheit und Bodyscan
10. Die Intervention
11. Aussagentest: „Die Ausgangssituation ist in Ordnung" und „Das ganze Thema ist in Ordnung." In den Aussagenbaum gehen, bis auch der zweite Satz stark testet.
12. Kognitions-Check, Bodyscan und positive Verankerung

Es gibt übrigens Coaching-Kunden, die mit Themen wie „innerer Dialog" und „Kognitionen" nicht so viel anfangen können. Entsprechend zäh verläuft das Formulieren der Kognition. Dieser Part der Intervention geht über Sätze und Sprache und wird im Sinneserleben dem „auditiven Kanal" zugeordnet. Menschen mit einer Stärke oder Vorliebe für visuelle Prozesse tun sich aber möglicherweise etwas schwer mit diesem auditiven Fokus, und deshalb sollte man nicht allzu sehr auf den Part mit den Kognitionen bestehen, das könnte eher vom eigentlichen Vorhaben ablenken. Testen, fokussierte Wahrnehmung und die eigentliche Intervention führen in solchen Fällen zu gleich guten Ergebnissen.

5. Verändern durch Verstehen: Know-how-Coaching

In diesem Kapitel vermitteln wir noch weiteres Hintergrundwissen über die Wirkungsweise von wingwave-Coaching. Diese Informationen sind nützlich, um sich selbst und die Methode besser zu verstehen. Menschen stehen ihren positiven Veränderungen oft deshalb im Wege, weil ihnen wertvolle Informationen über ihre mentale Situation und den Lösungsweg zum Ziel fehlen. Und dass das Erreichen von Zielen in den meisten Fällen nicht so sehr mit Wollen, sondern mehr mit Wissen, also mit Know-how zu tun hat, haben wir in Kapitel 2 bereits anhand des Hubschrauber-Beispiels gezeigt.

Know-how ist ganz besonders wichtig, um die eigenen Reaktionen besser verstehen und einordnen zu können. Fehlt es an Know-how, wird die Wissenslücke nämlich durch Glauben ersetzt. Wir sprechen hier lieber von „Beliefs", um den Begriff gegen den religiösen Glauben abzugrenzen. Beliefs sind feste, meist unbewusste Vorannahmen über das Funktionieren der Welt und somit auch der eigenen Person. Sie werden nur selten bis gar nicht überprüft, da sie subjektiv als wahr gelten. Beliefs entfalten eine bedeutsame mentale Macht. Dabei gibt es erfolgsfördernde, aber auch einschränkende Beliefs, die sogenannte Grenze im Kopf.

Im Folgenden geht es um solche Beliefs, die für den Rahmen eines ressourcenfördernden Coachings von besonderer Bedeutung sind. Sie sind für Menschen im Bereich der Spitzenleistung sehr wichtig. Die Vermittlung von ressourcenförderndem Know-how ist übrigens bereits ein wichtiger Bestandteil des Belief-Coachings, das wir in Kapitel 8 noch vorstellen werden. Belief-Coaching ist für die Menschen wichtig, die in ihren Wirkungsfeldern nicht nur für eine kurze Zeit, sondern auch langfristig leistungsfähig sein und bleiben wollen.

Die nun folgenden Informationen sind übrigens auch zur Ressourcenpflege wichtig, unabhängig von wingwave und anderen Coaching-Verfahren. Die Themen in diesem Kapitel sind als Sammlung zu verstehen; sie haben nicht immer einen direkten Bezug zueinander.

5.1 Dürfen positive Veränderungen so schnell sein?

Viele unserer Klienten erleben die befreiende Wirkung von wingwave-Coaching oft mit einem ungläubigen Kopfschütteln: „So schnell wirkt das? Das kann ich einfach nicht glauben." Der Glaube widerspricht also der gerade eben erlebten positiven Erfahrung. Ohne je darüber nachzudenken haben nämlich viele Menschen den Belief, dass man auf etwas Großes nur mit etwas Großem einwirken kann. Man geht quasi von einer Eins-zu-eins-Relation aus: „Mein Problem ist so groß, da ist das bisschen Winken zu klein, um helfen zu können." Auch Schlimmes kann nur mit etwas sehr Unangenehmem bekämpft werden: So glauben Menschen spontan, dass eine bittere und grüne Medizin besonders gut wirkt. Auch viele Rückenschmerzpatienten sind oft enttäuscht, wenn der Arzt Krankengymnastik statt einer „richtigen" Operation verschreibt: „Das tut so weh, das kann doch nicht von ‚Turnen' weggehen."

Über allem steht eigentlich ein sehr archetypischer Belief: Glück, Erfolg und Gesundheit brauchen immer ein adäquates Opfer. Je schmerzlicher und aufwendiger dieses Opfer ist – so meint man unbewusst –, desto größer ist die Garantie auf Belohnung oder Erlösung. Entscheidend ist nicht die Frage, ob es sich bei dem Opfer bzw. dem Einsatz um eine sinnvolle Maßnahme zur Erreichung des Zieles handelt, sondern ob es ein „großes" Opfer ist. Und groß heißt anstrengend, schmerzlich, möglichst kompliziert und langwierig. In vielen Unternehmen existiert beispielsweise der unbewusste Belief, dass ein Meeting umso bessere Ergebnisse erzielt, je länger es dauert. Obwohl die Fakten real dagegensprechen, hat man zumindest das Gefühl, Großes geleistet zu haben, weil man schließlich bis spät in die Nacht ausgehalten hat.

Archetypisch ist dieser Belief, weil wir ihn schon bei den Steinzeitmenschen antreffen. Kaum hatte der Mensch sein Gehirn, fing er mit dem Opfern an. Wir meinen hier sinnloses Opfern in Abgrenzung zur spirituellen Dankbarkeit für Geschenke des Lebens. Das Motiv für das Opfern liegt auf der Hand. Unsere denkenden Vorfahren litten natürlich unter der Unberechenbarkeit der Natur, von der sie ja so abhängig waren. Und nichts ist der menschlichen Natur mehr zuwider als Abhängigkeit und Hilflosigkeit. Da kam schnell der Gedanke auf, mit einer höheren, unsichtbaren Instanz, die für das Wetter zuständig ist, ein Geschäft zu machen und auf diesem Weg Einfluss und Kontrolle über die Naturphänomene zu gewinnen. „Wenn ich mein schönstes Schaf gebe, wird es bestimmt regnen", war die Idee. Vielleicht hat das dann auch ein- oder zweimal geklappt. Aber beim dritten Mal blieb der Regen trotz Schaf-Opfer sicher aus.

Nun neigt der Mensch aber dazu, seinen Beliefs treu zu bleiben. Man hätte an dieser Stelle schließlich die Freiheit zu sagen: „Was für eine unsinnige Idee ich doch hatte! Was hat das Töten eines Schafes mit dem Wetter zu tun?" Aber nein, stattdessen heißt es lieber: „Wahrscheinlich hätte ich zwei Schafe opfern sollen!" Hauptsache, der Belief bleibt erhalten. Und so ist es bei einigen Völkern sogar bis zu Menschenopfern gekommen. Die Währung in diesem Geschäft heißt Verlust und Schmerz. Man vertraut darauf, dass irgendein höheres Wesen diese „Bezahlung" ordentlich in ein Büchlein einträgt und dann den „Gewinn" ausschüttet in Form von gutem Wetter, Gesundheit, Glück oder Erfolg.

Aus diesem Grund mögen viele Menschen auch heute noch nicht so gern laut sagen, dass es ihnen gut geht oder dass sie am Ende gar glücklich sind. Sie haben einfach eine archetypische Angst davor, dass irgendein höheres Wesen dann schnell in der „Schicksalsbuchhaltung" nachsieht, ob denn für dieses Positive auch schon bezahlt wurde. Unsere Sprichworte sprechen hier Bände: „Freu dich nicht zu früh – das dicke Ende kommt bestimmt" heißt es. Oder: „Man soll den Tag nicht vor dem Abend loben." Diese in Sprichworten verpackten Beliefs verstellen oft den Blick auf funktionierende und naheliegende Lösungen und verhindern deren Umsetzung.

Vor diesem Belief-Hintergrund erscheinen viele gute Lösungen als „zu einfach" oder „zu leicht". Nicht sachlich und ergebnisorientiert wird gedacht, sondern abergläubisch. Wir wollen damit nicht sagen, dass man für Erfolge im Leben nicht arbeiten muss. Wichtig ist nur, die Energie auf funktionierende und nicht auf „besonders dolle" Maßnahmen zu richten. Deshalb orientieren wir uns im wingwave-Coaching an der systemischen Schmetterlings-Metapher aus der Einleitung: „Manchmal reicht der Flügelschlag eines Schmetterlings, um auf der anderen Seite der Erde das Wetter zu ändern." Das heißt: kleines Winken bzw. minimaler Input, maximale Wirkung. Mit diesen Gedanken eröffnen wir unseren Klienten die Möglichkeit, diese einfach wirkende Methode nicht nur zu erleben, sondern auch glauben zu können.

Doch auch ohne den Glauben an „Eins-zu-eins-Lösungen" widerspricht das wingwave-Erlebnis oft den bisher im Leben gemachten Erfahrungen über Veränderungen. „Es kann doch nicht sein, dass ich wochenlang versucht habe, mit diesem Thema klarzukommen, und dass nun dieses bisschen Winken alles ändert?!" Auch an dieser Stelle ist dann die Flügelschlag-Metapher hilfreich, um das Veränderungsphänomen im Sinne von Know-how nicht nur auf der Erlebnis- sondern auch auf der Belief-Ebene integrieren zu können.

5.2 Wie wirkt sich „Spitzenleistungs-Stress" auf die Wahrnehmungsverarbeitung aus?

Viele unserer Coaching-Klienten haben ein weiteres Belief-Problem. Sie können sich oft nicht vorstellen, warum sie auf scheinbare Kleinigkeiten so sensibel reagieren, und bringen diese Selbsterfahrung nicht mit ihrem Selbstbild als Spitzenleister in Einklang. Sie erinnern sich? Eines der Probleme unseres Klienten Karsten war, dass er sich selbst für eine „Mimose" hielt. Vielen Coaching-Klienten müssen wir ausführlich erklären, warum sie ganz besonders dafür prädestiniert sind, sensibel auf ihre Umwelt zu reagieren. Gleich mit vier besonders ungünstigen Beliefs stehen sie sich jedoch selbst im Wege und können ihre Stresssituation nicht richtig einschätzen.

Der *erste einschränkende Belief* wird oft so formuliert: „Meine Arbeit kann mich nicht stressen. Sie macht mir so viel Spaß, weil sie so wichtig (oder so interessant) ist." Diese Annahme wird zusätzlich genährt, weil die Stresstheorien zwischen Disstress und Eustress unterscheiden, wovon viele gehört oder gelesen haben. Bei Disstress ist die Tätigkeit mit unangenehmen Emotionen wie Angst verbunden, Eustress hingegen zeichnet sich durch begeistertes, freudiges oder gar euphorisches Handeln aus. Lange Zeit war man der Meinung, dass nur Disstress dem Körper schadet, Eustress hingegen nicht. Inzwischen weiß die Stressmedizin, dass beide Formen von Stress unsere „Batterien" gleichermaßen leeren, wie beispielsweise auch der Gehirnforscher Gerhard Hüther ausdrücklich betont.

Auch bei Eustress muss sich jeder gesunde Mensch regenerieren. Zur Regeneration gehören neben regelmäßigem Essen und Trinken körperliche und seelische Entspannung sowie ausreichend Schlaf. Wir selbst schätzen die Gefahr der Überforderung bei Eustress sogar höher ein als bei Disstress. Die Erklärung hierfür ist einfach: Jedem Menschen fällt es schwer, Begeisterung, Interesse oder gar Leidenschaft sinnvoll zu dosieren. Hier besteht die viel größere Gefahr, dass innerlich die „Pferde mit einem durchgehen" als bei einer Tätigkeit, die man langweilig oder gar schrecklich findet.

Zu diesem ersten Irrtum gesellt sich bei Spitzenleistern schnell noch ein *zweiter ungünstiger Belief*: „Spitzenleistung härtet auf Dauer ab." „Ich komme in der Woche seit Jahren auf höchstens fünf Stunden Schlaf pro Nacht, daran habe ich mich aber inzwischen gewöhnt", erklären beispielsweise recht häufig unsere Coaching-Kunden. Der Mensch kann sich an vieles gewöhnen – beispielsweise auch an eine Gefängniszelle. Das muss aber noch lange nicht heißen, dass die Gewohnheit sich positiv auf Körper, Geist und Seele auswirkt. Unser Körper kann jede Form von Stress sehr gut vertragen – solange er regelmäßig, am besten täglich, wieder durch Regenerierung abgebaut wird und der Körper zu seinen ausgeglichenen Funktionen zurückfindet.

Wird dieses „Auftanken“ regelmäßig unterlassen oder fällt es zu kurz aus, kann der Stressstoffwechsel entgleisen. Die Stresshormone werden jetzt nicht mehr auf Bedarf und auf einen Anlass hin produziert, sondern es kommt zu einer von äußeren Ereignissen losgelösten Dauerproduktion. Ist es so weit gekommen, kann man sich nicht mehr ausspannen, sondern fühlt sich ständig wie „innerlich aufgezogen“. Diese permanente Stressaktivierung führt nun dazu, dass man sich immer wieder Aufgaben und Beschäftigung sucht, um die innere „Hochtourigkeit“ in Handlungen zu entladen. Damit ist der Stress-Teufelskreis perfekt. Der Körper kann nicht mehr auf Normalfunktion zurückschalten.

Dazu passend ein *dritter problematischer Belief:* „Das kann ich doch alles im nächsten Urlaub nachholen.“ Oder gar: „Wenn ich mal im Ruhestand bin …“ Der menschliche Körper besteht aus biologischem lebendigem Material. Jede Zelle muss täglich auftanken. Stellen Sie sich nun einmal folgende Situation vor: Sie bekommen zum Geburtstag eine schöne Topfpflanze geschenkt mit dem Hinweis, dass diese täglich etwas Wasser benötige. Daraufhin denken Sie heimlich bei sich: „So ein Aufwand! Ich werde der Pflanze einmal im Monat zehn Liter Wasser geben, das kommt doch auf das Gleiche raus!“ Jeder unserer Coachees muss bei diesem Beispiel spontan schmunzeln. „Es ist schon bemerkenswert, dass ich meinem Körper eine Strategie zumute, die eine Topfpflanze nicht überleben würde.“ So oder ähnlich äußern sich dann die meisten Menschen beim Nachdenken über diese Metapher.

Der *vierte der irrationalen Stress-Beliefs* ist der im vorhergehenden Abschnitt geschilderte Opferglaube. Man glaubt, für das gesundheitliche oder persönliche Opfer automatisch entlohnt zu werden, nicht nur in Form von Geld, sondern auch durch Erfolg und Anerkennung. Und da ja alles für eine „gute Sache“ ist, führt der unbewusste Opferglaube zu der irrationalen Überzeugung: „Mir wird schon nichts passieren.“ Oder gar zu: „Der Zweck heiligt die Mittel.“ Man hält sich irrtümlicherweise für geschützt oder gar unverwundbar, obwohl man stressmedizinisch gesehen ständig im heiklen Bereich agiert. Heikel ist nämlich das chronisch überhöhte Arousal, das sich bei vielen Spitzenleistern – auch und gerade durch Eustress – schleichend über Monate und Jahre hin einstellt.

Unter „Arousal“ versteht man das allgemeine Aktivierungsniveau im Nervensystem. Man sagt ja auch umgangssprachlich, dass jemand „unter Strom“ steht. Hat dieser „Strom“ ein mittleres, ausgeglichenes Niveau, fühlen wir eine angenehme Mischung aus Wachsein und Gelassenheit. Ist das Arousal jedoch zu niedrig, wirkt ein Mensch depressiv und antriebsarm. Denken Sie an den Trafo einer Spielzeugeisenbahn: Ist er zu niedrig aufgedreht, fahren die Züge viel zu langsam; ist er zu hoch aufgedreht, fliegen die Züge aus dem Gleis. Entsprechend kann das allgemeine Arousal eines Menschen chronisch niedrig oder zu hoch sein. Bei einem übertrieben hohen Arousal wirkt ein Mensch „angespannt", „wie auf 180", „unter Strom" oder gar „reizbar", was in Managerkreisen oft mit „dynamisch" verwechselt wird. Dieses Arousal geht übrigens vom limbischen System aus, also jenem Teil unseres Gehirns, der für die Entstehung unserer Emotionen zuständig ist. Das jeweilige Arousal eines Menschen entscheidet darüber, wie Reize und Erlebnisse aus der Umwelt aufgenommen werden. Vergegenwärtigen Sie sich dieses Reaktionsphänomen mit folgendem Beispiel.

Beispiel:

Situation 1: Ein Mann schlendert als Gast durch ein Haus, das ihm sehr gut gefällt. Er betrachtet die Bilder, die Möbel, den Blick aus dem Fenster. Plötzlich huscht eine kleine Katze an seinen Füßen vorbei. Er erschrickt sich leicht, denkt dann aber mit einem kurzen Auflachen: „Ach, das war ja nur eine Katze", fühlt sich sofort wieder ausgeglichen und setzt seinen Rundgang fort.

Situation 2: Ein paar Stunden später geht wieder ein Mann durch dasselbe Haus. Auch er betrachtet die Bilder und die Möbel. Aber dieser Mann ist ein Einbrecher. Seine Nerven sind „zum Zerreißen gespannt", er hat also ein ziemlich hohes Arousal. Plötzlich huscht wieder die kleine Katze an seinen Füßen vorbei. Er schreit auf, lässt alles stehen und liegen, stürmt aus dem Haus und erzählt herum, er habe einen riesigen Tiger gesehen.

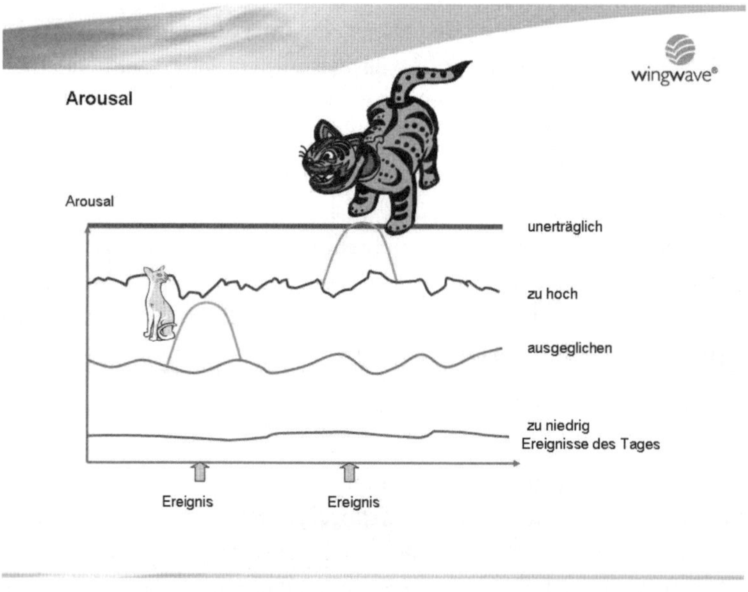

Abbildung 21: Arousal

Erinnern Sie sich hier bitte nochmals an Karstens Schilderungen. Bevor er die Enttäuschung mit dem jungen Kollegen Sönke erlebte, hatte die Agentur gerade eine große Präsentation gewonnen. Vorausgegangen war eine sehr arbeitsreiche und „stressige" Zeit mit etlichen Überstunden. Karstens Arousal war immer noch entsprechend hoch, als Sönke ihn mit der Kündigung konfrontierte. Auch dies ist mit ein Grund dafür, dass Karsten sich so empfindlich davon getroffen fühlte. Ein resistentes Stress-Imprinting entsteht im Spitzenleistungsbereich demnach nicht nur durch das Ereignis selbst, sondern wird mit verursacht durch die jeweilige Verfassung, in der wir mit ihm konfrontiert werden. Ein hohes Arousal wirkt wie ein mentales Vergrößerungsglas auf die Ereignisse und Reize um uns herum. Karsten allerdings empfand es als Widerspruch, dass er sich bei so viel Erfolg plötzlich durch ein eigentlich alltägliches Ereignis wie eine Kündigung aus der Bahn geworfen fühlte. Diese Fehleinschätzung begründet sich nun wiederum auf dem irrtümlichen Belief, dass Eustress keine Stresswirkung habe.

In unseren Coachings arbeiten wir daher mit vielen Klienten auf zwei Ebenen. Zum einen fokussieren wir das eigentliche Ereignis oder Thema, das mit in die Sitzung gebracht wird. Zusätzlich wirken wir dann noch indirekt auf die Wahrnehmungsverarbeitung ein, wenn sich herausstellt, dass unser Gegenüber durch eine ungünstige Belief-Struktur gefährdet ist, immer wieder ein chronisch überhöhtes Arousal zu entwickeln. Die spezielle Herangehensweise schildern wir in Kapitel 8 zum Thema „Belief-Coaching".

Übrigens ist ausreichender und erholsamer Schlaf mit das beste Selbstcoaching gegen die Entstehung eines überhöhten Arousals. Vor allem der Traumschlaf sorgt dafür, dass unsere emotionalen Speicher wieder aufgeladen werden und das limbische System sich auf angenehme Weise beruhigt. Nicht umsonst heißt es: „Schlaf eine Nacht darüber, morgen sieht alles ganz anders aus." Natürlich gibt es Beispiele von Menschen, die nur mit sehr wenig Schlaf auskommen. Doch über 90 Prozent aller Menschen benötigen doch durchschnittlich sieben bis acht Stunden Nachtschlaf, um vollständig zu regenerieren. Dabei kann man vereinfacht sagen, dass die ersten drei bis vier Stunden Schlaf der rein körperlichen Erholung dienen. Erst die letzten drei bis vier Stunden päppeln die Seele wieder auf. Dann kommt es nämlich vermehrt zu dem „flachen" REM-Schlaf mit den vielen Traumphasen. Fällt diese Phase zu oft aus oder findet sie nur verkürzt statt, hat das eine ungenügende emotionale Verarbeitung der täglichen Ereignisse und somit ein zu hohes Arousal zur Folge. Wachen Sie beispielsweise oft nach drei bis vier Stunden Schlaf auf und können dann nicht mehr einschlafen, kann das schon ein Hinweis auf ein zu hoch angestiegenes chronisches Arousal sein. Auch hier kann eine entsprechende Selbstcoaching-Methode helfen, schnell wieder einzuschlafen und so die Durchschlafstörung zu überwinden. In Kapitel 7 schildern wir dies ausführlicher.

5.3 Sozialschmerz und soziale Kälte: Das Trauma mit den Mitmenschen

Zu den häufigsten Stress-Imprintings, die im Coaching zum Thema gemacht werden, gehören zwischenmenschliche Enttäuschungen, sei es mit den Vorgesetzten, Kollegen, Kunden, Freunden oder dem Lebenspartner, seinem Publikum oder einem Trainer. Beispielsweise arbeiteten wir einmal mit Benno, einem jungen Spitzensportler, für den regelrecht eine Welt zusammenbrach, als sein Trainer ihn plötzlich „völlig links liegen ließ", weil er in einem Wettkampf schlecht abgeschnitten hatte. „Vorher hat er sich über Wochen ganz intensiv um mich gekümmert und jetzt bin ich plötzlich wie Luft für ihn." Der junge Mann sah wirklich aus wie jemand, der „die Welt nicht mehr versteht". Sein eigentliches Problem spiegelte sich in dem Satz wider: „Ich dachte, der mag mich wirklich."

Hinter diesem Satz verbirgt sich wieder ein umfassendes Belief-System zum Thema „zwischenmenschliche Beziehungen". Ein solches Belief-System bildet bei jedem Menschen so etwas wie ein Fundament, auf dem seine Beziehungen zu anderen Menschen stehen. Wird nun dieses Belief-System verletzt, erfährt das Fundament eine Erschütterung, und eine „Welt bricht zusammen".

Immer wieder hat man sich gefragt, warum etliche Menschen ein schweres Trauma wie eine Gewalttat oder einen Unfall ohne eine posttraumatische Belastungsstörung überwinden können. Sie sind zwar geschockt, aber dieser Schock baut sich im Laufe der Wochen und Monate kontinuierlich ab.

Noch vor zehn Jahren dachte man, dass traumatisierte Menschen schon vor dem Trauma psychisch labil seien. Heute weiß man aber, dass ein Trauma auch die psychisch stabilsten Menschen „umhauen" kann. Eine ungünstige Voraussetzung ist – wie zuvor beschrieben – ein zu hohes Arousal, das man in die Situation schon mit hineinbringt. Beispielsweise hat man die Tage zuvor zu wenig Schlaf gehabt. Eine andere ungünstige Bedingung ist jedoch die Reaktion der Mitmenschen in der Situation des Verletzt-Werdens: Trösten und unterstützen sie oder geben sie noch zusätzlich einen Tritt, wenn man schon am Boden liegt?

Da gibt es das Beispiel des jungen Mädchens, das vergewaltigt wurde. Sagen jetzt noch die Eltern: „Na, das ist ja kein Wunder bei den unmöglich engen Röcken, die du immer trägst", ist das Einsetzen einer chronischen Traumatisierung leider garantiert. Akut erschütterte oder geschockte Menschen benötigen die emotionale Unterstützung der Menschen, denen sie vertrauen, fast so dringend wie die Luft zum Atmen. Das gilt nicht nur für nahestehende Personen wie Eltern, Lebenspartner oder Freunde. Das unbewusste Vertrauen bringt man auch Menschen entgegen, die aufgrund einer Rolle zur Vertrauensperson werden: dem Arzt, dem Polizisten, der Krankenschwester und natürlich auch der Führungskraft. Da Menschen in diesen Berufen oft gar nicht wissen, wie bedeutsam die Wortwahl in Gegenwart eines akut traumatisierten Menschen ist, besteht hier noch ein großer Schulungsbedarf.

Wir haben bereits erwähnt, dass soziale Verletzungen dieser Art in den Gehirnscan-Bildern deutliche Befunde im Schmerzzentrum anzeigen. Ausgrenzung, Ablehnung und Ignoranz durch die Mitmenschen tuen demnach körperlich weh, denn das Gehirn ist ein wesentlicher Bestandteil des Körpers. Daher nennt man diese mitmenschlichen Verletzungen heute auch „social pain" – auf Deutsch „Sozialschmerz".

Benno hatte in den letzten Jahren seine ganze Freizeit in die sportliche Karriere investiert. Auch er hatte das Gefühl, dass sich das irgendwann einmal „rechnen" würde. Vor allem war er der Meinung, dass die anderen seinen Einsatz registrieren würden, nach dem Motto: „Nach all dem, was ich getan habe." Unbewusst war für ihn Solidarität im Mannschaftsteam eine grundlegende Voraussetzung, um sich so weit auf diesen Sport einlassen zu können. Das impliziert, dass die anderen, beispielsweise der Trainer, auch oder gerade zu einem halten, wenn man einmal „Pech" hat. Er aber wurde fallen gelassen wie eine heiße Kartoffel. Am meisten zu schaffen machte Benno die Tatsache, dass er selbst gerade von diesem Trainer eine solche Reaktion nie erwartet hätte. „Ich habe ihn fast wie einen Vaterersatz erlebt."

Sozialschmerz setzt vor allem dann ein, wenn man damit konfrontiert ist, dass das innere „Werte- und Belief-Modell", also die innere Welt, offensichtlich nicht mit dem Werte- und Belief-Modell des Gegenübers harmoniert. Ein inneres Modell der Welt gibt einem die Sicherheit, sich in der Welt „da draußen" zurechtfinden zu können. Man lebt mit dem Belief, dass dieses Modell ausreicht, um die Reaktionen seiner Mitmenschen voraussehen und sich damit auf diese verlassen zu können. Ist das nicht der Fall, fühlt man sich „kalt erwischt" und zutiefst verunsichert. „Aber das kann er doch nicht einfach so tun", heißt es dann. „Das darf doch nicht wahr sein!" „Warum begreift er nicht, dass ..."

Das Modell der Welt erweist sich als unsichere Täuschung und führt zur Ent-Täuschung. Haben Sie beispielsweise einen ewig neidischen Konkurrenten, würde es Sie überhaupt nicht erschüttern, von ihm unfair behandelt zu werden. Sie würden sich sicher sehr ärgern, aber Ihre innere Welt bliebe heil, denn Sie haben hier ja nichts anderes erwartet. Karsten wurde von Sönkes Kündigung deshalb „umgehauen", weil er gerade von ihm einen solchen Schritt am wenigsten erwartet hätte. Hier fehlte die sprichwörtliche „innere Wappnung", die fehlende Chance, sich rechtzeitig „einstellen" zu können.

Gelassenheit in der professionellen Kommunikation stellt sich eigentlich erst dann ein, wenn man nur noch voller Interesse die vielfältigen Reaktionen seiner Mitmenschen registriert, sich aber nicht mehr besonders wundert und von einer Ohnmacht in die andere fällt. Diese Art von Gelassenheit ist beispielsweise im Umgang mit Medien nahezu überlebenswichtig. Ansonsten könnte sich jemand, der aufgrund seiner besonderen Tätigkeit im öffentlichen Rampenlicht steht, sogar ein besonders resistentes Performance Stress-Imprinting „einfangen".

Die eigentliche Verletzung ist also gar nicht nur der Ärger oder der Schmerz über das, was einem angetan wurde. Die traumatische Verunsicherung entsteht dadurch, dass man niemals dachte, dass so etwas passieren würde, und sich ab jetzt ungeschützt fühlt. Hier passt der bekannte Spruch: „Ich glaube, ich bin im falschen Film." Wir überprüfen in unseren Coachings aus diesen Gründen auch die Beliefs, die unsere Klienten über zwischenmenschliche Beziehungen im Leistungsbereich mitbringen, wie z. B.: „Das wird man mir danken." Oder: „Wenn ich fair bin, sind die anderen es auch." Oder gar: „So etwas passiert mir nicht." Bergen diese unbewussten Annahmen ein hohes Enttäuschungspotenzial, erweitern wir durch Coaching diese unbewussten Annahmen, um auf das große Spektrum menschlicher Reaktionen im Spitzenleistungsfeld besser vorbereitet und dadurch gelassener zu sein.

In diesem Zusammenhang vermitteln wir auch Know-how zum Thema Menschenkenntnis: Wie kann man bewusst eine positive Wellenlänge zu verschiedenen Menschen aufbauen? Wie entstehen Missverständnisse? Was ist eine Übertragung? Warum ist Neid ein natürliches Phänomen, mit dem ein Spitzenleister rechnen muss? Usw. Dieses Know-how wird dann zum schützenden Nervenkostüm, wodurch man selbst im Fluss bleibt. Denn es kann einem Spitzenleister nichts Schlimmeres passieren, als „einzuschnappen" und innerlich „einzupacken". Daher stellen wir später in diesem Kapitel noch das Thema „Kränkungen und Rachegefühle" als Leistungshemmer vor.

Zuvor informieren wir noch über eine weitere Stress-Quelle: Nicht nur wir selbst, sondern auch unsere Mitmenschen sind wütend, gekränkt, erschöpft, traurig – und das kann auf unser Emotionsklima abfärben. Im nächsten Abschnitt gibt es deshalb interessante Informationen über das Phänomen der Spiegelneurone.

***Hinweis für Coaches:* Einfach nur zuhören und da sein**

Die meisten Coaching-Ausbildungen bieten dem Profi eine Fülle von Interventionen und Anwendungsmöglichkeiten psychologischer Formate: Aufstellungen, die Arbeit mit dem inneren Team, natürlich wingwave-Coaching und vieles mehr.

Nach wie vor wünschen sie auch Coaching-Kunden immer wieder Verständnis und menschliche Verbundenheit – auch und gerade im Kontakt mit dem Coach. Es ist bekannt, dass Führungskräfte oft zu wenige kompetente Gesprächspartner haben. Das liegt nicht daran, dass sie sich nicht austauschen wollen, sie finden zu wenige geeignete Personen. Mitarbeiter sollen durch „Sorgengespräche" nicht beunruhigt werden, und die Familie natürlich erst recht nicht. Freunden darf man vielleicht nichts anvertrauen, da Führungskräfte oft auch Geheimnisträger sind.

Viele gute Coaching-Stunden entstehen nach wie vor durch aktives Zuhören: Der Coachee spricht sich aus, der Coach versucht zu verstehen, fragt nach, hilft beim Gedanken-Sortieren. Sie leisten als Coach oft auch wertvolle Arbeit, wenn Sie dem Coachee nur „ein Ohr leihen." So entsteht eine positive Wellenlänge, die als soziale Wärme empfunden wird, in der Ihr Coachee „auftauen" kann. Erst dann sind aktive Interventionen wirklich sinnvoll.

5.4 Die Wirkung der Spiegelneurone: Dein Stress ist mein Stress

Das Thema Spiegelneurone ist von besonderer Bedeutung, weil viele Coachees nicht nur über Blockaden mit den eigenen Emotionen, sondern auch über ihre Schwierigkeiten mit den Emotionen ihrer Kommunikationspartner berichten. Deshalb findet sich auch im wingwave-Aussagenbaum folgender Hinweis für die Kommunikationssituation: „Es sind die eigenen Gefühle“ / „Es sind die Gefühle der anderen“. „Ich kann meinen Mitarbeiter nicht kritisieren, weil es mir unangenehm ist, ihm weh zu tun“, klagte beispielsweise der Abteilungsleiter eines Autokonzerns. „Dabei kann ich Streit aushalten und habe keine Angst davor, nicht gemocht zu werden. Mein Kopf sagt mir, dass ich ihm unbedingt seine Fehler nennen muss. Aber ich spüre, dass es ihn treffen wird. Das ist meine Blockade.“

„Warum ich fühle, was du fühlst“, lautet der Buchtitel des weiter vorn erwähnten Medizinprofessors und Psychotherapeuten Joachim Bauer zum Thema „Spiegelneurone“. Konkreter kann man das Thema des Abteilungsleiters nicht beschreiben. Denn Menschen können tatsächlich spüren, was ein anderer fühlt. Dieser Coachee vermag als sensibler Gesprächspartner auf neurobiologischer Basis im eigenen Körper zu fühlen, wie sich das „Getroffen-Sein“ des kritisierten Mitarbeiters anfühlen wird. Er scheut also keinesfalls die „Zeit danach“, wo das Gegenüber vielleicht beleidigt, abweisend oder vorwurfsvoll reagieren könnte. Damit kann er umgehen, jedoch nicht mit dem „Spiegel der Gefühle“ in der eigenen Neurologie, was nun zu seinem Coaching-Thema wird. Viele Kinder mögen sich manchmal mit ihren Problemen nicht an die Eltern wenden, da sie spüren, dass es die Eltern aufregen oder sorgen würde. Hier geht es nicht um mangelndes Vertrauen, sondern um die Frage, ob ein anderer Mensch mich „aushalten“ kann.

Eine italienische Forschergruppe entdeckte, dass wir Menschen beim Wahrnehmen der Gefühle unseres Gegenübers Gehirnaktivitäten aufweisen, die uns diese Gefühle real miterleben lassen. Wie im Kapitel zuvor beschrieben, reagiert bei uns Menschen das Schmerzzentrum, wenn wir uns abgelehnt oder gar verachtet fühlen. Dieser Befund macht deutlich, warum besagter Coachee Hemmungen beim Gedanken an die Konfrontation des Mitarbeiters spürt. Denn es könnte neurologisch real passieren, dass sein Gegenüber dabei konkret einen körperlich spürbaren Schmerz fühlt, dass also der Konfrontierte sich – im wahrsten Sinne des Wortes – „peinlich berührt“ fühlt. „Pein“ ist ja bekanntlich ein Synonym für das Wort Schmerz, was wieder einmal einen neurolinguistischen Hinweis auf die Weisheit unserer Redewendungen gibt.

Diese Erkenntnisse machen deutlich, wie wichtig Empathie, Rapport und die sprichwörtliche positive Wellenlänge für Therapie, Coaching und Beratung sind. Obwohl dies für alle professionellen Coaches im beruflichen Alltag eine Selbstverständlichkeit darstellt, ist es faszinierend, die wissenschaftliche Bestätigung aus Sicht der Gehirnforschung erläutert zu bekommen. Darüber versteht man auch die Bedeutung des „Emotions-Spiegels" für die Unternehmenskommunikation. Laut Bauer zählt es zu den Aufgaben einer Führungskraft, sensibel die „Spiegelungen" zwischen den Mitarbeitern wahrzunehmen und daraus Rückschlüsse über die Qualität der Zusammenarbeit zu schließen. „Ein fröhliches Gesicht im Unternehmen wird oft gedeutet mit: ‚Dem geht es wohl zu gut' oder gar: ‚Der ist nicht ausgelastet, dem müssen wir noch mehr Arbeit geben.' Kaum einer denkt: ‚Wie gut, dass ihm die Arbeit Spaß macht'!", kritisierte Bauer. Er gibt zu bedenken, dass die gestresste Mimik allzu vieler Kollegen schnell bewirken kann, dass neue Mitarbeiter allein über das Spiegelphänomen ebenfalls ein subjektives Unbehagen am Arbeitsplatz entwickeln und so einer nach dem anderen seine ursprüngliche Motivation und Leistungskraft schleichend verliert. „Das sollte eine Führungskraft erkennen und verändern lernen", forderte Joachim Bauer 2006 auf einer Jahresversammlung der wingwave-Coaches.

Bei interkollegialen Supervisions-Treffen überprüfen wingwave-Coaches ihre eigene Reaktion auf subjektiv unangenehme oder stressende Emotionsfotos von Menschen in Problemsituationen. Der erwünschte starke Test angesichts des Emotionsstresses eines anderen Menschen bedeutet: „Der Coach kann verkraften, was er wahrnimmt – auch den Gefühlsspiegel in der eigenen Neurologie. Er bleibt im Kontakt mit seinen Kraftquellen und Fähigkeiten – gerade und weil es einem anderen schlecht geht." Diese Reaktion darf man übrigens auch von einem Arzt, einem Rettungsschwimmer oder von erfolgreichen Detektiven, wie beispielsweise „Miss Marple", erwarten.

Fällt der Test allerdings schwach aus, werden die jeweiligen Emotionen wieder im systematischen Feintest festgestellt. Für das eigene Erleben testet man Sätze wie: „Wenn ich diesen Menschen wahrnehme, bin ich traurig, ängstlich, hilflos usw." Hierbei wird jede Emotion einzeln getestet. Für das Erleben des Gegenübers lauten die Testaussagen: „Dieser Mensch ist wütend, er hat Schmerzen, ist gekränkt etc." Die Sätze werden vom Coachee oder vom Tester gesprochen. Wichtig ist dabei die sprachliche Genauigkeit, also die Satzaussage in der ersten oder dritten Person.

Viele Menschen testen bei diesem wingwave-Spiegel entweder nur in der eigenen Betroffenheit oder nur im Spiegelerleben schwach. Etliche Menschen testen aber auch auf beiden Seiten des Spiegels mit einer Stressreaktion. Interessanterweise handelt es sich bei eigener und gespiegelter Betroffenheit in der schwachen Testung nie um die gleichen Emotionen oder Gefühle. Beispielsweise testete Sabine, eine Handballspielerin, beim Anblick eines verletzten Sportlers schwach auf den Satz: „Dieser Mensch hat Schmerzen." Die eigene schwache Reaktion auf den Gefühlsspiegel war nicht Schmerz, sondern zunächst der Satz: „Der Anblick macht mich hilflos." Nach dem ersten Interventions-Set war die Hilflosigkeitsreaktion überwunden. Dann behandelten wir noch den Satz: „Dieser Sportler hat Schmerzen." Sabine fasste sich an das eigene Knie, als wir diesen Satz bearbeiteten. Dann lachte sie plötzlich und rief: „Der baut doch nur eine Schwalbe!" Damit ist gemeint, dass Sportler den Spiegelneuronen-Stress ihrer Gegenspieler durch übertriebenes Schmerzgebaren oft „anklicken", um deren Kampfgeist zu schwächen.

Somit eröffnet der wingwave-Spiegel auch neue Perspektiven für ein gelungenes Sportcoaching. Bei vielen Coachees ergibt die weitere Testung noch einen „wunden Punkt" in der Lebensgeschichte: Beispielsweise musste man früher auf jüngere Geschwister aufpassen, die die ganz Zeit Bauchweh hatten und schrien, oder die Eltern konnten mit ihren Emotionen wie Angst oder Trauer nicht umgehen, sodass sie ihrem Kind im Modell-Lernen keine Bewältigungsstrategien vermittelten. So generalisieren diese Personen dann: „Menschen – vor allem große Menschen – brechen schnell zusammen. Ich darf sie also nicht ‚anticken'." Diese Stress-Erinnerungen werden dann zusätzlich mit wingwave bearbeitet. Bei Sabine war dieses Bearbeiten von verdecktem Biografie-Stress laut Test allerdings nicht erforderlich.

Das Phänomen der Spiegelneurone und die Intervention des wingwave-Spiegels spielen demnach eine wichtige Rolle bei allen Formen systemischen Coachings. Schon oft konnten wir testen, dass Menschen mit Erschöpfungszuständen, Schamgefühlen oder Ängsten herumliefen, die gar nicht aufgrund persönlich durchgemachter Erlebnisse entstanden waren, sondern durch eine emotionale Nähe zu wichtigen Mitmenschen, die diese somatischen und emotionalen Stresszustände ausgedrückt hatten.

Oft reagieren Menschen sogar entsprechend auf Erzählungen aus der Familiengeschichte vor ihrer Geburt. Das hat nichts mit Reinkarnation zu tun, sondern mit der emotionalen Betroffenheit, welche die Familienmitglieder beim Erzählen auf ihre Kinder übertragen. In diesem Fall „bewinken" wir auch die Vorstellungen, die sich unsere Coachees zu den erzählten Geschichten aufgebaut haben, was ebenfalls zu befreienden positiven Ergebnissen führen kann. Diesen Ansatz haben wir in unserem Buch „Imaginative Familienaufstellung" vertieft. Hier verbinden wir wingwave mit systemischer Familien- und auch Organisationsaufstellung. Diese Formate können sowohl imaginativ als auch in Gruppenaufstellungen durchgeführt werden – je nachdem, ob Gruppen zur Verfügung stehen oder nicht und ob als Zeitkontingent mehrere oder nur ein bis zwei Stunden zur Verfügung stehen.

Natürlich können auch die positiven Effekte des Spiegelneuronen-Phänomens im Coaching genutzt werden. Aus dem NLP kennen wir die ressourcenaktivierenden Formate des Modell- und Strategielernens. „Es ist eine der wenigen Möglichkeiten, einem anderen Menschen seinen Reichtum zu klauen, ohne dass es ihm schadet“, sagte einmal ein Kollege von uns. Wenn wir beim wingwave-Spiegel positive Modelle nutzen, gehen wir im Format ebenso vor wie bei den zuvor beschriebenen Stress-Themen. Dem Coachee wird wieder ein „Emotions-Katalog“ mit zwölf Fotos vorgelegt, die Menschen in verschiedenen Ressource-Physiologien zeigen. Wieder bestimmen wir mit dem Bodyscan und dem Myostatik-Test die positive Spiegelung der Ressource-Emotion im Körpererleben, während der Coachee diese positiven Menschen auf den Fotos betrachtet. Auch hier wird die Emotion genau bestimmt: So sorgt Selbstbewusstsein beispielsweise für eine andere Ressource-Physiologie als Freude oder Spaß. Nach dieser Vorbereitung „webt“ der Coach mit langsamen Winkbewegungen die Ressource-Emotion in die Wahrnehmung des Klienten ein.

Selbstcoaching-Tipp: Emotions-Modelling

Sammeln Sie sich aus Zeitschriften, Büchern oder dem Internet Bilder von Personen, Schauspielern oder von Figuren, die positive oder ressourcevolle Emotionen ausdrücken: Freude, Ruhe, Mut, Dynamik usw. Orientieren Sie sich auch an Erscheinungen wie Pippi Langstrumpf, Buddha, den Druiden Miraculix aus den Asterix-Comics oder an Einstein.

Arbeiten Sie nun mit der wingwave-Musik oder der Butterfly-Methode: Sie betrachten Ihr „Emotions-Modell“, spüren in sich die positive Resonanz und führen dabei die Selbst-Intervention durch. Erleben Sie, wie Ihre Spiegelneurone die ressourcevollen Emotionen Ihres Modells empfangen und ein entsprechend positives, gelassenes oder energievolles Gefühl sich in Ihnen ausbreitet.

5.5 Warum sind Kränkungen und Rachegefühle die größten Leistungsblockaden?

Nach dem systemischen Ausflug in die Gefühlswelt anderer Menschen – in die Emotionen eines Gegenübers – kehren wir zu den selbst empfundenen Gefühlen unserer Coachees zurück und knüpfen mit unserer Geschichte vom Westernhelden nochmals an das Thema „Enttäuschung durch Mitmenschen" an. Eigentlich basieren die meisten der klassischen Westernfilme auf dem gleichen Plot: Ein einsamer, ernst oder gar finster schauender Held reitet ruhelos durch die Gegend, um jemanden zu finden, an dem er sich rächen muss. Solange die Sache nicht vom Tisch ist, kann er mit seinem Leben nichts Vernünftiges anfangen: Er kann sich nicht verlieben, nicht sesshaft werden, kein Haus bauen, geschweige denn einen Baum pflanzen. Diese ewige Story findet immer wieder ein gebanntes Millionenpublikum, das diesen Helden aus tiefstem Herzen versteht. Denn jeder von uns hat so einen ruhelosen Helden, der noch abrechnen muss, in sich.

Da gab es den Lehrer, der einem ein Leben als Versager prophezeit hatte; die arrogante Klicke, die einen ausschloss; der Exlover mit seinen herablassenden Bemerkungen. Und nun ist da auch noch der unmögliche Vorgesetzte, der menschlich gesehen eine Katastrophe ist. „Ihr werdet euch noch wundern", heißt dann die Devise. Das kann zweierlei bedeuten:

1. „Von mir bekommt ihr nichts mehr" oder
2. „Ich werde es euch zeigen – jetzt erst recht".

Diese blockierte innere Haltung ist in den letzten Jahren mit einem Fachbegriff belegt worden: „Posttraumatische Verbitterungsstörung". Unter dem Titel „Die Weisheit des Erfolgs" hat Evelin Kroschel vor einigen Jahren ein Buch zu diesem Thema geschrieben. Deutlich zeigt sie auf, wie Kränkungen Rachegefühle nach sich ziehen und wie viel wertvolle Leistungskraft dadurch auch in Unternehmen verloren geht. Wir möchten an dieser Stelle nur erwähnen, dass man im Spitzenleistungsbereich mit Kränkungs- und Rachegefühlen nicht den anderen „eins auswischt", sondern dass man vor allem seine eigenen Ressourcen blockiert. Diese „Abrechner-Aktivierung" geht leider auf Kosten der persönlichen Ausstrahlung, des Charismas. Denn der Cowboy – und natürlich auch das Cowgirl – zeigt jedem sein finsteres Gesicht und lässt seine Verletzung überall durchschimmern, auch bei denen, die ihm nichts getan haben. Denken Sie hier nochmals an Karsten, der nach der Enttäuschung mit Sönke anfing, auch auf andere junge Kollege abweisend zu reagieren. Die Gefahr, Unschuldige zu treffen, ist also im Falles eines chronischen Gekränkt-Seins besonders hoch.

Die ganze Energie eines Gekränkten richtet sich auf „Wiedergutmachung" und somit in die Vergangenheit. Das Unbefriedigende daran ist, dass man bei diesen Formen von Verletzung den Täter nur sehr selten wirklich zufriedenstellend zurücktreffen kann. Leider kostet das alles nicht nur sehr viel Zeit, sondern in der Warteschleife auf Wiedergutmachung wird auch die persönliche Entwicklung auf Eis gelegt, wie das Beispiel des Cowboys zeigt. Langfristige Spitzenleistung hat jedoch immer mit Persönlichkeitsentfaltung und nicht mit Persönlichkeitserstarrung bis zur Klärung des Falls zu tun. Das Ungünstigste an Rachegefühlen ist aber die Bereitschaft, notfalls „über die eigene Leiche" zu gehen. Im zivilen Leben heißt das, seine Lebensqualität und Gesundheit zugunsten der Wiedergutmachung bereitwillig aufs Spiel zu setzen. wingwave-Coaching kann hier eine wertvolle Hilfe sein, um die innere Kränkung zu überwinden, sich aus dem Verletzt-Sein zu befreien, damit aus dem ruhelosen Reiter ein sesshafter Farmer mit reichen Ernteerträgen werden kann. Denn auch wenn das Leben um einen herum tobt: Die innere Welt darf heil sein und auch heil bleiben.

5.6 Lebensbedrohung durch raschelnde Blätter

All diese Ausführungen zeigen Ihnen, dass ein Performance-Stress-Imprinting rein optisch für einen Laien oft nicht nachvollziehbar ist. Ein Mensch kann sich getroffen, verletzt oder verwundet fühlen, ohne dass er tatsächlich körperlich jemals in Gefahr ist oder war. Da hat ein anderer Mensch eine beiläufige Bemerkung gemacht, da stand „nur" ein bestimmter Artikel in der Zeitung und dennoch schlagen die Emotionen Wellen, als sei man in Lebensgefahr geraten. Manchmal mag man sogar wünschen, es sei wenigstens etwas „Echtes" passiert, wie beispielsweise ein Unfall. Bei den nicht offensichtlichen Verletzungen fangen nämlich viele Menschen an, ihren Emotionen und damit sich selbst zu misstrauen. Das Gefühl wird durch die Situation scheinbar nicht gerechtfertigt, man glaubt, sich anzustellen, wie folgendes Beispiel zeigt:

Beispiel:

Stellen wir uns vor, es ist Frühling in der Steinzeit. Ein Vorfahre von uns sitzt abends am Lagerfeuer und freut sich auf sein Abendessen. Da hört er hinter sich ein Rascheln. Er dreht sich um, aber er sieht nichts. Plötzlich wird er von einer Giftschlange gebissen, die er wegen ihrer grauen Farbe zu spät erkannt hat. Gott sei Dank überlebt er den Biss. Wenn er allerdings jetzt eine Schlange sieht, überfallen ihn immer Panikattacken. Und das passiert nicht nur beim Anblick von grauen Schlangen, sondern auch bei grünen, orangen oder gepunkteten Schlangen. Sogar bei einem Gartenschlauch – falls es so etwas damals gegeben hätte – könnte es kritisch werden. Dieses Phänomen nennt man Generalisierung.

Ein paar Monate später – es ist inzwischen Herbst geworden – geht unser Vorfahr in den Wald und möchte sich sein Abendbrot fangen. Plötzlich fallen vor seiner Nase drei Blätter raschelnd vom Baum. Unser Jäger erleidet eine heftige Panikattacke. Warum weiß er allerdings nicht, denn nach so vielen Monaten kommt ihm der Schlangenunfall – der sich ja durch ein Rascheln angekündigt hatte – nicht mehr ins Bewusstsein. Er ist befremdet von seiner übertriebenen Reaktion und hat zusätzlich mit einem Selbstwertproblem zu tun: „Wie peinlich! Ich bin doch als tapferer Jäger bekannt. Was sollen die anderen nur denken, wenn sie von meiner Herbstphobie erfahren?"

Ein Schamane möchte ihm mit einer Atemtherapie helfen, bei der er ihn vorsichtig mit raschelnden Blättern konfrontiert. Leider hilft das nicht, da diese Herangehensweise das eigentliche Thema verfehlt. Und unser Statement hierzu lautet: „Allzu oft wird im Coaching oder in der Therapie das Rascheln der Blätter behandelt." Mit wingwave finden wir punktgenau die Abkürzung zur Stressquelle und damit zur Lösung. Und der Coachee fühlt sich rehabilitiert und erleichtert, wenn er die „Psycho-Logik" seines Themas verstehen kann.

Selbstcoaching-Tipp: Mini-Check für Performance-Stress-Imprinting (PSI)

Im Folgenden werden begünstigende Faktoren für die Entstehung von PSI zusammengefasst. Diese Aufstellung kann Ihnen helfen, für sich selbst einzuschätzen, ob Sie möglicherweise PSI-gefährdet sind. Sollte dies – was wir hoffen – nicht der Fall sein, dient Ihnen diese kleine Liste als nützliche Präventionsmöglichkeit, um PSI gar nicht erst eine Chance zu geben.

1. Sie haben in den letzten Monaten schleichend wegen Dis- oder Eustress ein zu hohes chronisches Arousal entwickelt und erleben deshalb „Spitzen“ von außen wie durch ein mentales Vergrößerungsglas. Plötzlich haben Kleinigkeiten eine zu starke emotionale Wirkung auf Sie.
2. Irgendeine Komponente einer aktuellen Situation – und das kann nur ein bestimmter Tonfall in der Stimme eines Gesprächspartners sein – erinnert Sie unbewusst an einen Biografie-Stress aus Ihrer Lebensgeschichte und führt entsprechen zu einem emotionalen Flashback-Phänomen.
3. Ein Mensch oder eine Gruppe von Menschen hat Sie enttäuscht. Dabei hätten Sie von diesen Menschen derartigen Handlungen oder Reaktionen nie erwartet. Ihr inneres Bild von der Welt wurde also erschüttert. Sie glauben, Sie sind im falschen Film, und denken vielleicht: „Das darf doch nicht wahr sein!“
4. In Ihrem Leben ist so weit eigentlich alles in Ordnung – aber viele oder wichtige Mitmenschen um Sie herum sind im Dauerstress, leiden, sind erschöpft oder gar gereizt. Sie spüren, dass Sie in Gefahr sind, sich über die Spiegelneurone „anstecken“ zu lassen, und fühlen sich nicht kräftig genug, um sich zu schützen oder um die anderen Menschen zu erreichen, zu kritisieren oder sie zu ermutigen.
5. Sie leiden wegen eines belastenden Erlebnisses unter PSI und wundern sich, dass die Auswirkungen sich nicht wie gewohnt von allein beruhigen. Wiederum denken Sie: „Das darf doch nicht wahr sein“, weil Sie es sonst von sich kennen, dass die Zeit immer „alle Wunden heilt“. Sie wissen nicht, dass Ihre mentalen Selbstheilungskräfte neurologisch blockiert sind, weil das Ereignis auf rein körperlicher Ebene Ihre Reizverarbeitungsmechanismen überfordert hat und nun Ihr Zeitgefühl bezüglich dieses Ereignisses nicht mehr wie sonst funktioniert. Das bedeutet aber nicht, dass Sie eine Mimose sind, da so etwas auch den psychisch stabilsten Menschen passieren kann. Bleiben Sie bei Ihrem positiven Selbstbild, setzen Sie sich nicht unter Druck, sondern lassen Sie ganz einfach durch einen wingwave-Coach „den Stachel entfernen“. Das ist gesünder, als in eine mentale Kompensation hineinzugeraten, so wie es im nächsten Abschnitt beschrieben wird.
6. Sie haben ein Anforderungsmaß – wir sprechen hier auch von Euphorie-Beliefs – an sich selbst und die Umgebung, das die Grenzen und Schwächen von Menschen in ihrem irdischen Dasein nicht berücksichtig. Sie sind deshalb besonders gefährdet, immer wieder kränkende oder schmerzende Enttäuschung zu erleben. Die Folge kann ein „Verbitterungssyndrom“ sein, wie wir es in Kapitel 8 über „Belief-Coaching“ vorstellen.

5.7 Wieso ist Kompensation ein Energiefresser?

Stellen Sie sich vor, jemandem schmerzt die Hüfte. Doch anstatt die Schmerzen behandeln zu lassen, gewöhnt er sich eine Schonhaltung an: Er bewegt sich jetzt so, dass die schmerzende Hüfte nicht mehr belastet wird. Er kompensiert also den schmerzenden Bereich mit den Muskelgruppen der gesunden Körperbereiche. Eine Weile klappt das recht gut. Doch nach einiger Zeit reagieren auch die gesunden Bereiche auf die ständige Überlastung und beginnen Probleme zu machen.

Auch im psychischen Erleben versucht jeder Mensch, sich in der Balance zu halten. Leidet er bewusst oder unbewusst unter einem resistenten Stress-Imprinting, versucht er – und das ist ein völlig gesunder Impuls – zu dieser latenten Beeinträchtigung ein Gegengewicht zu finden. Stellen Sie sich posttraumatischen Stress wie einen Tinnitus auf emotionaler Ebene vor: Eine subjektiv als unangenehm eingestufte Emotion wie Angst, Wut, Trauer, Scham oder Ekel veranstaltet in der Gefühlswelt ein „Dauergeräusch". Einen Dauerton kann man nicht durch Stille und Ruhe unwirksam machen, sondern das beste Mittel besteht darin, ihn durch einen noch lauteren Ton zu übertönen und damit subjektiv auszuschalten.

Performance-Stress-Imprintings spielen sich als Daueraktivierung auf einer unbewussten Ebene ab: Man fühlt sich quasi „unterirdisch" unwohl, ohne immer an ein auslösendes Ereignis denken zu müssen. Bilder und Erinnerungen an Gespräche können sich mal ausblenden, aber das emotionale Drücken oder Pieksen bleibt. Das ist natürlich unangenehm. Nun macht man plötzlich die Entdeckung, dass intensives Arbeiten „lauter" ist als der unangenehme emotionale Misston. Das ist zunächst eine Erleichterung und die Psyche erlebt Arbeiten nun wie eine gute Medizin gegen die unangenehme Dauerbeeinträchtigung, den „unterirdischen Stress" – wie sich ein Coaching-Kunde einmal ausdrückte. Die Arbeit betäubt also die seelische Missempfindung und wird auf diese Weise zur Kompensation. Ihre eigentliche Funktion besteht jetzt nicht mehr im Erlangen von Erfolg, Freude und Persönlichkeitsentfaltung, sondern hauptsächlich in ihrer therapeutischen Wirkung. Wird die Arbeit „leiser", setzt also Ruhe ein, hört und fühlt man leider wieder den emotionalen Misston. Also wird schnell wieder „aufgedreht".

Menschen kompensieren aber nicht nur mit Arbeit, sondern auch mit übermäßigem Essen, Trinken, Rauchen, Sport treiben, auf Partys gehen … Dem „Übertönen" sind da keine Grenzen gesetzt. Die Auswahl der kompensatorischen Handlung erfolgt oft sogar nach dem Zufallsprinzip: Jede beliebige Tätigkeit, die den chronisch rumorenden Stress angenehm „übertönt", wird vom Nervensystem als Medizin registriert und entsprechend eingesetzt. Deswegen ist es auch müßig, mit Menschen darüber zu diskutieren, warum es ungünstig ist, ein Workaholic zu sein oder zu viel zu essen;

ihr Unbewusstes weiß das ja schon längst. Die Nachteile werden einfach wie bei einem sehr guten und wirksamen Medikament in Kauf genommen. Viel wichtiger ist doch die Frage, welchen positiven Effekt das Verhalten hat: Es kompensiert und sorgt dafür, dass der Schmerz oder der Stress scheinbar nachlässt. Es sorgt für Ausgleich.

Obwohl Kompensation also eine positive Absicht hat, sind die Folgen ein hoher Energieverschleiß. Einerseits leidet des Nervensystem schon unter dem inneren „Dornröschenschloss" mit der unangenehm pieksenden Dornenhecke und muss den von dort ausgehenden Dauerstress ertragen. Dann muss es noch ein aufwendiges Verhaltenssystem organisieren, um den Kontakt mit der inneren Dornenhecke zu vermeiden und dort nicht hängen zu bleiben. Es ist so, als würde ein Auto permanent mit angezogener Handbremse unter Vollgas gefahren werden.

Mit dieser Metapher motivieren wir Klienten, ihre „wunden Punkte" zum Heilen bringen zu wollen. Denn viele sagen tatsächlich: „Hätte ich damals diese Katastrophe nicht erlebt, wäre ich heute nicht so erfolgreich." Natürlich stellt sich gerade bei Kompensation oft ein sehr großer Erfolg ein. Doch wir können versichern, dass alle unsere Coaching-Kunden auch nach einem wingwave-Coaching sowohl ihr Leistungsniveau als auch ihre Motivation halten konnten. Doch wandelte sich in allen Fällen die kompensatorische „Weg-von-Motivation" in eine „Hin-zu Motivation", was von allen als großer Gewinn für eine positive Lebensqualität empfunden wurde. „Es fühlt sich einfach gesünder an!", fasste beispielsweise Karsten diesen Effekt in einem Satz zusammen. Das Nervensystem muss sich nicht mehr gleichzeitig aktivieren und bremsen, sondern kann alle Energie angenehm fließend in das tägliche Wirken geben. So entsteht ein angenehmes Flow-Erlebnis im Leistungskontext, das sich auch in ersten wissenschaftlichen Untersuchungen über wingwave-Coaching als positiver Trend nachweisen lässt.

6. wingwave auf dem Prüfstand der Wissenschaft

6.1 Einleitung

Wie schon erwähnt: wingwave ist bereits in mehreren universitären Studien beforscht worden. Die Arbeit an der Universität Hamburg von Nadia Fritsche zum Thema Prüfungs- und Auftrittsangst wurde im Buch bereits vorgestellt. In diesem Kapitel geht es um weitere Forschungs-Ergebnisse. Zum einen schreibt Marie Luise Dierks – Professorin für Public Health – über eine wingwave-Studie zum Thema „Redeangst", die wir zusammen mit der Medizinischen Hochschule durchgeführt haben.

Und weiter geht es um einen Forschungsauftrag, den der Verein „Bahnungsmomente e.V.", jetzt umbenannt hat in „Gesellschaft für Neurolinguistisches Coaching – NLC", der Deutschen Sporthochschule Köln in 2010 für zwei Hauptthemen übergeben hat:

1. Einmal ging es um die Untersuchung der neurobiologischen Grundannahmen der wingwave-Methode, speziell um die Überprüfung der Nützlichkeit des Myostatik-Tests als „Kompass" im Interventionsprozess.
2. Zum anderen sollten die Effektivität und die Nachhaltigkeit von wingwave als Coaching-Verfahren untersucht werden.

Im Rahmen seiner Promotionsarbeit hat der Diplom-Psychologe Marco Rathschlag selbst die Effektivität von wingwave erforscht und auch eine Reihe von Bachelorarbeiten zum Thema wingwave betreut. Dabei ging es um die Überwindung von Sportverletzungsstress, um die Wirksamkeit der wingwave-Musik zur Senkung der Herz-Pulsrate, um den leistungssteigernden Effekt beim 5000-m-Lauf und um die Bewältigung von Spinnenphobien – um nur einige Beispiele zu nennen.

In diesem Kapitel stellen wir näher die Ergebnisse der „Sportverletzungs-Studie" vor. Es geht hier um Sportler, die nicht zu ihrem gewohnten Leistungslevel zurückfanden, obwohl die Verletzung aus medizinischer Sicht ausgeheilt war. wingwave konnte ihnen dabei helfen, zum vollen Leistungsvermögen zurückzufinden.

Derzeit sind weitere Forschungsprojekte in Zusammenarbeit mit der medizinischen Fakultät der Universität Lübeck zu den Themen „Studentengesundheit" und „Flugangst" in Planung. Diese Projekte stehen noch ganz am Anfang, aber es freut uns sehr, dass sie inhaltlich auf die bereits durchgeführten Forschungsarbeiten aufbauen können.

6.2 Auftrittsstress in Auftrittsfreude umwandeln?

von Marie Luise Dierks[5]

Für viele Menschen ist das Reden vor kleinen und größeren Gruppen mit hohem Stress und unangenehmen Gefühlen verbunden. Die Belastungen sind vielfältig – leichte Beklemmungen, ein wenig Herzklopfen, schlaflose Nächte vor dem Vortrag, Magen- und Darmprobleme, Schweißausbrüche, Zittern und Unruhe. In geringem Ausmaß kennen das vermutlich alle Menschen, die vor einem wichtigen Vortrag stehen. Ja, diese Symptome, landläufig als Lampenfieber bezeichnet, helfen auch dabei, alle Energiereserven zu mobilisieren und den öffentlichen Auftritt gut zu absolvieren. Bei manchen Menschen allerdings nehmen die Ängste so starke Ausmaße an, dass sie regelrecht krank werden oder die Situationen ganz meiden – nicht selten mit negativen Folgen für die berufliche Entwicklung.

Hier können Verhaltenstrainings, aber auch psychologisch-therapeutische Maßnahmen helfen. In Verhaltenstrainings werden die beängstigenden Situationen mehrfach durchlaufen, mit dem Ziel, eine Gewöhnung und damit mehr Sicherheit für folgende Auftritte zu bewirken. Dazu kommen hilfreiche Tipps für den Umgang mit den Symptomen, häufig werden Präsentationstechniken vermittelt und Videoanalysen eingesetzt.

Eine andere Möglichkeit, mit Lampenfieber und Ängsten vor öffentlichen Auftritten umzugehen, ist die Beschäftigung mit den (kleinen) Traumen und Ängsten, die den Auftrittsängsten zugrunde liegen, und die Bewältigung dieser Ängste durch Interventionen aus dem Bereich der Psychologie, Psychotherapie oder des Coachings. Ob die wingwave-Methode mit ihrem Focus auf einer schnellen Identifikation Stress verursachender Auslöser in der Vergangenheit, Gegenwart oder der Zukunftserwartung und der schnellen Bearbeitung der Ängste auf der Basis bilateraler Hemisphärenstimulation geeignet ist, Auftrittsstress zu reduzieren, war Gegenstand eines Forschungsprojektes.

Die Studie

Von 2006 bis 2008 führten wir die Untersuchung in Zusammenarbeit mit dem Besser-Siegmund-Institut durch. Ziel war es, den Stellenwert der wingwave-Methode im Vergleich zu anderen Interventionen bei Auftrittsängsten zu überprüfen. Als Effektmasse wurden die individuelle Einschätzung der Angstsymptome unmittelbar vor

5 Professorin an der Medizinischen Hochschule Hannover für den Bereich „Public Health".

Präsentationen und im Zeitverlauf sowie physiologische Parameter wie Blutdruck und Herzfrequenz definiert.

Die Teilnehmer an der Studie litten alle unter Auftrittsangst und hatten sich aufgrund von Zeitungsannoncen für eine Intervention angemeldet, ohne über die Art dieser Intervention informiert zu sein. Die Intervention variierte, für alle Gruppen gleich waren jedoch die Rahmenbedingungen: Alle Studienteilnehmer mussten nach kurzer Vorbereitung vor einem unbekannten Publikum (ca. zwölf Personen) zunächst „ungecoacht" eine fünfminütige Rede zu einem allgemeinen, ihnen zugewiesenen Thema halten. Sie erhielten dann eine Coaching- bzw. Trainingsmaßnahme und präsentierten einen Tag später nach gleichem Muster wie am Vortag wieder eine Rede vor unbekanntem Publikum.

Das Design und die Teilnehmerinnen und Teilnehmer

Es wurden drei Gruppen miteinander verglichen:

1. Gruppe „wingwave +": Die Teilnehmer dieser Gruppe (n = 11) erhielten im Rahmen eines eintägigen Verhaltenstrainings (Videoaufnahmen und -analysen, Übungen, Präsentationsregeln) eine einstündige wingwave-Intervention: „wingwave +".

2. Gruppe „wingwave pur": Die Teilnehmer dieser Gruppe (n = 10) erhielten als Maßnahme zwei Stunden wingwave-Coching und kein zusätzliches Verhaltenstraining.

3. Kontrollgruppe: Die Personen dieser Gruppe (n = 10) erhielten ein eintägiges Verhaltenstraining zum Thema Auftritts- und Präsentationssicherheit (Videoaufnahmen und -analysen, Übungen, Präsentationsregeln).

Die Studienteilnehmer, 22 Frauen und neun Männer im Alter zwischen 21 und 56 Jahren, überwiegend mit einem hohen Bildungsabschluss, waren vor Beginn der Intervention nicht über die Art des Trainings bzw. der Maßnahmen informiert worden. Die Zuordnung zu der Kontrollgruppe und der Gruppe „wingwave +" erfolgte nach dem Zufallsprinzip. Der Gruppe „wingwave pur" wurde nach Auswertung der Ergebnisse der ersten beiden Gruppen zusätzlich aufgelegt, mit der Hypothese, dass Struktur und die Inhalte des Verhaltenstrainings wie Video-Feedback und Tipps zur Körpersprache selbst Stress auslösende Parameter darstellen könnten – zumindest kurz vor einem Auftritt.

Zu Beginn der Studie gaben die Teilnehmer mithilfe eines standardisierten Erhebungsinstrumentes Auskunft über ihre generellen Ängste vor Präsentationen (Lampenfieberskala), unmittelbar vor den Kurzvorträgen wurde das aktuelle physische und psychische Befinden (Auftrittsstress-Skala) erfasst. Dabei bewerteten die Vortragenden z. B. das Ausmaß ihrer Aufregung, ihres Herzklopfens, ihrer Angst, ihrer Unruhe, aber auch ihrer freudigen Erwartung oder ihrer Sicherheit auf einer Skala von 0 = gar nicht vorhanden bis 6 = sehr stark vorhanden. Die beiden Fragebögen wurden eigens für die Studie entwickelt. Bei allen Teilnehmern wurden zudem vor, während und nach jeder Präsentation der Blutdruck und die Herzfrequenz gemessen, und zwar unter Einsatz einer speziellen Technik, die eine kontinuierliche Messung über einen längeren Zeitraum erlaubt.

Ergebnisse

Hinsichtlich des Blutdrucks und der Herzfrequenz zeigten die drei Untersuchungsgruppen im Vorher-nachher-Vergleich so gut wie keine Unterschiede. Sowohl bei der ersten als auch bei der zweiten Rede hatten die meisten Probanden aus allen Gruppen eine deutliche Erhöhung des Blutdrucks und des Herzschlags. Dieses Phänomen zeigte sich auch bei den Menschen, die sich subjektiv beim zweiten Durchgang mit ihrer Rede psychisch besser fühlten. Vermutlich kann auch „positives Aufgeregt-Sein" mit erhöhtem Blutdruck einhergehen. Hinzu kommt die körperliche und auch psychische Anstrengung bzw. Konzentration, die für eine Erhöhung der Körperfunktion verantwortlich gemacht werden kann – ein Aspekt, der weiter untersucht werden sollte.

In allen drei Untersuchungsgruppen waren die negativen Gefühle und körperlichen Symptome wie Herzklopfen, Schweißausbruch oder Zittern unmittelbar vor der Präsentation beim zweiten Durchgang, also nach der Intervention, zurückgegangen. Tendenziell war diese Reduktion bei den Teilnehmern der beiden Gruppen mit wingwave höher als bei den Teilnehmern des „klassischen" Präsentationstrainings, statistisch signifikante Unterschiede zeigten sich zwischen der „wingwave-pur-Gruppe" und der Kontrollgruppe – hier bei der Reduktion der Aufregung vor dem Vortrag und weniger Herzklopfen.

Interessant sind vor allem die Unterschiede bei den positiven Emotionen im Vergleich zwischen den drei Gruppen. Die Kontrollgruppe war zu Beginn der Intervention sogar positiver als die beiden anderen Gruppen, verlor aber im Verlauf des Verhaltenstrainings an „Freudiger Erwartung" und „Spaß", während bei beiden Interventionsgruppen eine Zunahme der positiven Emotionen zu verzeichnen ist. Vor allem die Gruppe „wingwave-pur" erlebte gesteigerte positive Emotionen wie Entschlossenheit, freudige Erwartung und Spaß im Rede-Kontext. Die Unterschiede zwischen dieser Gruppe und der Kontrollgruppe sind statistisch signifikant.

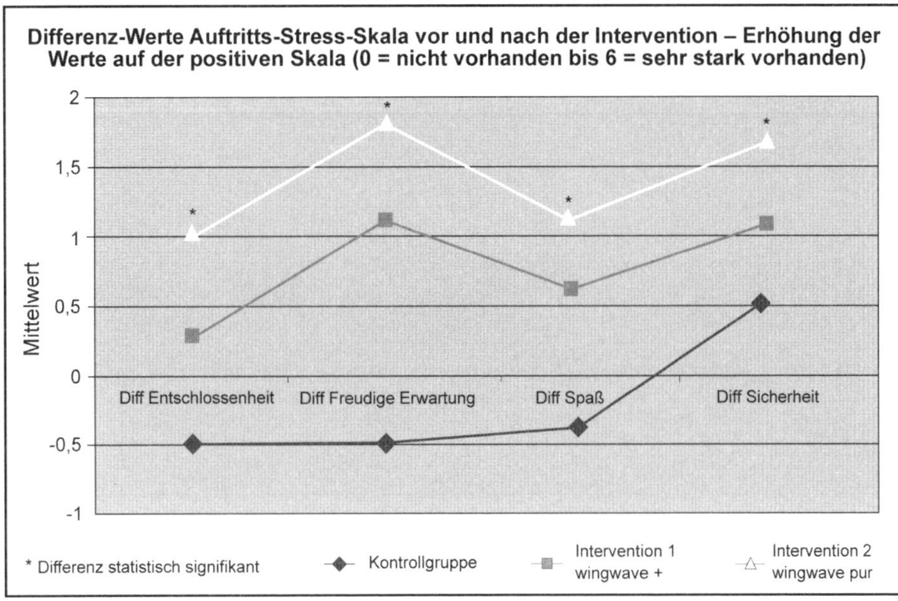

Abbildung 22: Werte vor und nach der Intervention

Die positiven Effekte bleiben auch nach dem unmittelbaren Coaching bzw. dem Verhaltenstraining bestehen. Die Befragung vier Monate nach der Intervention zeigt, dass sich die generelle Angst der Menschen, vor bestimmten Auditorien eine Rede zu halten, bei allen drei Gruppen reduziert hat. Betrachtet man insbesondere die im beruflichen Alltag relevanten Zielgruppen Kollegen, Vorgesetzte, Geschäftspartner und Fremde, lag das Lampenfieber-Niveau vor der Intervention – über alle drei Gruppen betrachtet – im Mittel bei 4,6 auf einer Skala von 0 (= kein Lampenfieber) bis 6 (= sehr starkes Lampenfieber), nach der Intervention im Mittel bei 3,5. Besonders profitierte die Gruppe „wingwave pur“ mit einer mittleren Reduktion des Lampenfiebers von knapp 2 Punkten. Die Differenz zwischen dieser Gruppe und der Kontrollgruppe ist bei Berücksichtigung der Auditorien „Geschäftspartner“ und „Fremde“ statistisch signifikant.

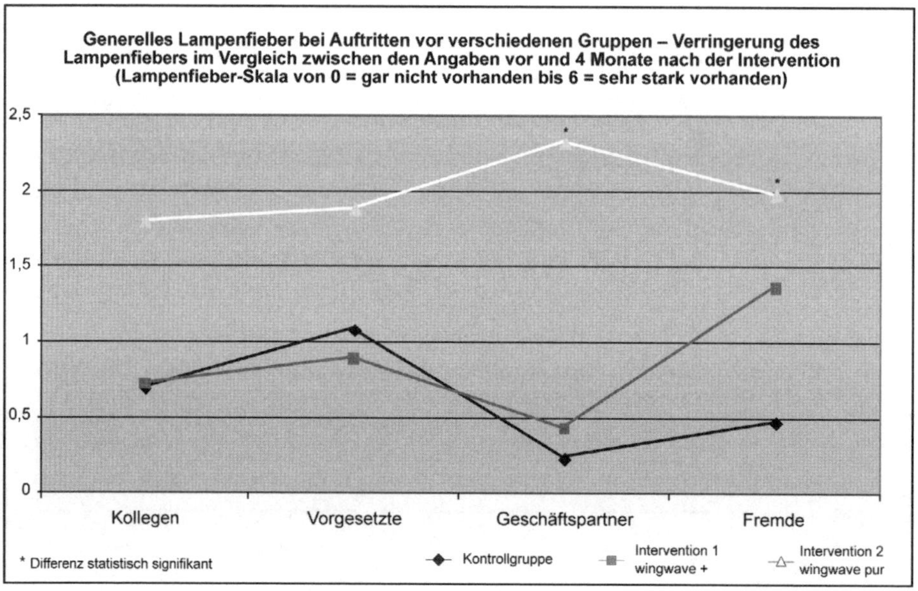

Abbildung 23: Entwicklung des Lampenfiebers vier Monate nach der Intervention

Interessant ist die Frage, ob die stärkere Intensität des wingwave-coachings (zwei Stunden) im Vergleich zu der einstündigen Intervention in der Gruppe „wingwave +" einen Einfluss auf das tendenziell bessere Abschneiden der Gruppe „wingwave pur" hat oder ob beispielsweise tatsächlich die Elemente des Verhaltenstrainings zwar hilfreich sind, aber selbst wiederum zu Stressauslösern anderer Art werden.

Diese Fragen und eine Generalisierbarkeit der Ergebnisse sind vor dem Hintergrund der kleinen Fallzahlen und der nicht weiter kontrollierten Einflussfaktoren auf die Bewertungen (z. B. soziale Erwünschtheit, Gewöhnungseffekte) und des explorativen Charakters der Studie nicht abschließend zu beantworten. Zur Festigung der Ergebnisse sind weitere Untersuchungen erforderlich.

Dennoch: Die Ergebnisse sind für den weiteren Einsatz der wingwave-Methode zur Stressreduktion bei öffentlichen Auftritten recht ermutigend, insbesondere die Tatsache, dass sich die persönliche Sicherheit in einem Vortrag und die Freude an dieser Herausforderung deutlich steigern ließen.

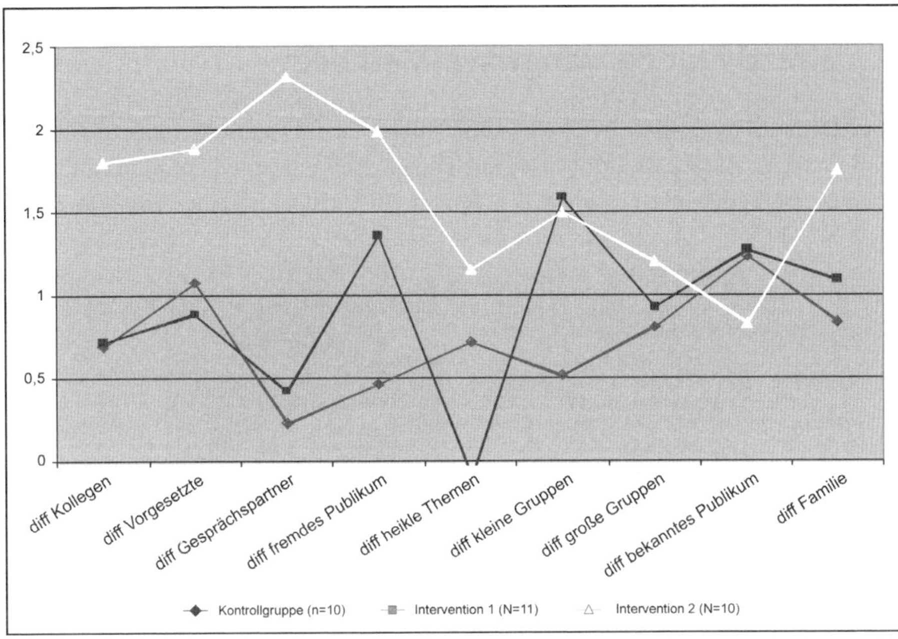

Abbildung 24:

6.3 Promotions-Arbeit von Marco Rathschlag zum Thema „Effektivität der wingwave-Methode“

Marco Rathschlag, Diplom-Psychologe und Dozent an der Deutschen Sporthochschule Köln, verfasste seine Doktorarbeit zum Thema „Self-generated emotions and their influence on physical performance“. Im Winter 2013 schloss er seine Promotion ab.

Abbildung 25: Myostatik-Test-Gerät

In Kooperation mit der Abteilung für Biomechanik und Orthopädie der Deutschen Sporthochschule in Köln wurde eine Maschine entwickelt, die den Myostatik-Test objektiviert. Unter anderem konnte signifikant belegt werden, dass kein Ermüdungseffekt bezüglich der individuellen Fingerkraft bei Probanden bei mehrfacher Durchführung des Myostatik-Tests auftritt. Für diese Dissertation wurde der Einfluss verschiedener Emotionen auf die beim Myostatik-Test aufgewendete Muskelkraft beforscht.

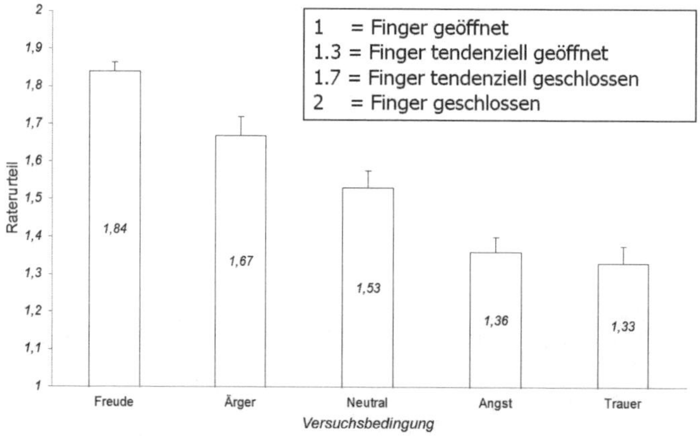

Abbildung 26: Einfluss verschiedener Emotionen auf die Muskelkraft

Anstelle eines Menschen wurde mithilfe der objektiven Maschine an den Fingern gezogen. Zunächst war untersucht worden, bei welcher Emotion Probanden die meiste Kraft aufbringen. Die Teilnehmer der Studie sollten dafür an Situationen in ihrem Leben denken, die sie mit unterschiedlichen Gefühlen in Verbindung brachten. Das Ergebnis war eindeutig: Bei der Emotion Freude konnten die Probanden die größte Kraft in ihren Hand- und Fingermuskeln aufbringen.

Signifikant waren die Kraftergebnisse also zuerst bei der Emotion Freude und an zweiter Stelle bei der Emotion Ärger. Das schwächste Kraftergebnis zeigte sich bei den Emotionen Trauer und Angst. Insofern macht es Sinn, den Kraftzuwachs beim Myostatik-Test also positiven Coaching-Effekt zu deuten.

Im Folgeprojekt wurde untersucht, welch entstressende Wirkung eine einstündige wingwave-Intervention auf ein Angstthema ausüben kann. Für die Studie meldeten sich 50 Studenten mit „gemischten" Angstthemen. Darunter waren Prüfungs- und Auftrittsängste, Ängste vor bestimmten Konflikten oder alltägliche Ängste wie Fahrstuhlfahren. In allen Fällen handelte es sich um „isolierte" Ängste, welche die Personen nur in ganz bestimmten Situationen beeinträchtigten. Ansonsten fühlten sich die Probanden gesund, arbeitsfähig und allen wichtigen Lebenssituationen gewachsen.

25 Teilnehmer wurden mit der wingwave-Methode gecoacht, die anderen 25 kamen in eine Kontrollgruppe ohne Intervention. Bei allen Teilnehmern wurde eingangs mit dem Myostatik-Test-Gerät die Fingerkraft beim Denken an das Angstthema gemessen. Es ergaben sich ähnlich schwache Werte wie in der Vorstudie. Weiterhin unterzogen sich alle Studienteilnehmer zwei schriftlichen psychologischen Tests, in denen Werte zum konkreten Angstthema, aber auch zum allgemeinen Ängstlichkeits-Niveau erfasst wurden.

Abbildung 27 zeigt, dass es bei der wingwave-Gruppe zwei Wochen nach der einstündigen Intervention eine deutliche Zunahme der Fingerkraft-Reaktion beim Myostatik-Test gab, wenn die Probanden an das nun gecoachte Angstthema dachten. Die Kontrollgruppe testete ungecoacht nach wie vor schwach.

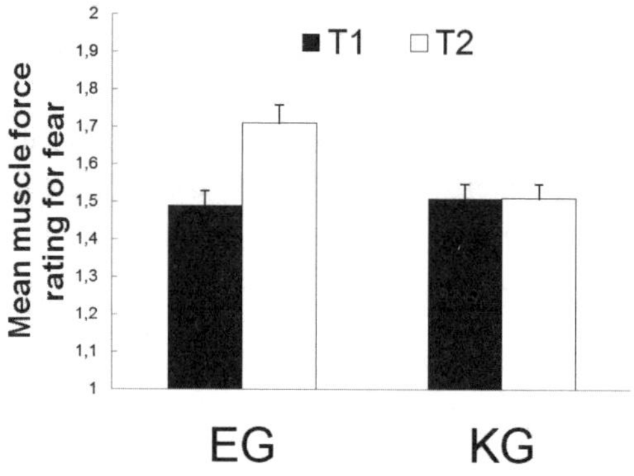

Abbildung 27: Fingerkraft-Reaktion nach zwei Wochen

Auch bei den psychologischen Tests trat eine deutliche Verbesserung bei der wingwave-Gruppe ein: Die Angstwerte sanken sowohl beim konkreten Angstthema als auch bei der allgemeinen Ängstlichkeit.

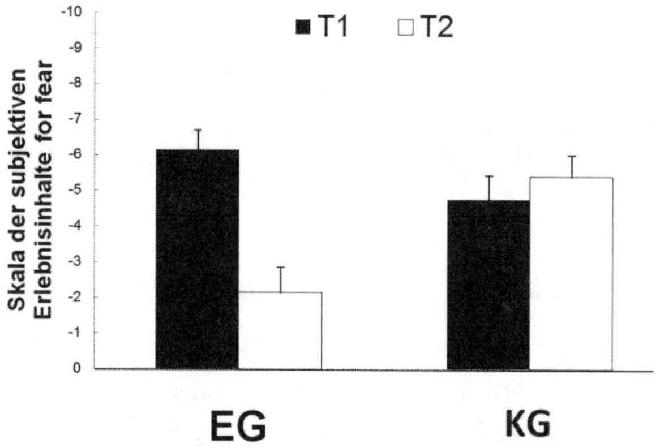

Abbildung 28: Ergebnisse auf der Skala des subjektiven Erlebens

Das Gesamtergebnis spiegelt sich nochmals in der „Skala des subjektiven Erlebens", die beim wingwave-Coaching als Befindlichkeitsanzeige genutzt wird. Wieder sieht man eine deutlich positive Entwicklung der wingwave-Gruppe im Vergleich zur Kontrollgruppe.

wingwave-Coaching bewirkt demnach einen signifikanten Rückgang der als körperlich negativ empfundenen Emotion Angst, senkt die generelle Ängstlichkeit und verstärkt die Wirkung von positiven Emotionen.

Darüber hinaus kann unabhängig von der Methoden-Betrachtung gesagt werden, dass Stresslinderung und positive Emotionen bei einem Menschen eine messbar gesteigerte Kraft in den Händen und wahrscheinlich in der Muskulatur des gesamten Körper bewirken. Daher wäre es sehr sinnvoll, jeden Coaching- oder auch Therapie-Prozess unter Beachtung der individuellen körperlichen Kraftantworten der Coachees zu gestalten. Diesem Thema widmet sich ab 2015 der Methodenverband „Gesellschaft für Neurolinguistisches Coaching – NLC". Alle Infos gibt es dann unter ↗ http://www.nlc-info.com.

Im Februar 2014 wurden Marco Rathschlags Forschungsergebnisse in dem Artikel „Reducing anxiety and enhancing physical performance by using an advanced version of EMDR: a pilot study" in dem renommierten Wissenschaftsmagazin *Brain and Behavior* veröffentlicht und damit auch einem internationalen Fachpublikum vorgestellt.

Insgesamt sind an der Deutschen Sporthochschule Köln fünf interessante Bachelorarbeiten zum Thema wingwave entstanden, beispielweise auch zur entstressenden Wirkung der wingwave-Musik.

Ausführlich die Ergebnisse verschiedener Studien zur „Freudeforschung und wingwave-Grundlagen-Forschung" stellt Marco Ratschlag in dem Buch „Mit Freude läuft's besser" vor (S. 39–81). Das Buch entstand in Zusammenarbeit mit Cora Besser-Siegmund und erschien 2013.

6.4 Ergebnisse einer Studie zu Sportverletzungen[6]

Die Arbeit beschäftigt sich mit der wingwave-Methode und ihrer Auswirkung auf die psychische Rehabilitation nach Sportverletzungen. Grundlage der Untersuchung ist die Annahme, dass eine schwere Sportverletzung nicht nur körperliche Schäden hinterlässt, sondern sich auch auf die psychische Verfassung der Betroffenen auswirkt. Oft ist zu beobachten, dass die Sportler trotz ihrer medizinischen Ausheilung noch über mentale Probleme klagen. Ein Erklärungsansatz dafür stellt das Erleben eines Stresszustandes dar, der durch die Ausbildung einer Blockade leistungshemmend wirken kann. Der Einsatz der Kurzzeit-Coaching-Methode wingwave soll dazu beitragen, diese Blockade zu lösen und die Leistungsfähigkeit des Verletzten auf mentaler Ebene wieder herzustellen.

Um einen möglichen Effekt der Coaching-Methode zu untersuchen, wurde ein Versuchsdesign mit einem Vergleich zweier Messzeitpunkte gewählt. Zwischen diesen Punkten erhielt jeder der zwölf Probanden ein einstündiges wingwave-Coaching. Vier ausgewählte Coaches betreuten die Probanden, die Verletzungen unterschiedlicher Art und Schwere erlitten hatten. Die Messinstrumente waren die Skala der subjektiven Erlebnisinhalte nach Besser-Siegmund sowie ein Fragebogen zur Erfassung der subjektiven Bewertung. Sie wurden je einmal vor dem Coaching und direkt danach eingesetzt. Die Skala zeigt das momentane Belastungsempfinden bei der Erinnerung an die Verletzungssituation. Der Fragebogen erfasst den Einfluss leistungshemmender und leistungsfördernder Faktoren.

Die wichtigsten Ergebnisse zeigten eine statistisch hoch signifikante Veränderung zwischen zwei Messpunkten. Damit bestätigten sich die vier aufgestellten Hypothesen. Die belastende Wirkung der Erinnerung an die Verletzungssituation nahm nach dem Einsatz des Coachings ab. Die Ergebnisse der Probanden wurden auch anhand der Verletzungsart verglichen. Hierbei bestätigen die Ergebnisse, dass die wingwave-Methode unabhängig von der Art der Verletzung wirkt. Außerdem ergab der Vergleich der Ergebnisse der unterschiedlichen Coaches, dass die positive Wirkung nicht auf die durchführende Person zurückzuführen ist, sondern auf die Eigenschaften der Methode selbst.

Zusammenfassend lässt sich feststellen, dass die Methode des wingwave-Coaching einen positiven Einfluss auf die mentale Verfassung des Probanden hat. Somit kann ihr Einsatz die psychische Rehabilitation eines Sportlers nach einer Verletzung unterstützen und zur Steigerung des subjektiven Wohlbefindens beitragen.

---

6 Zusammenfassung einer Bachelorarbeit von Vera Schellewald, Deutsche Sporthochschule Köln, 2010.

6.5 Untersuchungen zur Nachhaltigkeit der positiven Effekte von wingwave-Coaching

Dominik Kutscha untersuchte an der Deutschen Sporthochschule Köln drei Monate nach der Erfolgsmessung von Vera Schellewald die an der Studie beteiligten Sportler ein zweites Mal und konnte die Konstanz der Ergebnisse feststellen. Seine Bachelor-Arbeit zu dieser Nachhaltigkeitsstudie ist auch als Buch erschienen[7].

Eine weitere Nachhaltigkeitsmessung zur Überprüfung der Effekte von wingwave im Einsatz gegen Spinnen-Phobien fand unter der Leitung von Marco Rathschlag neun Monate nach den Interventionen statt und konnte ebenfalls den Anhalt der positiven Interventions-Effekte bestätigen.

Das Besser-Siegmund-Institut selbst führte im Jahr 2004 Auswertungen von 871 Klientenergebnissen nach den standardisierten Dokumentationsunterlagen von 23 Coaches durch. Demnach erreichten 70 % der Coachees nach durchschnittlich vier Stunden wingwave-Coaching ihre anfangs definierten Ziele. Diese Wirkung hielt bei über 70 % der untersuchten Klienten länger als ein halbes Jahr an.

7 D. Kutscha (2012): Der Einsatz der wingwave-Methode nach Sportverletzungen – eine Nachfolgeuntersuchung. Saarbrücken: Akademiker-Verlag.

7. Ressourcen-Selbstcoaching mit und ohne wingwave-Musik

Die Studie in Zusammenarbeit mit der Medizinischen Hochschule Hannover zeigt auf, welch besonderen Wert wingwave-Coaching für die langfristige Bereitstellung von positiven Emotionen haben kann. In diesem Kapitel stellen wir nun Formate vor, mit denen Coaches den bisher beschriebenen wingwave-Prozess auch als gezieltes Ressourcen-Coaching einsetzen. Dieses Ressourcen-Coaching eignet sich auch sehr gut als Selbstmanagement-Methode. Damit Sie die hier vorgestellten Methoden für sich selbst ausprobieren können, beschreiben wir zum Einstieg gleich das Vorgehen im Selbstcoaching.

Ein Ressourcen-Coaching bezieht sich immer auf bereits vorhandene mentale Kraftquellen im Menschen. Das reine Trainieren von Fähigkeiten kann dadurch aber nicht ersetzt werden. Ein Sportler beispielsweise muss seine allgemeine Fitness und vor allem die besonderen Bewegungsabläufe seiner Sportart regelmäßig trainieren. Ressourcen-Coaching kann aber darauf einwirken, in welcher mentalen Aktivierung jede Art von Leistung erfolgt. Es kann dafür sorgen, dass besagter Sportler auch auf „Durststrecken" positiv motiviert bleibt, dass er in entscheidenden Situationen von angenehmer Kraft statt von Angst durchströmt wird, dass sich seine Reaktionsgeschwindigkeit und Kreativität auf Spitzenniveau halten und dass das Nervensystem eine hohe Lernbereitschaft erlangt und behält.

In einigen Abschnitten in diesem Kapitel fassen wir nach Darstellung des jeweiligen Coaching-Themas nochmals die wichtigsten Schritte für ein Selbstcoaching zusammen. Manchmal sind diese Zusammenfassungen kurz gehalten. Hier konzentrieren wir uns dann nur auf die wesentliche Strategie, die der Intervention ihr spezielles Profil gibt. Dieses Kapitel kann übrigens die vielfältigen Kombinationsmöglichkeiten von wingwave nur kurz vorstellen und auch nur einige ausgewählte NLP-Elemente. Es gibt noch viel mehr Interventionen, wie beispielsweise das Arbeiten mit der Timeline oder imaginative Aufstellungsarbeit, wie wir sie in unserem Buch „Imaginative Familienaufstellung" beschreiben. Die folgenden Seiten sind also eher als „Appetithappen" zu verstehen.

7.1 Drei Selbstcoaching-Techniken

Eingangs möchten wir gleich erwähnen, wo Selbstcoaching mit den hier vorgestellten Methoden keinesfalls eingesetzt werden sollte: beim Aufarbeiten von resistenten Stress-Imprintings und beim Belief-Coaching, das in Kapitel vorgestellt wird. Bei PSI vermag sich kaum ein Mensch von sich selbst so weit zu distanzieren, dass er oder sie gleichzeitig Coach und Betroffene/r sein kann. Das Ergebnis eines solchen Selbstversuchs könnte leider sein, dass man sich in der Dornenhecke seines inneren Dornröschenschlosses verheddert und so inneren Stress antriggert, anstatt ihn zu beruhigen und zu integrieren. Wir möchten also hier vor einem Selbstcoaching-Versuch ausdrücklich warnen und dringend empfehlen, sich bei solchen Themen immer einem professionellen Coach anzuvertrauen.

Belief-Coaching ist zwar nicht ganz so heikel, als Selbstcoaching aber oft uneffektiv. Es ist nämlich nicht so einfach, seinen unbewussten inneren Kognitionen selbst auf die Schliche zu kommen – schließlich sind sie ja unbewusst. Ein Außenstehender kann sich da viel eher einen Überblick über Ihre ungünstigen Gedankenmuster verschaffen, mit denen Sie sich Ihr Leben unabsichtlich erschweren oder komplizieren. Auch hier führt also die Zusammenarbeit mit einem Coach zu schnelleren und besseren Ergebnissen. Aber auch für Selbstcoaching-Themen empfehlen wir eine praktische Einarbeitung durch einen entsprechend ausgebildeten wingwave-Coach.

Im Folgenden lernen Sie drei Möglichkeiten der Selbst-Intervention kennen. Probieren Sie bitte aus, welche dieser Techniken für Sie am angenehmsten oder effektivsten sind. Bei allen dreien geht es um die Aktivierung einer sogenannten bilateralen Hemisphärenstimulation. Oder einfach ausgedrückt: Man kann beide Gehirnhälften motivieren, optimal bezüglich des anvisierten Themas zusammenzuarbeiten.

Interventionsmöglichkeit 1: Selbst initiierte Augenbewegungen

Einige unserer Klienten kommen sehr gut damit zurecht, die Augenbewegungen selbst zu initiieren. Dabei sucht man sich jeweils rechts und links im jeweiligen Blickfeld optische Fixpunkte, wie etwa ein Fenster oder eine Vase, zwischen denen man dann den Blick wie einen Scheibenwischer hin- und herwandern lässt.

Interventionsmöglichkeit 2: wingwave-Musik

Die meisten unserer Klienten bevorzugen beim Selbstcoaching den Einsatz der speziell von uns entwickelten wingwave-Musik, die für den bilateralen Stimulationseffekt über Kopfhörer gehört wird. Sie finden im Buch auf der beiliegenden CD einen wingwave-Song. Sollten Sie weiter mit dem Musik-Training arbeiten wollen, können Sie für Ihr persönliches wingwave-Selbstcoaching im wingwave-Online-Shop noch weiter CDs sowie die MP3-Downloads der Alben und einzelnen Stücke erwerben. Die Bezugsquelle nennen wir im Anhang. Auch über die wingwave-App können sie die wingwave-Musik downloaden.

Wie Sie schon wissen, wird ein musikalisches Thema im „Winke-Takt" mit wechselnden Grundtönen am linken und rechten Ohr untermalt. Während des Hörens durchläuft man dann seine Selbstcoaching-Themen. Mit dieser Technik arbeitete übrigens auch der anfangs erwähnte Musiker Leo zur Aktivierung seiner texterischen Kreativität. Sie eignet sich auch sehr gut, um zu seiner inneren Ruhe zurückzufinden. Weiterhin kann man die Musik auch bei einer körperlichen Aktivität – beispielsweise beim Joggen – hören.

Interventionsmöglichkeit 2: Butterfly-Technik

Als dritte Methode empfehlen wir die bereits vorgestellte „Butterfly-Technik". Sie können sie sehr gut im Liegen oder im bequemen Sitzen anwenden. Hierbei kreuzen Sie die Unterarme über dem Brustkorb, sodass Ihre Hände beide Schultern berühren können. Nun können Sie mit den Handflächen die Schultern durch leichtes abwechselndes Klopfen im „Winke-Takt" berühren und so den gewünschten neuronalen Stimulationseffekt erzielen.

Wir möchten mit Ihnen die Verabredung treffen, als Oberbegriff für alle „Hin- und Her-Techniken" ab jetzt den Begriff „Processing" zu benutzen. „Bilaterale Hemisphärenstimulation" ist für den allgemeinen Sprachgebrauch einfach zu unkomfortabel. In der praktischen Anwendung heißt es dann beispielsweise: „Jetzt wird das Processing durchgeführt." Dabei steht frei, ob es sich um Augenbewegungen, auditive Stimulation oder um die Butterfly-Technik handelt. Der Begriff repräsentiert die Information, dass die jeweiligen bilateralen Stimulationen eine beschleunigte Verarbeitung und Integration eines mentalen Themas bzw. einer Erinnerung bewirken. Mit dem Begriff „Set" ist dann – wie schon beschrieben – ein einzelner von mehreren Bewegungsdurchgängen gemeint.

7.2 Kraftquellen bewusst aktivieren

Jeder Mensch hat in seinem Leben schon viele kraftvolle, glückliche oder zufriedene Momente erlebt. Die positive Gefühlsqualität hat ihren Ursprung jedoch nicht nur in der von außen einwirkenden Situation. Vielmehr ist es eine Fähigkeit in uns, die Wahrnehmungen in positive Gefühle und Emotionen verwandelt. Diese positiven Kräfte gehen uns in bestimmten Situationen nicht etwa verloren, wie man manchmal befürchten könnte, sondern man kommt nicht immer an sie heran – was einen erheblichen Unterschied bedeutet. Kraftquellen kann jeder Mensch in sich abrufen, niemand muss passiv darauf warten, dass eine äußere Situation sie auslöst, wie folgendes Beispiel zeigt.

Unser Klient Peter interessiert sich brennend für einen neuen Job und wird schließlich zu einem Assessment-Center eingeladen. „Mir ist doch ziemlich mulmig zumute, weil ich nicht richtig weiß, was da auf mich zukommt", äußert Peter seine Befürchtungen. Wir bitten ihn, eine Situation in seinem Leben zu suchen, in der er auch nicht wusste, was auf ihn zukommen würde, in der ihm angesichts dieser Unsicherheit jedoch nicht mulmig zumute war. Schnell werden wir fündig: Peter ist ein begeisterter Fußballspieler. Vor einem Fußballspiel kann er sich auch nicht gezielt auf jeden Spielzug vorbereiten, da jedes Spiel anders verläuft. Trotzdem freut er sich sogar auf die vielen Überraschungen. „Irgendwie weiß ich genau, dass ich allen Unberechenbarkeiten gewachsen bin."

Zunächst fordern wir Peter auf, sich einen Finger oder auch Zeh herauszusuchen, mit dem er gut wackeln kann. Denn dieses Wackeln soll später zum motorischen „Erfolgsschalter" für ein willentliches Aufrufen von positiven Gesamtzuständen werden. Peter entscheidet sich für den rechten kleinen Finger. Dann bitten wir ihn, an ein besonders aufregendes Spiel zu denken, dass ihm Spaß gemacht hat und in dem er über ein schnelles und flexibles Reaktionsvermögen verfügte.

Ab dieser Stelle können Sie wieder Phasen der bereits bekannten wingwave-Intervention erkennen. „Suchen Sie sich in Gedanken bitte einen intensiven Spielmoment heraus, den Sie in besonders guter Erinnerung haben, von dem Sie wissen, dass Sie da so richtig in Ihrem Element waren." Peter nickt. „Nun suchen Sie nach einem positiven Ich-Satz, der Ihre Selbstwahrnehmung treffend ausdrückt." Die Antwort kommt spontan: „Ich schaffe das." Als Emotion nennt Peter dann den Begriff „Power". Das ist zwar keine klassische Emotion, aber für Peter ist es das Wort, das seinen psychophysiologischen Gesamtzustand am besten beschreibt. „Nehmen Sie jetzt das Power-Gefühl wahr, das die Erinnerung in Ihnen auslöst. Wie intensiv ist es jetzt, in diesem Moment, wenn Sie an das Spiel denken?" Peter gibt den Wert mit +5 Punkten auf der Wellness-Seite der Befindlichkeitsskala an. Wir testen noch den Satz: „Diese

Power ist die richtige Energie für das Assessment-Center." Der Test fällt stark aus. Bei einem schwachen Test hätten wir weitere Ressourcen suchen und testen müssen, aber hier finden wir spontan die „richtige Zutat".

Man fragt also nicht: „Wie stark haben Sie diesen Zustand damals empfunden?" Man erfragt vielmehr, wie stark die positive Befindlichkeit durch die reine Erinnerung hier und heute hervorgerufen wird. Danach folgt der intensive Bodyscan auf der Suche nach dem Körperecho: „Wo genau im Körper befindet sich die Erinnerung an dieses Power-Erlebnis?" Manchmal unterstützen wir den Bodyscan noch mit folgender Frage: „Stellen Sie sich vor, ich wäre ein Marsmensch oder Mr. Spock und kenne mich mit Gefühlen überhaupt nicht aus. Ich will nun ganz genau beschrieben haben: ‚Wie macht sich eine Begeisterung oder ein Powergefühl körperlich bemerkbar? Kribbeln dann die Ohren oder kriegt man einen heißen großen Zeh?'"

Diese Vorstellung inspiriert viele Klienten zu ganz genauem Hinfühlen beim Bodyscan. „Mein Brustkorb fühlt sich leicht an, als wäre er von einer Energie durchströmt. Zusätzlich habe ich ein besonders gutes, angenehm kühles Gefühl um die Augen herum – wie man sich fühlt, wenn man hellwach und präsent ist." Nach dem Bodyscan führen wir das Processing durch. In Peters Fall ist es das klassische langsame Genuss-Winken. Schon nach dem ersten Set verstärkt sich das Gefühl spürbar. Man macht dann so lange weiter, bis der gute Gesamtzustand keine Steigerung mehr erfährt. Zum Schluss hat sich Peters subjektiver Powerzustand beim Denken an die Spielszenen auf + 8 gesteigert. Peter macht nochmals den Bodyscan. Jetzt aber wackelt er beim Nachfühlen des positiven Körperechos mit dem rechten kleinen Finger. Gleichzeitig denkt er an den Satz „Ich schaffe das". So wird der positive innere Gesamtzustand an die Bewegung des „Erfolgsschalters" geankert.

Nach dieser Vorbereitung bitten wir Peter, an das bevorstehende Assessment-Center zu denken und gleichzeitig bei der Vorstellung mit dem kleinen Finger zu wackeln. „Ich spüre sofort dieses angenehme Strömen im Brustkorb", sagt er spontan. „Das mulmige Gefühl ist völlig weg." Wir verankern diese positive Entwicklung mit mehreren Sets langsamer REM-Phasen. Peters gutes Gefühl entwickelt sich mit dieser Intervention auf der „Wellness-Skala" bis zu Punkt +5.

In der realen Situation ein paar Tage später setzt Peter dann immer wieder seinen Erfolgsschalter ein, wackelt also ab und zu unauffällig mit dem kleinen Finger. Er fühlt sich während des ganzen Assessment-Centers in der Ressource und kann sich auf jede noch so überraschende Situation sofort einstellen. Und: Er bekommt die ersehnte Position. „Interessant ist, dass ich mich morgens sogar auf das Auswahlverfahren gefreut habe", berichtete er später. Diese Aussage erinnert an die Forschungsergebnisse zum Thema „Positive Emotionen durch wingwave-Coaching".

Dieses Gefühlsmanagement ist ein pro-aktiver, vorbereitender Ansatz. Sie entscheiden, in welcher Verfassung Sie in eine bestimmte Situation hineingehen möchten, und lösen vor Beginn Ihres Auftritts eine positive Verfassung in sich aus. Sie warten nicht ab, was die Situation mit Ihnen macht, sondern Sie machen etwas mit der Situation. Vor allem im Bereich der zwischenmenschlichen Kommunikation erzielen Sie mit dieser Methode schon in den ersten Sekunden einer Begegnung eine positive persönliche Ausstrahlung auf Ihre Umgebung.

Sie können übrigens mehrere Ressource-Zustände an Ihrem persönlichen Erfolgsschalter „sammeln“. Ihr Unbewusstes ist klug genug, dann im entsprechenden Kontext genau die passenden Ressourcen zu aktivieren.

Selbstcoaching-Tipp: Kraftquellen bewusst aktivieren

Vorbereitung: Entscheiden Sie sich für Ihre Selbstcoaching-Technik – Augenbewegungen, Butterfly-Technik oder wingwave-Musik. Die wingwave-Musik können Sie gleich ab Punkt 1. hören.

1. Denken Sie an eine zukünftige Situation, in der Sie Ihre positiven Ressourcen brauchen.
2. Bestimmen Sie einen „Erfolgsschalter“: Finger, Daumen, großer Zeh usw.
3. Denken Sie nun an eine vergangene Situation, in der Sie genau die Ressourcen hatten, die Sie sich für die zukünftige Situation wünschen: Gelassenheit, Begeisterung, Mut, Wachsamkeit, Reaktionsschnelligkeit, Humor, Distanz usw. Dabei ist es völlig egal, in welcher konkreten Situation das war. Entscheidend ist nicht, was Sie gemacht haben, sondern *wie*, also mit welcher inneren Aktivierung Sie die Situation gemeistert oder erlebt haben.
4. Suchen Sie den besten Moment heraus, den Sie ab jetzt fokussieren.
5. Bestimmen Sie einen positiven Ich-Satz, der Ihre Wahrnehmung von sich selbst auch heute treffend beschreibt.
6. Benennen Sie die Emotion, die auf den Gesamtzustand zutrifft: Freude, Zufriedenheit, Begeisterung usw.
7. Ordnen Sie dieser positiven Gesamtbefindlichkeit auf der Wellness-Skala einen Wert zwischen 0 und +10 zu.
8. Machen Sie den Bodyscan, um das positive Körperecho auf die angenehme Erinnerung hin zu fokussieren.
9. Führen Sie das Processing durch, bis das Wellness-Erlebnis nicht mehr zu steigern ist.
10. Spüren Sie das gute Gefühl, denken Sie an den positiven Ich-Satz und wackeln Sie jetzt zum Verankern mit dem Erfolgsschalter.
11. Denken Sie an die zukünftige Situation und benutzen Sie dabei Ihren Erfolgsschalter. Auf diese Weise hat Ihr Unbewusstes jetzt schon das zukünftige Ereignis mit einer inneren Kraftquelle in Verbindung gebracht.
12. Verankern Sie das positive Erlebnis durch einige weitere Sets, wackeln Sie dabei weiterhin mit dem Erfolgsschalter.
13. Wenn Sie die Situation live erleben, setzen Sie gezielt Ihren Erfolgsschalter ein.

7.3 Positive Selbstmotivation

NLP-erfahrene Leser haben vielleicht schon vermisst, dass bei den hier vorgestellten Interventionen der auditive Sinneskanal – also das Hören – als Erlebnisspektrum etwas unterrepräsentiert ist. Dabei gehört die Berücksichtigung aller Sinneskanäle in der inneren und äußeren Wahrnehmungsverarbeitung zu einem erfolgreichen Coaching-Prozess dazu, denn natürlich kann man mit der Methode nicht nur visuelle Repräsentationen wie erinnerte Bilder, sondern auch auditive innere Wahrnehmungen positiv verändern. Hierzu gehört beispielsweise der intrapersonelle Dialog, den jeder und jede von uns ständig mit sich führt. Diese Selbstansprache bewirkt oft unbewusst wortwörtlich die „Stimmung", in der sich ein Mensch befindet.

Vergegenwärtigen Sie sich einmal, dass Sie bereits wenige Sekunden nach dem Aufwachen im Denken Ihre Sprache benutzen: „Oh, wie spät ist es? Bin ich rechtzeitig wach geworden? Kann ich vielleicht noch ein paar Minuten liegen bleiben?" Nach ein paar Minuten wird die innere Ansprache dann schon etwas strenger: „Los, hoch jetzt!" Auf diese Weise moderieren wir innerlich den ganzen Tag unsere Erlebnisse und unsere Taten.

Diese Selbstkommunikation ist ein unverzichtbares Selbstmanagement, das jeder Mensch für sich einsetzt. Vor allem findet auch die Selbstmotivation über dieses Prinzip statt. Nicht nur Bilder und Visionen beflügeln uns zu Leistungen, sondern auch die innere Stimme. Diese muss ganz besonders viel leisten, wenn man beispielsweise auf dem Weg zum Ziel einmal eine anstrengende Phase überwinden muss.

Eigentlich sollte man sich in Phasen des Durchhaltens selbst ein optimaler Coach sein, um die erforderlichen Energien zu mobilisieren. Genau hier hapert es aber bei den meisten unserer Coaching-Kunden. Sie versuchen es natürlich manchmal mit Power-Sätzen wie „Du schaffst es" oder „Ich bin erfolgreich", aber der Satz an sich bringt noch nicht den zündenden Effekt. Werden diese Sätze innerlich panisch und hastig gekreischt, hat das eher eine erschreckende als eine motivierende Wirkung. Das Gleiche gilt für einen drohenden Befehlston oder vorwurfsvolles Jammern. Zu allem Überfluss verschärft sich meistens der unangenehme Ton der inneren Stimme in hektischen Momenten und treibt das Stress-Arousal weiter in die Höhe.

Der Ton Ihrer inneren Stimme hat auf Sie genau die gleiche Wirkung, als würde jemand von außen zu Ihnen sprechen. Hektische, schimpfende oder panisch-schnelle Stimmen ziehen einen herunter, egal wie aufbauend der Satzinhalt selbst gemeint sein mag. Sie wirken also demotivierend. Deshalb ist es sehr wichtig, den inneren Tonfall in die richtige „Musik" zu verwandeln, gemäß dem Sprichwort: „Der Ton macht die Musik." Gerade in anstrengenden Zeiten kann eine positive innere Stimmlage einen aufbauenden oder gar mitreißenden Effekt haben.

Wenn Sie wahrnehmen, dass Ihnen Ihre inneren Gedanken in Form von Sätzen und innerem Sprechen durch den Kopf rasen, dröhnen oder jammern, nutzen Sie Ihre Processing-Methode. Sie werden feststellen, dass die auditiven Gedanken schnell angenehmer werden. Die innere Stimme fängt an, ruhig, besonnen oder angenehm kraftvoll zu werden – je nachdem, was auf Sie besonders motivierend wirkt. Das Erstaunliche an den wingwave-Effekten ist – wie bereits beschrieben –, dass sich beim Processing unbewusst und automatisch genau die Lösung findet, die für Sie persönlich den positivsten Effekt hat. Beim NLP haben wir immer gesagt: „Bitte beschreiben Sie, wie eine Stimme zu Ihnen reden müsste, damit Sie sich optimal motiviert fühlen." Genau dieser Schritt wird im wingwave-Coaching überflüssig, da sich hier die besten Ergebnisse ohne Nachfragen und ohne Vorschläge vonseiten des Coaches meist ganz von allein während des Processings ergeben.

Je öfter Sie dieses Selbstcoaching anwenden, desto häufiger werden Sie auch in stressigen Situationen eine positive Eigenmotivation einsetzen. Nutzen Sie diese Methode vor allem, wenn Sie unangenehme Überraschungen erleben und Sätze denken wie: „Oh, wie schrecklich" oder ein panisches „Was mach ich nur, was mach ich nur?!" Verwandeln Sie Ihre innere Stimme mit der Methode rasch in einen kraftvollen Energiespender und Sie werden sich schnell motiviert fühlen und eine kreative Lösung für die jeweilige Situation finden.

Übrigens können Sie auch diese Form der positiven Selbstmotivation bei sich ankern. Wann immer es Ihnen gelingt, die innere Stimme besonders sympathisch und motivierend klingen zu lassen, fassen Sie sich einfach an eines Ihrer Ohrläppchen. Haben Sie das öfter gemacht, löst später der kurze Griff ans Ohrläppchen blitzschnell die motivierende Stimme und damit eine gute konstruktive Stimmung in Ihnen aus.

Selbstcoaching-Tipp: Die positive innere Ansprache

Vorbereitung: Wählen Sie Ihre Processing-Technik. Wenn Sie sich für die Musik entschieden haben, lassen Sie diese vorerst noch ausgeschaltet.

1. Überprüfen Sie einmal bewusst: Welche Qualität hat Ihre innere Stimme, wenn Sie in einer Spitzenleistungssituation oder in einem Stressmoment Ihre Gedanken denken? Erinnern Sie eine solche Situation oder warten Sie ab, bis eine solche demnächst kommt, und führen Sie den „Stimmen-TÜV" dann live durch.

2. Wenn Sie sich nicht sicher sind, dass diese innere Stimme in ihrer speziellen Tonalität Ihnen optimale Kraft schenkt, bestimmen Sie, was an ihr eher demotivierend wirkt:
   - Ist sie laut und hektisch?
   - Ist sie zu schnell?
   - Ist sie schimpfend und drohend?
   - Ist sie spöttisch und herablassend?
   - Ist sie eindringlich flüsternd?
   - Ist sie jammernd?
3. Wenn Sie mit der Musik arbeiten, setzen jetzt die Kopfhörer auf. Leser mit den anderen Techniken bereiten sich auf das Butterfly-Klopfen oder die Augenbewegungen vor. Lassen Sie jetzt diese Stimme vor dem inneren Ohr erklingen. Führen Sie Ihr Processing so lange durch, bis sich die innere Stimme wandelt und sympathisch und motivierend wirkt. Je nachdem, was Ihnen die bestmöglich innere Stärkung verleiht, könnte das sein:
   - ruhig und gelassen
   - spielerisch und humorvoll
   - dynamisch und mitreißend
   - freundschaftlich und empathisch
   - kraftvoll und überzeugend
4. Ankern Sie den Effekt an Ihrem Ohrläppchen und nutzen Sie diesen Anker, wann immer Sie einen kraftvollen Motivationsschub benötigen.

7.4 Selbstbild-Coaching: Die persönliche Ausstrahlung leuchten lassen

Natürlich hängt die persönliche Ausstrahlung eines Menschen von vielerlei Faktoren ab. Zu den wichtigsten zählt das Selbstbild, das ein Mensch von sich entwickelt hat. Es ist eine verbreitete Weisheit, dass wir auf unsere Mitmenschen umso positiver wirken, desto einverstandener wir mit unserem Selbstbild sind. Viele Menschen haben aber ein zwiespältiges Verhältnis zur eigenen Erscheinung. Oft registriert man an sich Makel, die den anderen gar nicht auffallen. Vielleicht hat man ja tatsächlich heute einen Pickel, aber die anderen sehen ihn nicht so leuchtend in Großaufnahme wie man selbst morgens beim Blick in den Spiegel.

Sie selbst achten bei einem Gegenüber auch nicht mit der Lupe auf Details, sondern entscheidend ist doch der sogenannte Gesamteindruck, den eine Person bei Ihnen hinterlässt. Der setzt sich zum einen zusammen aus statischen Puzzlesteinen wie Kleidung, Größe oder Frisur. Doch der eigentliche Zauber der persönlichen Ausstrahlung entsteht durch bewegliche Elemente: Mimik, Muskeltonus, Durchblutung der Haut, Größe der Pupillen, Atmung, Stimme, die Art zu lachen, Gesten und Haltung. Diese persönlichen Merkmale kann man sich in keinem Geschäft der Welt kaufen, denn sie entstehen im Gehirn. Ihre innere Verfassung ist der Dirigent dieses beweglichen nonverbalen Ausdrucks.

Wenn Sie Ihr Selbstbild sympathisch finden, drücken Sie genau diese Einstellung zu sich selbst auch in Ihren nonverbalen Signalen aus: Sie strahlen Selbstvertrauen aus und wirken so automatisch selbstbewusst. Dies geschieht bereits in den ersten Sekunden einer zwischenmenschlichen Begegnung und setzt Zeichen für die zukünftige Atmosphäre des Kontakts.

Was aber genau ist ein Selbstbild? Es ist ein Bild, das Sie von sich selbst im Kopf haben – genau, wie Sie sich auch sonst ein „Bild von einem Menschen" machen. Dazu nimmt man aber nicht irgendein Bild. Es gibt Menschen wie Partner oder Kollegen, die hat man schon tausendmal gesehen und hat hundert Erinnerungen im Kopf, aber man sucht aus diesem mentalen Archiv nur ganz wenige Bilder für das „Bild des Menschen" heraus. Schätze ich jemanden besonders, so sehe ich ihn in einer Haltung vor mir, die seine Kompetenz ausdrückt. Vielleicht habe ich diesen Menschen schon einmal verschnupft und mit einer roten Nase gesehen, aber dieses Bild sortiere ich innerlich woanders hin, da es nicht repräsentativ für meine Einschätzung ist.

Ebenso wenig wird sich Ihre Umgebung beim „Bild-Machen" von Ihrer Person an dem einen Pickel orientieren, den Sie voller Schrecken morgens im Badezimmerspiegel entdeckt haben. Vielmehr wird man sich ein Bild von Ihnen merken, das den Gesamteindruck wiedergibt, den Sie auf Ihre Mitmenschen gemacht haben. Sie selbst sollten für Ihr Selbstbild ein Bild von sich suchen, das Ihrer Meinung nach besonders gut Ihre Fähigkeiten und liebenswerten Eigenschaften wiedergibt. Schauen Sie sich dazu gern eine Reihe von Fotos an, wenn Sie nicht spontan so ein positives Bild der eigenen Person abrufen können. Suchen Sie sich eines heraus, wo Sie im Ich-Satz bestätigen können: „So mag ich mich" oder „So bin ich gut getroffen". Besitzen Sie kein derartiges Foto, suchen Sie einen sehr guten Porträt-Fotografen auf, um eine Reihe von „positiven Selbstbildern" zu erstellen. Die Investition ist für Ihr mentales „Erfolgs-Outfit" ebenso wichtig wie ein Business-Kostüm oder ein Maßanzug.

ÜBUNG

Die positive Ausstrahlung steigern

Nehmen Sie das eben beschriebene positive Bild oder die guten Fotos ganz bewusst wahr. Nun schließen Sie die Augen und betrachten Ihr Selbstbild auf einer „Mental-Leinwand". Registrieren Sie, welche Emotion das Bild in Kombination mit dem Satz „Ich mag mich" bei Ihnen auslöst: Stolz, Freude, Zufriedenheit? Geben Sie diesem Gefühl einen Wert auf der Wellness-Skala.

Fahren Sie fort mit dem Bodyscan: „Wo im Körper spüre ich das positive Körperecho auf dieses Bild und diesen Satz?"

Beginnen Sie mit dem Processing. Erleben Sie, wie das positive Gefühl immer intensiver wird. Führen Sie so viele Sets durch, bis das gute Gefühl nicht mehr zu steigern ist.

Nun legen Sie die flache Hand oben an Ihren Brustkorb. Damit haben Sie das positive Selbstbild zusammen mit dem angenehmen Körperecho geankert. Eine kurze Berührung an dieser Stelle ruft dann sekundenschnell die dazugehörigen nonverbalen Muster in Ihrem Ausdruck auf und wirkt somit sofort auf Ihre Umgebung.

Übung: Diese Übung kann für die Steigerung Ihrer nonverbalen positiven Ausstrahlung bereits gute Effekte haben. Manchmal kann es aber auch wichtig sein, mit Bildern von sich zu arbeiten, die einem nicht so gut gefallen. Hier wird dann natürlich das subjektive Unbehagen „weggewunken" oder mit Ihrer persönlichen Technik neutralisiert. So sollten Sie aber nur vorgehen, wenn Sie keine wirklich gravierenden Probleme mit Ihrem Selbstbild haben. Ist Letzteres der Fall, gehört dieses Thema in die Behandlung durch einen Coach oder Therapeuten. Arbeiten Sie dann im Selbstcoaching lieber gezielt mit den Positiv-Bildern. Es müssen übrigens auch nicht immer gestochen scharfe Ganzkörperfotos sein. Auch gelungene Porträts erfüllen den Sinn der Übung.

Für den Personalreferenten Klaus war es allerdings sehr wichtig, mit einem problematischen Selbstbild zu arbeiten. Er mochte sich selbst nicht im Anzug leiden. „Ich finde diese Kleidung furchtbar, darin komme ich mir immer wie eine Marionette vor.“ Auch im Job nutzte er jede Gelegenheit, etwas Farbiges oder Lockeres anzuziehen: „Das bin ich einfach – das andere nicht.“ Diese Ablehnung eines bestimmten Erscheinungsbildes der eigenen Person war natürlich höchst problematisch, da er vor allem wichtige berufliche Situationen stets im Anzug überstehen musste. Er sah ein, dass diese „Anzugs-Allergie“ durchaus im entscheidenden Moment auf Kosten seiner Ausstrahlung gehen könnte. Daher arbeiteten wir mit diesem Thema.

Beim Bodyscan angesichts des Anzug-Selbstbilds beschrieb er dann ein Gefühl von Unbeweglichkeit und Steifheit im Nacken-Schulter-Bereich. Dieses Gefühl verwandelte sich beim Processing schnell in eine angenehme Körperempfindung, was sich sofort sichtbar und positiv in seiner Mimik spiegelte. „Ich fühle mich jetzt angenehm selbstsicher im Anzug, es ist wirklich eine Befreiung und Bereicherung“, sagte er ein paar Wochen nach dieser Intervention.

Selbstcoaching-Tipp: Mein positives Selbstbild

Da wir die Übung im Text schon ausführlich beschrieben haben, geben wir hier nur eine kurze Zusammenfassung wieder.

1. Suchen Sie sich ein oder zwei positive Fotos von sich heraus.
2. Setzen Sie die Kopfhörer auf und starten Sie die wingwave-Musik oder bereiten Sie sich innerlich auf ein anderes Processing vor.
3. Machen Sie den Bodyscan: Wo spüren Sie die angenehmste Resonanz dieser Selbstbilder? Legen Sie die Hand auf den Brustkorb, wenn Sie das angenehme Körperecho fokussiert haben.
4. Fahren Sie so lange mit dem Processing fort, bis Sie die angenehmste Wirkung erreicht haben.
5. In späteren Situationen legen Sie als Anker an das positive Selbstbild-Erlebnis einfach kurz die Hand auf den Brustkorb.

7.5 Ziele visualisieren

Viele unserer Klienten arbeiten auf konkrete Ziele hin: Sie wollen auf einer wichtigen Messe ausstellen, ein Produkt oder gar die eigene Person erfolgreich auf dem Markt oder in der Öffentlichkeit platzieren, einen bestimmte Position erlangen oder einen sportlichen Sieg erringen. Aus vielen Mentaltraining-Ansätzen ist ja bereits bekannt, dass man sich seine Ziele möglichst bildlich vorstellen und in den schönsten Farben ausmalen sollte. Auf diese Weise entwickeln diese Zukunftsperspektiven die Kraft eines mentalen Magneten, zu dem man sich hingezogen fühlt. Es entsteht eine Sehnsucht nach dem Ziel, die jede Anstrengung rechtfertigt. Die Wirkung ist dann eine sich selbst erfüllende Prophezeiung. Viele Untersuchungen haben gezeigt, dass Menschen mit positiven Zielvorstellungen eher ihre Ziele erreichen als Personen, die keine oder zu schwache Zukunftsbilder ausgearbeitet haben. Aus NLP-Sicht ist es dabei natürlich wichtig, Ziele nicht nur möglichst dreidimensional zu visualisieren, sondern sie auch zu hören, zu fühlen, zu riechen und zu schmecken.

Genauso hatte sich auch Sabine ein Ziel im inneren Erleben aufgebaut: Als Journalistin für eine Frauenzeitschrift war es ihr Traum, eines Tages Ressortleiterin – möglichst noch für das Gebiet Mode – zu werden. „Ich sehe immer mein eigenes Büro vor dem geistigen Auge, das ich dann ganz für mich allein habe." Wir fragten nach, wie genau sie sich dieses Zielbild vorstelle. Schnell stellte sich heraus, dass sie nur den Büroraum vor sich sah, die eigene Person kam darin gar nicht vor.

Sehr oft sehen Menschen beim Visualisieren – sinngemäß ausgedrückt – nur den Pokal vor sich, ohne ihn zu halten. Beim Ziele-Coaching ist es jedoch ganz besonders wichtig, die eigene Person zu visualisieren, die das Ziel erreicht hat. Wir bitten unsere Coachees deshalb, immer ein lebhaftes Bild vom erfolgreichen Zukunfts-Ich aufzubauen, das sich in einem visualisierten mentalen Zukunftsfilm riesig darüber freut, am Ziel angekommen zu sein, und dabei auch glücklich und gesund wirkt.

Genau das ist zunächst bei Sabine nicht der Fall. Als wir sie bitten, sich selbst im eigenen Ressortleiter-Büro zu sehen, findet sie: „Ich sehe da ziemlich gehetzt aus." Dieses Bild fokussiert sie dann vor dem Processing. Wir winken so lange, bis die Zukunfts-Sabine richtig gut aussieht: locker, dabei aber aufrecht und Autorität ausstrahlend. Als „Erfolgsbarometer" wählt man hier den Gefühlszustand des Gegenwarts-Ichs beim Wahrnehmen des Zukunfts-Ichs. Als Sabine mit dieser Vision von sich selbst richtig zufrieden ist, hat sie auf der Wellness-Skala sieben Punkte erreicht. Erst jetzt bitten wir sie, in Gedanken einmal mit dem Zukunfts-Ich zu verschmelzen und assoziiert zu erleben, wie sich die Zukunft anfühlt. Nach diesem Zukunftstest kehrt sie dann wieder in die Gegenwart zurück und sieht ihr Zukunfts-Ich wieder von außen, wobei wir sie bitten, die rechte Hand zu heben und abwechselnd auf die erfolgreiche Ressortleiterin und auf diese Hand zu sehen.

Die eigene Hand ist ein sehr guter Anker für die „Erinnerung an die Zukunft". Wann immer man in seine Zukunft investiert, ist dies mit einer Tätigkeit verbunden, bei der die Hand im Blickfeld ist: Die Hand hält das Telefon, die Computer-Maus oder einen Stift. Sie drückt einer anderen Person die Hand und hebt beim Geschäftsessen das Glas. „Das wirkt tatsächlich", sagt Sabine später. „Ich saß bei meinem Chefredakteur, schaute zufällig auf meine rechte Hand und hatte sofort mein Zukunfts-Ich vor dem geistigen Auge. Ich richtete mich sofort auf und bekam eine ganz andere Stimme." Ob es allein daran lag, weiß man nicht: Auf jeden Fall hat Sabine heute ihren Traum-Job. Bei ihrer Beförderung sagte ihr der Chefredakteur, sie habe in den letzten Monaten viel mehr „Biss" bekommen.

Selbstcoaching-Tipp: Mein erfolgreiches Zukunfts-Ich

Hören Sie die wingwave-Musik oder bereiten Sie sich auf Ihre Processing-Methode vor

1. Denken Sie an ein wichtiges berufliches Ziel.
2. Visualisieren Sie eine erfolgreiche Zielsituation, in denen Ihr Zukunfts-Ich die Hauptrolle spielt.
3. Führen Sie das Processing durch, bis es Ihrem Zukunfts-Ich richtig gut geht.
4. Jetzt machen Sie die „Zukunfts-Probefahrt": Verschmelzen Sie in der Vorstellung mit Ihrem erfolgreichen Zukunfts-Ich. Danach lösen Sie sich wieder und kehren in die Gegenwart zurück.
5. Heben Sie die rechte Hand und betrachten Sie abwechselnd oder sogar gleichzeitig das Zukunfts-Ich und diese Hand. Wann immer ab jetzt Ihr Blick auf Ihre Hand fällt, wissen Sie auch in der Gegenwart, wofür Sie sich so anstrengen, und spüren eine positive Zielenergie.
6. Ankern Sie an die Hand in späteren Übungen gleich mehrere Zukunft-Ichs: z. B. auch die Visualisierung von einem hohen und glücklichen Alter.

7.6 Ziele-Coaching „in vivo“

Der Begriff „in vivo“ stammt aus der Verhaltenstherapie. Hier legt man großen Wert darauf, ein angestrebtes Verhalten oder Empfinden nicht nur im Geiste – also „in sensu“ – zu bearbeiten und zu trainieren, sondern die Ergebnisse aus dem Mentaltraining möglichst auch in die entsprechende Live-Situation zu transportieren. Dieses Vorgehen stellt sicher, dass das Gehirn später in der entsprechenden Situation möglichst viele „sinnliche Stichwörter“ für die Bahnung von ressourcevollem Erleben und Verhalten bekommt.

In Sabines Fall konnten wir natürlich schlecht mit ihr in der Redaktion in eines der Ressortchef-Zimmer gehen, um dort unsere Coaching-Intervention durchzuführen. Dennoch gab es eine gute Lösung. Als Sabine eines Abends einmal länger als alle Kollegen arbeitete, setzte sie sich einfach in das leere Büro eines Ressortleiters. Sie spürte den Stuhl, nahm den Blick auf Schreibtisch und Zimmer wahr, fasste einmal das Telefon an. Dieses Erlebnis brachte sie zur nächsten Coaching-Sitzung mit. Sie fokussierte das Erlebnis, spürte das angenehme Körper-Echo und wir führten das Processing so lange durch, bis sie auf der Wellness-Skala sogar +8 Punkte mit diesem erinnerten Erlebnis gesammelt hatte.

Haben unsere Klienten ein wichtiges Gespräch vor sich, bitten wir sie, zur nächsten Coaching-Sitzung in der Kleidung zu erscheinen, die sie bei diesem Anlass tragen werden. Einige bringen Akten von ihrem „Stress-Projekt“ oder das Foto eines ungeliebten Vorgesetzten oder Kollegen mit. Ergibt sich die Gelegenheit, gehen wir so weit wie möglich in das In-vivo-Training mit hinein. So ergab es sich einmal, dass wir uns mit einem unserer Kunden in einen großen Festsaal begeben durften, in dem er einige Tage später vor großem Publikum eine Rede halten sollte. Hier führten wir dann beim Anblick der vielen Stühle das Processing durch, was der Live-Situation natürlich sehr nahe kam. Beim In-vivo-Training sind also der Kreativität keine Grenzen gesetzt.

Selbstcoaching-Tipp: Erfolg durch Live-Momente

Sie haben bereits das wingwave-Ressourcen-Coaching kennengelernt. Verknüpfen Sie diesen Ansatz einfach mit einem In-vivo-Selbstcoaching, indem Sie für das „Einweben" des ressourcevollen Zustands in ein bedeutsames Erlebnis möglichst viele sinnesspezifische Eindrücke aufsuchen, sammeln oder nachstellen. Hierfür einige Beispiele:

- Besorgen Sie sich Fotos von wichtigen Gesprächspartnern.
- Ziehen Sie die Kleidung an, die Sie in Ihren wichtigen Leistungsmomenten tragen werden.
- Fassen Sie bestimmte Utensilien an, die zum Leistungskontext dazugehören: Telefon, Golfschläger, Mikrofon usw.
- Nehmen Sie die Körperhaltung ein, die zum Leistungsmoment dazugehört.
- Suchen Sie – wenn möglich – die Räume oder Gebäude auf, in denen Sie „performen" werden, oder besorgen Sie sich gute Bilder von den „Auftrittsorten".

7.7 Kreativitätssteigerung erleben

Für Menschen im Spitzenleistungsfeld sind kreative Ideen und innovatives Denken besonders wichtig. Ständig müssen neue Produkte und Marketingstrategien entwickelt werden und immer wieder ändert sich das Umfeld, in dem die Leistung stattfindet. Das erfordert zusätzlich eine große Flexibilität im Denken. Gerade in schwierigen oder festgefahrenen Situationen sind dann geniale Lösungen besonders gefragt. Und die Konkurrenz schläft auch nicht. Da gilt es, die zündende Idee oder gar die entscheidende Erfindung als Erster zu haben.

Selbst wenn das gelingt, können die meisten unserer Coaching-Klienten sich immer noch nicht auf ihren Lorbeeren ausruhen. Vor allem Künstler, Menschen in Medien- oder Modeberufen und auch viele Sportler – denken Sie nur an den Entwurf von Modekollektionen oder die Erarbeitung sportlicher Küren – müssen täglich aus ihren kreativen Quellen schöpfen, um langfristig am Ball zu bleiben.

Apropos „kreative Quelle“: Dieser Begriff ist natürlich eine Metapher. Und mit Metaphern arbeiten wir mit Vorliebe, wenn unsere Coaching-Kunden ihre allgemeine Kreativität steigern oder auch nur wiedererlangen möchten. Denn interessanterweise kann jeder Mensch eine Kreativitätsblockade tatsächlich mit einer Metapher beschreiben. Es gilt nur, aufmerksam für die Wortwahl der Klienten zu sein. Dann erfährt man nicht nur schnell die Metapher, sondern auch, auf welchem Sinneskanal sie innerlich repräsentiert wird, wie die folgenden Beispiele zeigen.

Visuelle Metaphern

„Irgendwie ist das alles noch nicht ausgereift.“
Dazu bietet sich die Assoziation von unreifen Früchten an.

„Meine Ideen sind versiegt.“
Hier stellt sich man sich tatsächlich eine Quelle vor, die nicht mehr sprudelt.

„Mir fällt nichts mehr ein.“
Bei diesem Bild fallen die Ideen offensichtlich von oben herab, wie Blüten, Sterntaler bunter Regen oder Bälle. Wir steigen dabei immer mit dem Klienten in die von ihm durch einen Satz angebotene Metapher ein und malen diese gemeinsam aus.

Auditive Metaphern

„Mir fehlt die zündende Idee."
Oder: „Irgendwie ist das alles nicht der richtige Knaller."
Auch hier entwickelte der Coachee durch genaues Nachfragen konkretere Hinweise: Stellt er sich die „zündende Idee" eher wie die auditive Kulisse eines Feuerwerks vor oder wie das Starten eines Sportwagens?

Gefühls- und Motorikmetaphern

„Sonst sprudele ich immer über vor Ideen."
„Ich komme da nicht weiter."
„Ich bin blockiert."
„Irgendwie ist das alles zu lahm."
Bei diesen Beschreibungen ist es beispielsweise wichtig, die Lokalisation des Hindernisses zu erörtern: Beim Blockiert-Sein könnte es eine Hürde auf dem Weg geben – und zwar außerhalb des Körpers; beim Lahm-Sein fehlt der nötige innere Muskeltonus.

Olfaktorische und gustatorische Metaphern

Diese werden zwar nicht so oft benutzt, aber wenn sie auftauchen, ist es sehr effektiv, sie zu bearbeiten.
„Irgendwie ist das alles zu fade."
„Da fehlt das Salz in der Suppe."

Natürlich könnten einige dieser Beispiele auch Sinnes-Mischformen sein. So könnte sich die eine Person den „zündenden Funken" auditiv vorstellen, die nächste visuell. Ebenso erlebt der eine Mensch die „sprudelnde Idee" als Wärmestrom im Körper, der nächste sieht einen Springbrunnen vor dem geistigen Auge. Wichtig ist, den Klienten in seiner Vorstellungskraft so weit zu coachen, dass er seine Metapher sinnesspezifisch und inhaltlich konkret beschreiben kann.

Ist die Metapher beschrieben, fokussiert der Coachee in der inneren Vorstellung sein jeweiliges Problem: Man schaut auf die versiegte Quelle oder das trockene Flussbett, hört das leiernde Geräusch eines nicht startenden Motors, spürt die Lahmheit in den Muskeln bzw. das von außen stoppende Hindernis oder denkt an einen langweiligen Geschmack im Mund. Gleichzeitig denkt der Coaching-Kunde an seinen eingebrachten Metaphern-Satz, wie z. B.: „Ich komme nicht weiter." Hierzu wird dann das Processing durchgeführt. Fast immer entwickeln sich die Metaphern schnell in eine positive Richtung. Plötzlich sieht man ein Feuerwerk vor dem geistigen Auge oder spürt die belebte Muskulatur, sodass es „wieder geht".

Selbstcoaching-Tipp: Kreativitätssteigerung

Bereiten Sie Ihre Processing-Methode vor. Wenn Sie mit der wingwave-Musik arbeiten. setzen Sie jetzt die Kopfhörer auf und beginnen mit dem Hören.

1. Beschreiben Sie Ihr Kreativitätsproblem innerlich mit Worten. Stellen Sie fest, welchen Sinneskanal oder welche Sinneskanäle Sie vorzugsweise sprachlich benutzen.
2. Entwickeln Sie aus Ihren Sätzen Metaphern.
3. Fokussieren Sie den „Jetzt-Zustand" Ihrer Metapher, z. B. „unreife Früchte".
4. Führen Sie ihr Processing durch, bis die „Früchte reif" sind, bis sich also die gewählte Kreativitäts-Metapher zu einem „Happy End" entwickelt hat.

Hinweis: Diese Übung ist für die allgemeine Kreativitätssteigerung gedacht. Selbstverständlich können Sie aber auch einfach an einen bestimmten Aufgabeninhalt denken, für den Sie gute Ideen brauchen, beispielsweise an einen Artikel, den Sie schreiben müssen. Fokussieren Sie Ihr Thema und führen Sie bei der Ideensuche immer wieder Ihre Processing-Methode durch. Diese Strategie benutzt übrigens auch der bereits mehrfach erwähnte Musiker Leo beim Texten und Komponieren.

7.8 Innere Grenzen überwinden

Es gibt ein sehr interessantes Goldfisch-Experiment. Setzt man einen solchen Fisch in ein Aquarium, schwimmt er großzügig sein Terrain ab. Teilt man das Aquarium mit einer durchsichtigen Scheibe, hat er natürlich nur noch halb so viel Platz und schwimmt dort im Kreis. Nun kann man das Becken nochmals mit einer Trennwand vierteln und der Goldfisch hat jetzt nur noch sehr wenig Bewegungsspielraum. Da könnte man doch meinen, dass unser Goldfisch sich freut, wenn die Trennwände wieder entfernt werden und er seinen großen Bewegungsraum zurückerhält. Aber das tut er nicht. Er schwimmt einfach weiter in seinem kleinen Viertelchen und probiert nie wieder aus, seinen Wirkungskreis zu erweitern. Die Trennwand ist jetzt ein Teil seines Gehirns geworden.

Natürlich sollte man das Gehirn eines Goldfischs nicht ohne Weiteres mit dem eines Menschen vergleichen. Doch eines haben die beiden gemeinsam: neuronale Autobahnen. Diese entstehen im Gehirn, wenn eine Tätigkeit oder ein Gedankenmuster über einen längeren Zeitraum regelmäßig durchgeführt bzw. benutzt wird. Gemeint sind die neuronalen Verschaltungen zwischen den Gehirnzellen, mit denen unsere Gewohnheiten in unserem Kopf repräsentiert sind.

Der Gehirnforscher Gerhard Hüther arbeitet in seinem Buch „Die Biologie der Angst" hier mit einem einleuchtendem Bild: Stellen Sie sich vor, Sie stünden in einer Landschaft auf einem Hügel und betrachteten von dort aus die Verbindungen zwischen den Häusern, Dörfern und Städten. Da gibt es schmale Pfade, etwas breitere Feldwege, asphaltierte Dorfstraßen, komfortable Bundesstraßen und die mehrspurigen Autobahnen. Für den Straßenbenutzer bieten natürlich die breiten Autobahnen den größten Fahrkomfort: Man fährt schnell und immer geradeaus.

Einladung zu einem Experiment

Machen Sie hierzu einmal ein Experiment mit. Falten Sie einfach Ihre Hände für ein paar Sekunden. Dann falten Sie die Hände bewusst anders herum, sodass der Daumen, der sonst immer zuunterst ist, jetzt zuoberst liegt.

Prüfen Sie nun Ihr ganzheitliches Körpergefühl – also Ihr Körperecho – bei dieser ungewohnten Art des Händefaltens. Die meisten Menschen beschreiben ihr Körperecho als „komisch" bis hin zu unangenehm. Dieses unangenehme Gefühl entsteht, weil man beim ungewohnten Händefalten einen neuronalen Feldweg benutzt. Beim „richtigen" Händefalten hingegen fährt man auf einer neuronalen Autobahn. Doch obwohl man sich beim gewohnten Händefalten besser fühlt, heißt das noch lange nicht, dass das ungewohnte Händefalten eine schlechtere Methode des Händefaltens ist. Genau gesagt: Sie ist gleich gut.

Es ist ganz natürlich, dass sich der Umgang mit einem neuen ungewohnten Bereich „komisch" anfühlt, denn unser Gehirn hat hierfür noch keine komfortablen neuronalen Autobahnen angelegt. Und der Aufbau von neuen Verbindungen kostet das Gehirn mehr Energie als die Benutzung schon etablierter Verknüpfungen. Man kann nämlich mit bildgebenden Verfahren den Kalorienverbrauch des Gehirns messen. Hier zeigt sich, dass beispielsweise beim reinen Lernen und Üben sehr viel mehr Kalorien verbraucht werden als beim Abrufen von schon angelegten Fähigkeiten. Sie haben selbst hundertfach die Erfahrung gemacht, dass sich in „Fleisch und Blut" übergegangene Handlungen und Denkmuster einfach anfühlen – egal wie kompliziert sie ursprünglich einmal für Sie gewesen sein mögen. Der Akrobat im Zirkus erlebt seinen Salto im Gegensatz zu uns deshalb als leicht, weil er ihn von bestens ausgebauten neuronalen Autobahnen abruft.

Übertragen Sie diese Erfahrung einmal auf jedes neue Terrain, das Ihnen in Ihrem Leben offensteht. Sind Sie nicht auch schon einmal zögerlich an ein Thema herangegangen, weil Sie dabei ein „komisches" Gefühl hatten? Viele Menschen werten dieses leider abergläubisch als „ungute Vorahnung" und meinen, ein komisches Gefühl sei Grund genug, eine neue Sache nicht ausprobieren zu müssen. Man versucht also, das fehlende Gefühl der vertrauten Erfahrung durch möglichst viele theoretische Informationen zu ersetzen. Doch keine noch so gute Theoriesammlung erspart den Ausflug auf die andere Seite des Aquariums und somit die Konfrontation mit einem ungewohnten Erlebnis, das ein „komisches Gefühl" hervorruft.

Dem 30-jährigen Wolfgang wird von seinem Unternehmen überraschend eine Stelle in Mexiko angeboten. Trotz intensivster Informationseinholung hat er immer noch besagtes „komische Gefühl" bei dem Gedanken, zwei Jahre im Ausland zu leben und zu arbeiten. Im Coaching bitten wir ihn, sich auf irgendein vorgestelltes – also konstruiertes – Bild seiner Zukunft in Mexiko zu fokussieren. „Ich sehe nicht die Arbeit, sondern meine Wohnung dort vor dem geistigen Auge", sagt er. Sein Körperecho beschreibt er dann als „schräg": „Es ist so, als würde irgendetwas in meinem Bauch nicht zusammenpassen, wie zwei Puzzlesteine, die nicht zueinander gehören", schildert er sein Körpererleben. „Und vor dem geistigen Ohr stelle ich mir die unangenehmen Töne einer Geige vor, die gerade gestimmt wird."

Nach nur zwei Winke-Sets verändert sich das zuvor „schräge" Gefühl auf der Wellness-Skala in Vorfreude. „Früher wusste ich vor Weihnachten ja auch nicht, was die Bescherung bringen würde – und ich habe mich trotzdem gefreut", sagt er.

Die Trennwand im Kopf ist durchbrochen. Dennoch ändert diese Intervention nichts an Wolfgangs umsichtiger Vorbereitung für den Mexiko-Aufenthalt. Die Methode macht weder bedenkenlos oder waghalsig. Aber sie öffnet die Sinne und die emotionale Empfänglichkeit für die positiven Möglichkeiten neuer Situationen und verhindert, dass man nur noch auf Autobahnen fährt. Denn so mancher Feldweg führt auch zu einem verborgenen Schloss, das man auf der Autobahn nie gefunden hätte. wingwave-Coaching bedeutet in diesem Fall, einen Flügel im Gebäude der inneren und äußeren Lebensmöglichkeiten zu betreten, der bisher verschlossen schien.

Selbstcoaching-Tipp: Innere Grenzen überwinden

Hören Sie jetzt die wingwave-Musik oder bereiten Sie Ihre persönliche Processing-Methode vor.

1. Denken Sie – gern auch nur spielerisch – an einen neuen Lebensraum, den Sie bisher noch nicht erobert haben: eine neue Position, ein neues Verfahren, ein neuer beruflicher oder privater Partner, Umzug, Familiengründung, ein neues Hobby usw.
2. Fokussieren Sie ein vorgestelltes inneres Bild zu dieser theoretischen Lebensmöglichkeit.
3. Überprüfen Sie: Was sind Ihre bisherigen Einwände gegen diese mögliche Zukunftsperspektive?
4. Bleibt außer den sachlichen Argumenten noch ein „komisches Gefühl" übrig, erforschen Sie dessen Körperecho. Reagieren Sie vielleicht auf Gedanken wie „kenn ich nicht", „ist ungewohnt" oder „habe ich noch nie gemacht"?
5. Ist dies der Fall, führen Sie ein Processing zu dem „komischen Gefühl" durch und lassen sich davon überraschen, wie sich Ihr inneres Erleben in Vorfreude auf neue Impulse entwickelt.

Hinweise:

- Falten Sie beim Processing die Hände „falsch" herum. Sollten Sie die Butterfly-Technik benutzen, kreuzen Sie die Arme „falsch" herum. Dies ist ein Anker an die Erfahrung, dass fremde Möglichkeiten ebenso gut oder gar besser sein können als vertraute.
- Manchmal steht man sich bei Innovationen auch mit dem Belief im Weg, dass es immer gilt, das „Richtige" zu tun. Die Kehrseite der Medaille ist die Angst davor, sich für das „Falsche" zu entscheiden. Es ist jedoch nur ein Belief, dass Bewegungen im Leben stets den Stempel „falsch" oder „richtig" bekommen müssen. Manchmal gibt es zehn „richtige Wege", die man ausbauen kann, und keinen einzigen „falschen". Lesen Sie mehr zu diesem Aspekt in Kapitel 8 „Belief-Coaching".

7.9 Persönlichkeitscoaching mit Imaginationsstrategien

Beim Thema Imagination gibt es natürlich grenzenlose Möglichkeiten, denn *to imagine* heißt nichts anderes als „sich etwas vorstellen". Dabei geht es um innere Bilder und Repräsentationen von Dingen, die man bisher real noch nicht erlebt hat. Das Spektrum reicht vom Ausmalen eines zukünftigen Ereignisses bis hin zu symbolträchtigen Fantasien und Tagträumen. Mit diesen Fantasien spiegeln Menschen gern die Welt ihrer Denkmuster, Emotionen und Persönlichkeitsmerkmale. Denn all diese psychischen Strukturen werden zwar tagtäglich erlebt, aber man kann sie nicht sehen. Also muss man sich eine Vorstellung davon machen.

Eine dieser Vorstellungsmöglichkeiten ist weitverbreitet, und zwar die sogenannte Verkörperung von Persönlichkeitsteilen. Auf diese Imaginationstechnik wollen wir hier besonders eingehen. Allein der Begriff Persönlichkeitsteil ist schon eine Verkörperung, denn weder in unserem Kopf noch in anderen Körperteilen halten sich real kleine Männchen oder Wesen auf. Dennoch wird sprachlich ständig mit diesem Bild umgegangen: „Der steht sich ja selbst im Wege", heißt es, oder gar: „Ich muss meinen inneren Schweinehund überwinden." All diese Redewendungen implizieren die Vorstellung, dass wir innerlich nochmals eine kleine Gesellschaft sind. Auch die meisten Psychotherapierichtungen operieren mit diesem Modell. Man denke nur an das klassische Freud'sche Trio „Es, Ich und Über-Ich". Auch im NLP gibt es ausführliche, systemorientierte Interventionen in der Arbeit mit Persönlichkeitsteilen. Hier ist immer das Ziel, diese Teile zu einem inneren Team zu entwickeln, frei nach dem Motto: „Gemeinsam bin ich stark."

Nicht nur in der Psychotherapie, sondern auch in Kunst und Kultur stellt man sich Persönlichkeitsteile verkörpert vor. Es gibt Theaterstücke, in denen die Schauspieler nicht äußere Menschenrollen spielen, sondern seelische Phänomene wie etwa „das schlechte Gewissen", „die Freude", „die Tapferkeit" oder den „inneren Angsthasen" verkörpern. Apropos Hase: Auch im Märchen verkörpern meist Tiere menschliche Eigenschaften. Man denke an den „schlauen Fuchs", die „dumme Gans" oder die „weise Eule".

Beklagen sich unsere Klienten über ein ungeliebtes Verhalten oder eine ärgerliche Eigenschaft bei sich selbst, arbeiten wir meistens mit der Imagination von Persönlichkeitsteilen. Haben wir dieses Denkmodell erklärt, bitten sie, sich ein Bild von dieser Eigenschaft oder dem Verhalten zu machen. Die Möglichkeiten sind hier grenzenlos: da gab es schon Jack Nicholson, Cleopatra, eine Hexe, einen Elefanten und tatsächlich auch einen Schweinehund im „Kopfkino" unserer Klienten.

Daniel ist Praktikant in einem Verlag und leidet darunter, dass er sich bei einem bestimmten Kollegen immer so aufregt. „Der nervt mich ständig mit seinen zynischen

Bemerkungen. Ich werde dann knallrot vor Wut und das ist genau das, was er erreichen will. Auch sonst lasse ich mich leider viel zu schnell provozieren." Wir bitten ihn, diese Wut in einer Fantasiegestalt zu verkörpern. „Da muss ich gar nicht lange überlegen", sagt er, „ich sehe ein richtiges Rumpelstilzchen vor mir, das vor Wut nur so herumspringt."

Zuerst nimmt Daniel mit der Bodyscan-Technik seine Wut als Körperecho wahr. Er spürt vor allem Spannungen in den Kiefernmuskeln. Dabei denkt er nochmals kurz an „das Ekelpaket", wie er sich deutlich ausdrückt. Dann imaginiert er sein Rumpelstilzchen als visuelle Verkörperung seiner Wut. Als das Processing einsetzt, wird Rumpelstilzchen immer ruhiger. Zum Schluss sitzt es plötzlich auf dem Ast eines Baumes, isst zufrieden einen Apfel und lässt dabei die Beine baumeln. Daniels Schultern fühlen sich bei diesem Bild gelöst und angenehm warm an.

Als der Kollege ihn das nächste Mal aufziehen will, muss er plötzlich lachen. „Das war nicht aufgesetzt, ich fand die Situation wirklich komisch", erzählt er uns später.

Man kann diese Imaginationstechnik übrigens auch sehr gut bei dem Phänomen der „zwei Seelen in einer Brust" verwenden. Viele Menschen haben in bestimmten Situationen ein „Einerseits – Andererseits" in sich und keine dieser beiden Seiten gewinnt. „Es fühlt sich an wie ein innerer Streit", beschrieb es eine unserer Klientinnen. Die widerstreitenden Gefühle oder Gedanken werden auch hier als Persönlichkeitsteile imaginiert, die man sich gleichzeitig vorstellt. Diese gleichzeitige Vorstellung sagt auch meistens etwas über die problematische innere Situation aus: Entweder gucken sich die Teile verächtlich an oder sie wollen deutlich nichts miteinander zu tun haben. Führt man jetzt das Processing durch, versöhnen sich die Persönlichkeitsteile: Sie ändern ihr Aussehen, werden freundlich, gehen aufeinander zu oder gleichen sich an. Diese Technik stärkt demnach auch den inneren Teamgeist.

Im Neurolinguistischen Coaching (NLC) wird sehr viel und ausführlich mit der Vorstellung von Persönlichkeitsteilen und der Kraft des „inneren Teams" gearbeitet. Dabei geht es immer um die Integration dieser inneren Kräfte, niemals um einen inneren Kampf. Denn jeder Sieg über einen Teil wäre gleichzeitig ein Verlust, da der „Verlierer" auch dann ein Teil von uns bleibt. Mehr über dieses sogenannte systemische Persönlichkeitsmodell können Sie beispielsweise in unserem Buch „Coach Yourself – Persönlichkeitskultur für Führungskräfte" lesen.

Selbstcoaching-Tipp:
Emotions-Management durch die Arbeit mit einem Persönlichkeitsteil

Bereiten Sie Ihr Processing vor. Dann gehen Sie durch die folgenden Schritte:

1. Denken Sie an eine Situation, in der Sie mit Ihrer emotionalen Reaktion unzufrieden waren: zu ängstlich, zu ärgerlich, zu angespannt, zu frustriert etc.
2. Geben Sie dem Gefühl eine Gestalt. Diese muss fantasievoll sein wie ein Tier, eine Comicfigur, eine Romangestalt oder ein Schauspieler, den Sie nur aus der Ferne kennen.
3. Malen Sie sich aus, wie diese Figur ihren emotionalen Zustand anschaulich verkörpert, beispielsweise liegt der Schweinehund faul im Bett. Spüren Sie das Körperecho der stressenden Emotion, wie das Unbehagen beim Gedanken an das Aufstehen, welches der Schweinhund ausdrückt.
4. Nun führen Sie Ihr Processing durch und beobachten in der imaginativen Vorstellung Ihren Persönlichkeitsteil: Plötzlich steht der Schweinehund auf, streckt und reckt sich und geht munter joggen.

7.10 Erholsamen Schlaf finden und abschalten können

In Zeiten mit besonders vielen Aufgaben und Herausforderungen hören die Gedanken oft nicht von allein auf zu kreisen. Jeder hat es schon einmal erlebt, dass man deswegen „kein Auge zutun“ konnte und die Nachtruhe gestört war. Einige Menschen können gar nicht erst einschlafen, andere wachen nachts auf und beschäftigen sich dann ungewollt weiter mit ihren Tagesthemen. Besonders unangenehm ist dabei das ruhige Liegen angesichts der vielen Dinge, die es zu tun und zu bedenken gibt. Das passive Liegen und Ruhen verstärkt noch das Gefühl des Ausgeliefert-Seins angesichts der Gedanken, die rotieren, auf einen zukommen oder gar auf einen einstürmen.

Hier bietet das NLP bereits eine Reihe von Möglichkeiten der Gedankenmodifikation. Eine ganz einfache Mentaltechnik ist beispielsweise die Umkehrbewegung im sogenannten Kopfkino: Rechtsherum kreisende Gedanken bringt man zum Linksherumkreisen, auf einen zukommende Gedanken werden in einen Kreisverkehr geleitet. Oder man betrachtet die Gedankenbilder durch einen imaginären lilafarbenen Farbfilter. Auch Zeitlupe oder Zeitraffer sind oft eine Hilfe.

Viele unserer Coachees finden schon durch derart einfache Strategien zu ihrer Ruhe zurück. Dabei ist es sehr wichtig, die Gedanken nicht „weghaben“ zu wollen, sondern mit ihnen irgendetwas zu machen. Eine besonders effektive Strategie ist die Übernahme eines aktiven Gedankenerlebnisses, wobei nicht die Gedanken in Bewegung sind, sondern Sie selbst. Dadurch werden die Inhalte statisch und Sie übernehmen durch eine imaginative Gedankenreise eine handelnde Rolle. Unsere Coachees suchen sich dabei ein „Gedankenmobil“ aus – wobei der Fantasie keine Grenzen gesetzt sind. Das könnte sein:

- ein Traumauto
- ein Traumschlitten, so wie ihn der Weihnachtsmann fährt
- ein Traumschiff
- ein mentaler fliegender Teppich
- irgendein Lieblingstier, wie ein magischer Elefant oder ein „Gedanken-Adler“
- eine rosa Wolke

Unser Coachee Nico entscheidet sich für ein Traum-Powerboot, mit dem er seine Gedankenwelt mit dem entsprechenden Motorsound durchkreuzen kann. „Denken Sie jetzt einmal an Ihr neues Projekt, so wie Sie es nachts beim Einschlafen immer tun“, fordern wir ihn auf. „Jetzt begeben Sie sich in Ihr Powerboot. Nehmen Sie diesen Platz ganz sinnlich wahr: Wie fühlt sich das Steuer in der Hand an? Nehmen Sie das typische Geräusch wahr, sehen Sie den Bug vor sich. Sagen Sie Bescheid, wenn das Boot anfängt zu fahren.“ Nico nickt. Zu diesem fahrenden Erlebnis veranlassen wir noch den Bodyscan: „Das ist eine angenehme Vorwärtsbewegung, als würde ich im Rücken einen sanften Schub bekommen", erläutert er sein Körperecho.

Wenn man beim Denken an sein „Gedanken-Mobil" auch nur den kleinsten Hauch von imaginärer Bewegung spürt, fokussiert man sofort wieder seine Gedanken. Auch Nico denkt innerlich wieder an sein Projekt. „Besuchen Sie mit Ihrem Powerboot Ihre Gedankenwelt. Fahren Sie alle Aspekte Ihres Projektes mental ab", sagen wir zu ihm. Gleichzeitig führen wir das Processing durch. Nico wählt die Butterfly-Technik, was den Coach vorübergehend „arbeitslos" macht.

Während der folgenden „Bootsfahrt" entspannt sich Nicos Mimik ganz deutlich. Dabei sitzt er ruhig und entspannt in seinem Sessel. Schon nach kurzer Zeit muss er plötzlich gähnen. „Ich glaube, ich lege gleich an", ist sein Kommentar. „Ich packe jetzt ein, ich habe keine Lust mehr auf diese Gedanken. Eine bessere Abschalthilfe kann man sich nicht denken."

Interessanterweise berichten alle unsere Klienten, die das „Gedanken-Mobil" ausprobieren, über einen ähnlich beruhigenden Effekt. Das hat wahrscheinlich drei Gründe:

1. Man muss nicht mehr gegen die Gedanken ankämpfen.
2. Das unangenehme Gefühl des Ausgeliefert-Seins verschwindet.
3. Angenehme Schlaf- und Traumerlebnisse werden von den meisten Menschen ohnehin oft mit Bewegungen wie Schweben, Fliegen oder Fahren assoziiert. Man sagt ja auch, dass jemand „in die Traumwelt hinübergleitet."

Selbstcoaching-Tipp: Mit dem „Gedanken-Mobil" in den Schlaf gleiten

Wenn Sie als Processing-Methode die Augenbewegungen einsetzen möchten, führen Sie die Bewegungen natürlich mit geschlossenen Augen durch – schließlich handelt es sich hier um eine Einschlafhilfe. Die meisten Personen bevorzugen hier die Butterfly-Technik. Wenn Sie mit der wingwave-Musik arbeiten, legen Sie ihren Player griffbereit neben Ihr Bett. So können Sie den Beruhigungseffekt der wingwave-Musik auch beim nächtlichen Aufwachen nutzen.

1. Entwerfen Sie für sich ein „Gedanken-Mobil".
2. Begeben Sie sich in oder auf Ihr Gedanken-Mobil und setzen Sie es mental in Bewegung.
3. Sowie Sie die kleinste imaginäre Bewegung als Körperecho auf die Vorstellung spüren, setzen Sie mit der Butterfly-Technik ein.
4. Fahren Sie mit Ihrem Gedanken-Mobil Ihre Gedankenwelt gründlich ab. Verdrängen Sie die Gedanken nicht, sondern fahren oder fliegen Sie extra öfter um sie herum. Wichtig ist, dass Ihr Gedanken-Mobil in Bewegung bleibt.
5. Nach kurzer Zeit spüren Sie schon den beruhigenden Effekt. Sie gleiten in eine Traumwelt oder ein angenehmes Ruheerlebnis hinein.

Tipps:

- Diese Mentaltechnik eignet sich natürlich auch tagsüber als Abschalthilfe oder Feierabendritual.
- Selbstverständlich können Sie auch die direkte Variante wählen: Sie fokussieren das Körperecho auf die unangenehmen Gedanken und führen das Processing durch. Aber das Gedanken-Mobil macht mehr Spaß.

8. Belief-Coaching: Konstruktiver Umgang mit Glaubenssätzen

In Kapitel 5 „Verändern durch Verstehen: Know-how-Coaching" konnten Sie schon lesen, wie wir einschränkende Beliefs durch Know-how ersetzen. Doch oft reicht reines Know-how für die Überwindung ungünstiger Glaubenssätze nicht aus, da es meist nur die grauen Zellen, nicht aber unser Gefühlszentrum erreicht.

Auch offenkundige Beweise haben nur eine schwache Wirkung, wie das Spinat-Beispiel sehr schön zeigt. Viele wissen es schon: Spinat ist gar nicht so gesund, wie früher behauptet wurde. Hierzu die Zeitschrift *Medikament und Meinung:* Ein Tippfehler ist die Ursache des unverdienten Ansehens des Spinats, als starker Eisenträger besonders gesund zu sein. Tatsächlich enthält das Blattgemüse erheblich weniger Eisen als eine Reihe von Hülsenfrüchten. Die Überschätzung des Spinats geht [...] auf den Irrtum einer Sekretärin zurück, die um die Jahrhundertwende beim Abschreiben eines Untersuchungsberichts beim Eisengehalt des Spinats das Komma um eine Stelle nach rechts versetzt hatte. So wurde Spinat mit 16,0 (statt 1,6 Milligramm) je hundert Gramm ausgezeichnet. [...] Der Irrtum wurde zwar von einem misstrauischen deutschen Chemiker 1930 entdeckt und publiziert. Diese Erkenntnis erlangte indessen weniger Publizität als der Ausgangsfehler und vermochte deshalb den Siegeszug des Spinats insbesondere über den Kinderteller nicht zu verhindern."

Und man weiß heute noch mehr: Wird Spinat öfter als einmal erwärmt – was bei den Kleinkindportionen oft gehandhabt wurde und wird –, entwickelt er für ein Kleinkind überaus unverträgliche, ja sogar leicht schädliche Stoffe. Insofern folgten Generationen von Kindern einem sicheren Instinkt, wenn sie Spinat ausspuckten, statt ihn hinunterzuwürgen. Dennoch ließen sich Millionen Eltern und Großeltern vom Gewürge und der offensichtlichen Abscheu ihrer Kinder kein bisschen erschüttern oder misstrauisch stimmen, denn: **Spinat ist gesund!**

Wenn wir im Laufe eines Coachings negative schwächende Beliefs in positive Glaubenssätze verwandeln, rennen wir bei den meisten unserer Spitzenleistungs-Kunden offene Türen ein. Wer möchte nicht gern statt „Ich bin geschlagen" mit tiefster emotionaler Überzeugung denken: „Ich schaffe das!" Doch viele Menschen im Hochleistungs-Bereich haben auch ihre „Spinat-Beliefs". Sie glauben an mentale Erfolgsrezepte, die nur kurzfristig „powern", langfristig aber gar nicht so „eisenhaltig" und bekömmlich sind wie angenommen.

Bedenken Sie nochmals, wie die begeisterten Eltern lieber an den gesunden Spinat glaubten, als ihre spuckenden Kinder ernst zu nehmen. Dann können Sie sich vorstellen, wie wichtig es ist, bei der Modifikation von „Euphorie-Fallen", wie wir irrational überzogene Beliefs nennen, möglichst konstruktiv vorzugehen, um auch die emotionale Ebene bei der „Glaubensänderung" zu erreichen. Denn im Coaching geht es oft darum, den Wunderglauben loszulassen, um die Spitzenleistung langfristig erhalten zu können und die innere Welt „unerschütterlich" zu machen. Es geht darum, den Trafo auf eine Geschwindigkeit zu stellen, bei der der Erfolgszug nicht aus den Gleisen springt, sondern weiterfährt.

8.1 Der Belief-Spiegel: Die Ent-Täuschung der Täuschung

Der Arzt Johann kommt zum Coaching, um sich auf einen wichtigen Vortrag für einen internationalen Kongress in Berlin vorzubereiten. „Ich habe zwar schon öfter vor vielen Leuten eine Rede gehalten, aber dieser internationale Kongress ist noch etwas anderes. Außerdem läuft nach dem Vortrag mit Sicherheit eine wilde Diskussion, da muss ich gut reagieren können." – „Aber Sie wirken doch sehr redegewandt", melden wir ihm zurück. „Trotzdem habe ich wegen des Vortrags schlaflose Nächte", antwortet Johann. „Was befürchten Sie?", fragen wir. „Dass ich irgendetwas sage, das die versammelten Fachleute blöd finden – und dann kann ich das nicht mehr geradebiegen", sagt er. „Und wie wäre das für Sie?" „Fast unerträglich, in mir zieht sich alles zusammen, wenn ich daran denke."

An dieser Stelle könnte man bereits mit der klassischen wingwave-Intervention einsetzen: Johann denkt an einen abfällig den Kopf schüttelnden Zuhörer und dazu wird ein Processing durchgeführt. Im Belief-Coaching gehen wir jedoch noch ein Stück weiter. Wir verwenden hier eine provozierende Fragetechnik, die da heißt: „Der Coach stellt sich dumm." Das Ziel ist, die innersten Befürchtungen so weit auf die Spitze zu treiben, bis sie kippen und wir auf einen unbewussten irrationalen Euphorie-Belief als ursächlichen Stressauslöser stoßen. Allerdings bereiten wir unsere Klienten immer vor: „Ich stelle jetzt eine Reihe komischer Fragen, wobei ich so tue, als könne ich Sie gar nicht verstehen." Denn wir haben festgestellt, dass die Wirkung provozierender Techniken auch bei Methoden-Transparenz ebenso effektiv ist, als würde man seine Coachees mit den Provokationen überraschen. Der einzige Unterschied ist, dass bei Transparenz das Vertrauensverhältnis garantiert erhalten bleibt.

COACH: „Sie sagen, das Fachpublikum könnte Ihre Beiträge blöd finden. Selbstverständlich kann das passieren. Was ist daran so schlimm?"

JOHANN (guckt entgeistert): „Dann darf ich mich bei den Kollegen nicht mehr sehen lassen!"

COACH: „Warum nicht? So ein Gesetz kenne ich nicht. Alle Kongressredner dürfen in Deutschland frei herumlaufen – auch vor Kollegen."

JOHANN (grinst ein bisschen): „Ja – aber dann denken doch alle: ‚Das ist doch der, der beim Kongress so einen Unsinn geredet hat'."

COACH: „Und was ist daran schlimm?"

JOHANN: „Ich will nicht, dass die Leute so über mich denken!"

COACH: „Was soll man denn über Sie denken?"

JOHANN: „Natürlich gute Sachen!"

COACH: „Und Sie denken auch immer nur gute Sachen über jeden anderen Menschen?"

JOHANN: „Natürlich nicht."

COACH: „Aber alle Kollegen auf der ganzen Welt sollen gut über Sie denken, nicht wahr?"

An dieser Stelle brechen wir das Spiel „Der Coach stellt sich dumm" ab. Denn jetzt hat sich im Gespräch das entwickelt, was wir den „Belief-Spiegel" nennen. Durch das überspitzte Nachfragen stoßen wir auf eine potenzielle „Einsturzstelle" in Johanns Belief-System, denn latent lebte er bisher nach dem Leitspruch: „Ich muss von allen gut gefunden werden." Natürlich freut sich jeder Mensch über Würdigung und Anerkennung, doch das Problem in diesen unbewussten Beliefs ist das „MUSS". Dieses Muss gestattet keinerlei Kritik oder Ablehnung durch die Mitmenschen. Geschieht das doch, „bricht eine Welt zusammen". Diesen „Knacks" und auch die große Angst davor könnte Johann sich ersparen, wenn er seinen Belief ent-täuschen könnte. Wir sprechen übrigens auch von einem „Euphorie-Belief", wenn dieser weder von Menschen noch vom Schicksal erfüllt werden kann.

Johanns Belief täuscht ein Ziel vor, das kein Mensch jemals erreichen wird. Es ist nicht „menschenmöglich", bei allen anderen Menschen immer gleich gut anzukommen. Denn jeder Mensch hat seine persönliche Lebensgeschichte, seine persönliche Tagesform, seine individuellen Vorurteile. Natürlich kann es sein, dass jemandem Ihre Nase nicht passt, natürlich sucht vielleicht ein anderer gerade einen Blitzableiter und entdeckt Sie völlig unschuldigen Menschen als ideales Aggressionsziel. Selbstverständlich erzeugen Sie als erfolgreicher Mensch auch Neid bei weniger erfolgreichen Zeitgenossen. Denkt man unbewusst, dass dies alles nicht passieren darf, ergeht es einem wie Johann: Er leidet unter der Vorstellung, bei den vielen Zuhörern einen eventuellen Eindruck nicht mehr geradebiegen zu können, da er die eben beschriebenen möglicherweise ablehnenden Reaktionen nicht als Normalität, als etwas zum Leben Dazugehöriges erlebt.

Es ist durchaus menschenmöglich, bei vielen Menschen einen guten Eindruck zu machen – aber eben nicht bei allen. Und eine gesunde emotionale Schwingungsfähigkeit entsteht vor allem dann, wenn aus dem Muss ein Wünschen wird: „Ich wünsche mir, dass mich möglichst viele Menschen mögen und anerkennen." So ein Satz lässt genügend Platz für Eigeninitiative, bietet aber auch eine ausreichend hohe Frustrationstoleranz, falls der Wunsch einmal nicht in Erfüllung geht. So führt die „Ent-Täuschung der Täuschung" zu bestmöglicher Stabilität, weil die Welt nun nicht mehr so schnell zusammenbrechen kann. Unerklärliche und ungewollte Ablehnung durch andere gehört schließlich zum Leben dazu, wie Regen oder Wind zum Wetter.

8.2 Zum Optimisten werden

Johann hat gegen diese Ausführungen die gleichen Einwände wie viele andere Coaching-Klienten: „Wollen Sie mich zum Pessimisten machen? Auf negative Ereignisse stellen sich doch nur Pessimisten in ihrem Denken ein." Johann hat auch von Mentaltrainings gehört, wo man Sätze verinnerlichen soll wie: „Du kannst alles schaffen, was du willst" oder gar: „Meine Power ist grenzenlos". „Solche Sätze geben einem doch erst die Kraft, auch das Unmögliche zu erreichen", sagt er. „Wir haben öfter erlebt, dass irrationale Euphorie-Beliefs zwar Ziele im Kopf aufblühen lassen, aber deren Verwirklichung im Leben eher behindern als begünstigen", ist unsere Antwort. Man kann diese Aussage mit einem einfachen Beispiel veranschaulichen. Angenommen, man bräuchte für die Verwirklichung eines neuen Projekts drei Menschen. Der Projektleiter ist aber jemand, der – überspitzt dargestellt – gern denkt: „Ich kann alles schaffen, denn ich habe unbegrenzte Power.". Der irrationale Euphorie-Belief würde zu Fehlplanungen führen und damit zum Hemmschuh des Projekts werden.

„Alles ist machbar – man braucht nur gute Ideen!", ist beispielsweise der Belief eines erfolgreichen Hamburger Unternehmers. Einerseits umfasst er grenzenlose Möglichkeiten, andererseits schließt dieser Belief eine realistische Gestaltung der „Machbarkeit", der Verwirklichung von Visionen mit ein. Er erlaubt vernünftige Planung und Einfallsreichtum. Denn was nützt „unbegrenzte Power", wenn das Fingerspitzengefühl für das „Ei des Kolumbus" fehlt? Der Satz dieses Unternehmers ist also überhaupt nicht pessimistisch formuliert. Wichtig ist nur, dass er für eine potenzielle Verwirklichung von Ideen ausreichend realistisch bleibt.

In der Rational Emotiven Therapie nach Ellis werden diese inneren Sätze – auch Kognitionen genannt – dahingehend überprüft, ob sie funktional oder dysfunktional sind. Diese etwas trockenen Begriffe bringen die Anforderungen an Erfolgs-Beliefs auf den Punkt: Beliefs sind dann nützlich, wenn sie das Funktionieren, also die Verwirklichung von unseren Plänen ermöglichen. Sie sollten also im wahrsten Sinne realistisch sein, ganz nach dem Motto: Träume nicht dein Leben, sondern lebe deine Träume. Man sollte seine Beliefs stets mit den Kriterien des sogenannten SMART-Prinzips überprüfen: **s**pezifisch, **m**essbar, **a**ttraktiv, **r**ealistisch, **t**erminierbar: Nur so werden sie zu effektiven Motivations- und Bahnungsfaktoren bei der gehirngerechten Zieldefinition.

Machen Sie sich in diesem Zusammenhang einmal das berühmte Optimisten-Beispiel mit dem halb gefüllten Wasserglas bewusst. Der Pessimist sieht dieses Glas und sagt enttäuscht: „Oh, das Glas ist ja halb leer." Der Optimist hingegen freut sich: „Toll, das Glas ist ja halb voll!" Aber auch der größte Optimist würde nie sagen: „Toll, das Glas ist ja bis an den Rand gefüllt", weil das nicht der Realität entspricht.

Ein Optimist ist immer auch ein Realist, der seine Ressourcen vollständig adäquat einschätzt. Er ist kein „Schöngucker“, der sich etwas vormacht. Ein „Schöngucker“ hingegen sieht, dass die Tankuhr auf halb steht, sagt sich: „Toll, ist ja ganz voll“, fährt damit in die Wüste und bleibt zehn Kilometer vor der Oase liegen – wenn er Glück hat. Der Optimist würde den halb vollen Tank akzeptieren, nochmals zur Tankstelle fahren und außer dem gefüllten Tank vielleicht noch einen Reservekanister mitnehmen, um sicher die Oase zu erreichen. Genau das ist auch der Unterschied zwischen dysfunktionalen und funktionalen Erfolgs-Beliefs. Werden Sie also lieber zum Optimisten statt zum „Schöngucker“.

8.3 „Wir sind unverwundbar“: Die typischen Belief-Fallen von Spitzenleistern

Natürlich hat bisher noch keiner unserer Klienten behauptet, unverwundbar zu sein. Dennoch beschreibt dieses schöne Wort treffend die mentale Atmosphäre von irrationalen und daher auch dysfunktionalen Euphorie-Beliefs vieler Menschen in Leistungssituationen. Im Folgenden stellen wir Ihnen nochmals vier dieser meist unbewussten Beliefs vor, welche die Gefahr in sich bergen, dass der jeweilige Mensch „an sich selbst scheitert“. Wir beschreiben kurz, warum es sich bei dem Satz um eine Belief-Falle handeln könnte, und zeigen mögliche funktionale Beliefs als Alternative.

„Alles ist machbar!“

Außer Fehlplanungs-Risiken birgt dieser Belief auch noch die Gefahr in sich, dass man ein mögliches Verlust-Projekt nicht rechtzeitig erkennt und immer weiter in eine nicht lukrative Sache investiert. Stößt man tatsächlich an Grenzen, kann dieser Belief sogar depressiv machen: Wenn doch alles machbar ist, spiegelt diese Situation offensichtlich nichts anderes als die persönlichen Schwächen. Häufig führt die euphorisierende Wirkung dieses Beliefs dazu, dass Menschen sich nur noch in riskanten Grenzsituationen wohl- bzw. „angekickt“ fühlen, um zu erleben, wie ihr Belief in Erfüllung geht. Das kann sogar unbewusst dazu verleiten, Risiko-Situation zu provozieren bzw. sie nicht rechtzeitig zu verhindern. Im Zusammenhang mit Extrem-Sportarten benutzt, spricht man sogar von „Adrenalin-Junkies“.

Funktionale Beliefs:
„Wenn es eine Lösung gibt, finde ich sie – oder ich finde denjenigen, der sie findet.“
„Ich tue das Menschenmögliche.“
„Ich gebe mein Bestes.“

Diese Beliefs stellen sicher, dass die Person sich auch wertvoll fühlt, wenn sie – ausnahmsweise – einmal keine Wunder bewirkt.

„Ohne mich geht es nicht!“

Ein solcher Belief verhindert sowohl konstruktive Teamarbeit als auch erfolgreiche Delegation, was oft zur Aufrechterhaltung von Spitzenleistungen von großem Wert ist. In vielen Unternehmen verhindert eine solche Haltung auch, dass sich erfahrene Mitarbeiter rechtzeitig ihren Nachwuchs aufbauen.

Funktionale Beliefs:
„Ich kann immer wertvolle Impulse geben."
„Ich bin eine gute Führungskraft."

Diese Beliefs erhalten das Selbstbewusstsein, auch wenn man einmal keine entscheidende Rolle spielt. Beispielsweise kann man den letzten Satz folgendermaßen weiterdenken: „Ich bin eine gute Führungskraft und brauche ein Umfeld, das diese Fähigkeit schätzt." Das wirkt vielleicht etwas überheblich, stellt jedoch sicher, dass die innere Welt auch dann intakt bleibt, wenn man einmal nicht mitmischt – aus welchen Gründen auch immer. Natürlich funktioniert dieser Belief nur dann, wenn die Führungsqualitäten real vorhanden sind. Das Glas muss also tatsächlich halb voll sein.

„Man wird es mir danken!"

Beliefs dieser Art programmieren geradezu einen möglichen Zusammenbruch der inneren Stabilität. Menschen mit einer solchen Haltung haben in der Regel als festes Fundament für ihre Persönlichkeit ein sehr ethisches Wertesystem. Problematisch wird es jedoch, wenn man davon ausgeht, dass alle Mitmenschen dieses Wertesystem teilen: „Selbstverständlich wäre ich selbst auch dankbar, wenn ein anderer Mensch sich so für mich einsetzen würde." Man schließt also automatisch von sich auf andere. Viele hoch engagierte Menschen erleiden deswegen ein richtiges Sozial-Trauma, wenn beispielsweise ein Unternehmen, für das sie jahrelang engagiert gearbeitet haben, sich völlig unerwartet nicht dankbar, sondern enttäuschend verhält. Natürlich gibt es undankbare, gefühlskalte, gewissenlose, egomanische, psychopathische, feige oder skrupellose Menschen. Das Glas ist eben nur halb voll und nicht bis zum Rand mit guten Menschen gefüllt.

Vergegenwärtigen Sie sich dieses Thema mit einer Metapher aus dem Reich der großen Meereswesen. Delphine gelten beispielsweise als sozial hoch entwickelte, intelligente, verspielte und freundliche Meeressäuger. Doch bei aller Freundlichkeit würde ein Delphin nie denken, dass alle optisch ähnlichen großen Meeresbewohner ebenfalls Delphine sind. Er weiß sehr wohl, dass es auch Haie gibt, und ist darauf bestens eingestellt. Delphine fallen nicht entsetzt in Ohnmacht, wenn ein Hai aufkreuzt. Sie versuchen auch gar nicht erst, im Hai das Gute zu entdecken und mit ihm zu spielen, sondern vertreiben ihn auf der Stelle höchst energisch und erfolgreich aus ihrem Revier, weil sie einkalkulieren, dass der Hai keineswegs ihr Bestes will. Offensichtlich gehört die Existenz von Haien mit in das Unterwasser-Weltbild eines Delphins und er ist bestens auf deren Existenz eingestellt. Hat der Delphin sich nun erfolgreich gegen den Hai gewehrt, würde er aber nach dieser Erfahrung nicht plötzlich denken, dass jedes große Wesen mit einer ähnlichen Figur – also auch andere Delphine – Haie sind. Er kann nach wie vor unterscheiden und sich an seinen Gleichgesinnten weiter freuen.

Wir wollen unsere Coaching-Klienten also nicht grundsätzlich misstrauisch machen, sondern – wie schon beschrieben – auch beim Thema „Mitmenschen" für funktionale Beliefs sorgen. Geschieht dies nicht, kann sich das ursprüngliche Problem nämlich noch weiter zuspitzen. Man fängt an zu hadern und will den anderen zeigen, dass sie das nicht „so einfach machen dürfen" oder mal „begreifen sollen, was sie falsch gemacht haben". Das ist so, als würde der Delphin jetzt dem Hai hinterherschwimmen, ihn in die Unterwasser-Höhle drängen und mit ihm so lange diskutieren, bis dieser sich dafür entschuldigt, ein Hai zu sein – während die anderen Delphine schon lange wieder lustig spielen. Über Energieverschwendung durch Wiedergutmachungs-Wünsche haben wir ja schon in Kapitel 2 zum Thema „Rache" gesprochen.

Funktionale Beliefs
„Menschen sind verschieden."
„Ich kann Menschen nicht ändern – nur mit ihnen auskommen."
„Ich kann einen Menschen nur ändern, wenn er es auch will."
„Es gibt Delphine und Haie – und auf beide bin ich vorbereitet."
„Gleichgesinnte sind ein Geschenk – aber ich habe kein kosmisches Recht darauf."

„Ich muss immer die richtige Lösung finden!"

Dieser Belief unterstellt unbewusst, dass das Leben ein Sumpf von falschen Lösungen ist, aus dem die richtige Lösung wie eine sichere Insel herausragt. Ein falscher Schritt – und schon wird man vom Sumpf verschluckt. Allein wenn Menschen mit zwei Möglichkeiten konfrontiert werden, denken sie schnell: „Und wenn ich mich jetzt für das Falsche entscheide?" Unsere Lernprägung im digitalen Denken führt zu der sehr vereinfachten Sichtweise: Ja oder Nein, Richtig oder Falsch, Schwarz oder Weiß, 1 oder 0. Doch denken Sie einmal an den Spruch: „Alle Wege führen nach Rom." Demnach könnte es doch auch zehn Möglichkeiten geben – alle auf sicherem Boden und allesamt „richtige Lösungen", wenn man das Beste aus ihnen macht.

Natürlich hat jeder dieser zehn Wege seine eigenen Schwierigkeiten. Beim digitalen Falsch-richtig-Denken führt jedes Experiment auf neuen Wegen dazu, dass man sich schon bei kleinsten Schwierigkeiten oder Pannen sagt: „Also, habe ich doch das Falsche gewählt. Das wäre bei der anderen Lösung nicht passiert, denn offensichtlich war die ja die richtige." So werden jegliche Kreativität und Tatkraft auch noch mit

Hadern blockiert. Stellt sich dann tatsächlich heraus, dass ein anderer Lösungsweg idealer wäre, haben viele Menschen fatalerweise auch noch den Belief, dass man sich nur einmal entscheiden darf und dann nie wieder: „Wer A sagt, muss auch B sagen." Man darf nun also nie mehr nach den anderen neun Lösungen schielen. So werden aus Lösungen Knoten.

Funktionale Beliefs:
„Alle Wege führen nach Rom."
„Auch bei den größten Erfindungen gab es viele Experimentierreihen."
„Ich mache das Beste daraus."
„Sich auf den Weg machen ist das Ziel."
„Probieren geht über Studieren."
„Es gibt keine Fehler, nur Ergebnisse, die man verwerten muss."
„Wer A sagt darf beim Probieren auch feststellen, dass es nicht optimal war, A zu sagen."

Wenn wir unser Coachees bitten, diese funktionalen Sätze im Zusammenhang mit dem Myostatik-Test auszusprechen, fällt der Test oft nicht stark genug aus. Hier besiegt die Emotion wieder den Verstand: Die Euphorie-Sätze fühlen sich einfach viel zu gut an! Wie bei Schokolade oder einer scheinbar lukrativen Anlage wird ein zu gutes Gefühl hier zum Problem!

8.4 Abschied von der Euphorie-Falle

Belief-Coaching erfordert vom Coach einiges Know-how über die psychologische Wirkung von Satzstrukturen. Es gibt im Großen und Ganzen drei Sorten von dysfunktionalen Satzmustern: Tilgung, Verzerrung und Generalisierung. Eine außerordentlich präzise Darstellung zu diesem Thema finden Sie in den ersten NLP-Büchern von Richard Bandler und John Grinder: „Kommunikation und Veränderung“ und „Metasprache und Psychotherapie“. Für die meisten Leser mögen jedoch die bisherigen Ausführungen reichen, um ein „Fingerspitzengefühl“ für die Folgen von dysfunktionalen Beliefs zu bekommen.

Das gemeinsame Überprüfen von Beliefs hinsichtlich ihrer Erfolgs- und Selbstwert-Funktionalität nennt man auch „Disputieren“. Wenn wir beim Belief-Spiegel die dysfunktionalen Euphorie-Beliefs identifizieren konnten, folgt vor der eigentlichen Intervention noch eine weitere Gesprächssequenz, in der wir uns gemeinsam mit dem Klienten über den gefundenen Belief auseinandersetzen. Beim Disputieren ähneln die Gesprächsinhalte in etwa denen, die wir gerade in Kapitel 8.3 „Wir sind unverwundbar“ vorgestellt haben. Gemeinsam werden dann die funktionalen Beliefs entwickelt. Natürlich wird dieser Part zunächst überwiegend durch den Verstand gesteuert. Ein emotionaler Abschied von den dysfunktionalen Beliefs erfolgt dann wieder durch die bilaterale Hemisphärenstimulation.

Hier arbeiten wir mit „wingwave rückwärts“: „Wir haben jetzt zwar die Dysfunktionalität ihre Beliefs entdeckt, aber irgendwie hat er Ihnen ja auch ein gutes Gefühl gemacht. Natürlich erzeugt der Satz: ‚Ich schaffe alles‘ ein sehr positives Körperecho.“ Beim Processing fokussieren die Klienten dieses oft sogar euphorische Körperecho. Und dann geschieht etwas äußerst Interessantes. Ansonsten laufen die Prozesse ja immer ins Wohlgefühl hinein: Subjektives Unbehagen baut sich ab, angenehme Gefühle werden intensiver. Haben wir es aber mit dysfunktionalen Euphorie-Beliefs zu tun, geschieht beim Processing das Gegenteil: Das tolle Gefühl verflüchtigt sich. „Es ist, als wäre ich vorher high gewesen und jetzt von einer Sekunde auf die andere wieder nüchtern“, beschrieb ein Klient diesen Effekt. Andere benutzen Begriffe wie „geerdet“, „wieder gelandet“ oder „nicht mehr unter Strom“, „wie aufgewacht“, was sich auch im Myostatik-Test abbildet: Plötzlich zeigen die SMART-Beliefs eine starke Wirkung.

Gerade dieser Effekt hat wiederum unseren Respekt vor der individuellen Weisheit eines jeden Menschen angesprochen. Durch bilaterale Hemisphärenstimulation finden Menschen offensichtlich ganz allein von einem heiklen und aufgeputschten zu einem stabilen und tragenden Gleichgewicht zurück. Durch die eigene mentale Integrationsleistung verabschieden sie sich im Prozess von ihren Euphorie-Fallen.

8.5 Die Verinnerlichung von Ich-stärkenden und gesundheitserhaltenden Beliefs

Wie schon beschrieben, werden beim Disputieren gemeinsam mit den Klienten ein neuer oder eine Reihe von neuen Beliefs entwickelt, die nach der „Ernüchterungs-Intervention" plötzlich stark testen. Diesen positiven Effekt intensivieren wir oft noch mit der bereits vorgestellten Magic-Words-Methode, die wir zum schnellen Abbau von mentalen Blockaden und zur Etablierung von positiven Schlüsselwörtern und -sätzen entwickelt haben.

Dabei bitten wir unsere Klienten, sich ihren neuen, funktionalen Belief geschrieben vor dem geistigen Auge vorzustellen. Dann intensivieren wir die Repräsentation des Beliefs auf dem „mentalen Bildschirm" wieder mit den sinnesspezifischen Methoden aus dem NLP:

- Größe des Schriftzuges
- Schriftart, wie z. B. gedruckt oder Handschrift
- Farbe oder Farben der Buchstaben
- Farbe des Hintergrunds
- vielleicht sogar dreidimensionales Material wie Neonschrift, aus Holz geschnitzt, wie aus Wolken in den Himmel geschrieben usw.
- Nun bekommt der Satz noch die entsprechende Tonqualität: eine bestimmte Stimme oder Stimmen, die den Satz sagen oder vielleicht sogar singen.
- Vielleicht erfolgt noch eine weitere auditive Unterstützung wie ein Tusch, zartes Vogelzwitschern oder brausende Orgelklänge.

Mit diesen Sinneseindrücken wird so lange gearbeitet, bis der Satz dem Klienten ein gutes, vor allem ein stabilisierendes Gefühl gibt. Nun fokussiert er diesen sinnlich gestalteten positiven Belief, nimmt das stabilisierende Körperecho auf diesen Satz hin wahr und das Processing wird wieder so lange durchgeführt, bis der Klient das Ergebnis als optimal empfindet. Ebenso verfährt man mit weiteren Beliefs, die der Klient noch zur Stärkung seiner inneren Balance verinnerlichen möchte.

9. | Weitere Coaching-Themen

Bis hierher haben wir Ihnen die wichtigsten Ausführungen zum Einsatz von EMDR bzw. wingwave-Verfahren im Coaching vorgestellt. In diesem Kapitel finden Sie noch einige weiterführende Gedanken zu diesem Thema. Sie werden einfach aneinandergereiht vorgestellt.

9.1 Sport-Coaching

Spitzensportler stehen vor allem im Wettkampf unter erheblichem Leistungsstress. Eigentlich wäre es nach jedem nicht gewonnenen Wettkampf äußerst wichtig, die Enttäuschung über eine Niederlage – denn so empfinden doch die meisten eine solche Situation – möglichst schnell zu integrieren, damit sich nicht am Ende ein allgemeines Stressgedächtnis zu den Stichwörtern „Wettkampf", „Olympiade", „Meisterschaft" usw. aufbaut. Auch das Training kann durch bilaterale Hemisphärenstimulation ideal unterstützt werden: Man fokussiert die ganzen Bewegungsabläufe, sorgt dafür, dass sich der Sportler allen potenziellen Wettkampfgegnern „gewachsen" fühlt, motiviert ihn oder sie für die manchmal monotonen Trainingssequenzen.

Die besten Trainingsergebnisse erzielt man, wenn der Sportler während der Intervention seine Sportkleidung trägt oder hält: Boxhandschuhe, Tennisschläger oder Ball. Oder die Intervention findet sogar am Ort des Geschehens statt. Ideal ist die Kombination mit eingespieltem Zuschauerlärm aus dem Lautsprecher. Ganz wichtig ist auch das Coaching des intrapersonellen Dialogs, den der Sportler in der Leistungssituation mit sich selbst führt, wie wir es in Kapitel 7 beschrieben haben. Je mehr sinnesspezifische Details aus dem Leistungserlebnis positiv integriert werden, desto ressourcevoller sind später in der Situation selbst die mentale Verfassung und somit das Leistungsvermögen. (Schauen Sie sich hierzu nochmals die Stress-Trigger-Liste zum Thema Sportcoaching auf Seite 98 an.)

Ein wichtiger Einsatzbereich für wingwave im Spitzensport ist das Coaching nach Sportverletzungen. Immer wieder finden Sportler auch nach einer vollständigen Ausheilung ihrer körperlichen Verletzungen nicht in vollem Umfang zu ihrem vorherigen Leistungsvermögen zurück. Hier ist die Verletzung noch im „Schmerzgedächtnis" als Performance Stress Imprinting gespeichert, was die Heilung der Verletzung und des erlebten Schmerzes auf der mentalen Ebene blockiert. Wir freuen uns darüber, dass das Thema „wingwave-Coching im Einsatz nach Sportverletzungen" von der Deutschen Sporthochschule Köln im Rahmen einer Bachelorarbeit (siehe Kapitel 6) beforscht wurde und dass hierzu die ersten positiven Ergebnisse vorliegen.

9.2 Ein neuer Ansatz im Umgang mit übermäßigem Genusskonsum

Hierbei handelt es sich zwar nicht um ein klassisches Coaching-Thema, dennoch sprechen uns viele unserer Coaching-Klienten im Laufe der Zusammenarbeit immer wieder darauf an, dass sie eigentlich auch weniger essen oder Alkohol trinken oder mit dem Rauchen aufhören möchten. In der Realität sind diese Themen aber nicht durch eine scharfe Linie zu trennen, denn Spitzenleistung geht auch immer mit sogenannten „social events" einher, wo eben gegessen, getrunken und geraucht wird. Man denke nur an die vielen Geschäftsessen oder Partys, die teilweise gern, oft aber auch ungern absolviert werden.

Dass Spitzenleister versuchen, ihren Leistungsstress durch sinnliche Genüsse zu kompensieren, ist außerdem weitverbreitet: „Ich arbeite so viel, da möchte ich mir auch etwas gönnen, was mir Spaß macht." Sicher haben Sie solche Argumente schon von anderen oder gar von sich selbst gehört. Andererseits weiß man aber um die gesundheitsschädigende Wirkung einiger dieser Verhaltensweisen und möchte seinen diesbezüglichen Konsum doch reduzieren. Gerade bei diesen Themen driften jedoch Verstand und Emotion sehr stark auseinander, wobei die Emotion den Verstand allzu oft besiegt.

Auch hier arbeiten wir erfolgreich mit der Technik „wingwave rückwärts". Wir lassen unsere Klienten ganz genau beschreiben, warum sie ihr Genussmittel so lieben, sei es die Schokolade, der Rotwein oder die Zigarre. Da kommt eine Fülle von Antworten: Man fühlt sich geborgen, geliebt, man spürt Stolz, Anerkennung, Lust, Entspannung und Lebensfreude. Wir bitten unsere Klienten dann, genau das Körperecho von Entspannung, Lust oder Geborgenheit zu beschreiben. Es wird also nicht das Körperecho auf das Genussmittel hin gesucht, sondern die Körperantwort auf den positiven emotionalen Zustand.

Nun fokussiert der Klient sein Genussmittel *und* das positive körperliche Emotions-Echo, während das Processing durchgeführt wird. Die Ergebnisse sind die gleichen wie beim Coaching von Euphorie-Beliefs: Die Klienten denken an ihr Genussmittel und fühlen sich plötzlich total ernüchtert: „So ein kleines braunes Teil, dass sich Schokolade nennt, kann mir doch gar keine Liebe geben – so ein Quatsch!" Es findet eine regelrechte Entzauberung statt.

Natürlich wird durch dieses Vorgehen auch die schöne Wirkung von Werbung entzaubert. Da gibt eine Zigarette ein Gefühl von Freiheit, anstatt dass man an einen jämmerlichen Raucherhusten denkt. Bei einer getrockneten, krachenden, salzigen Kartoffelscheibe assoziiert man durch den Slogan „Your friends are here" ein Gefühl von Geborgenheit. Champagner oder eine Zigarre suggerieren, ungeheuer wichtig zu sein. Mit anderen Worten: Die emotionalen Versprechungen dieser Genussmittel sind völlig übertriebene Gefühls-Mogelpackungen.

Durch das Processing wird das allzu enge assoziative Netzwerk zwischen Genussmittel und Emotion gelöst, das Gier- oder Suchtgefühl neutralisiert. Diese Ernüchterung wird von all unseren Klienten auch als Befreiung erlebt. Allerdings stellt sich nun ein neuer Genuss ein: Sie genießen es, innerlich „Nein" zu den sinnlichen Verführern sagen zu können.

Nach dieser Entzauberung fahren wir immer mit einem Selbstbild-Coaching fort: Der Klient visualisiert sein blühendes, kraftvolles und gesundes Zukunfts-Ich, das jetzt frei von einem übertriebenen Verlangen nach Genussmitteln lebt. Dieses Erlebnis ist dann das neue Genussmittel.

9.3 Die Bedeutung von Stressimpfung

Viele unserer Klienten, die öfter wingwave-Coaching erlebt haben, berichten über einen generellen Effekt dieser Methode. Sie erleben zunehmend, dass sie sehr oft in Situationen gelassen bleiben, in denen sie sich früher sofort aufgeregt hätten. „Und selbst wenn ich mich ärgere oder eine Ideenblockade habe, hält ein solcher Zustand nur noch ganz kurz an. Ich komme jetzt viel schneller von allein aus diesen inneren Blockierungen heraus", beschrieb die Personalleiterin Karin diesen Effekt. Es scheint so zu sein, als würde das Gehirn Stresserlebnisse als Auslöser für höchstmögliche Kreativität und nicht mehr für neuronale Blockierung automatisieren. Offensichtlich findet das statt, was man in der Verhaltenstherapie „Stressimpfung" nennt.

Somit wäre es eine weitere Motivation, wingwave-Coaching nicht nur auf einen Anlass bezogen zu nutzen, sondern diesen Ansatz auch als ein neuronales Training zur generellen Stressbewältigung zu begreifen. Offensichtlich entwickelt man durch das wiederholte Erleben dieser Methode einen individuellen Engelskreis mit den Erlebnissen, die täglich auf uns einstürmen: Man bleibt in Fluss mit seinen Gefühlen, erstarrt nicht mehr, sondern reagiert lebendig und aktiv.

9.4 Emotionen und Langlebigkeit: Ein philosophischer Gedanke

Die folgenden Ausführungen sind bitte nur als ein Gedankenspiel aufzufassen, das sich bei uns anlässlich der intensiven und täglichen Beschäftigung mit den Möglichkeiten dieser Coaching-Methode ergeben hat. Natürlich hört es sich etwas größenwahnsinnig an, wenn man sich fragt: „Was wäre, wenn jeder Mensch seine nicht verarbeiteten Stresserlebnisse oder immer wiederkehrenden Gedanken- und Leistungsblockaden systematisch wieder integrieren würde?“ Bei jeder Form des Processings zeigt sich uns das anfangs geschilderte „Dornröschenschloss-Phänomen“: Emotionale Prozesse, die neuronal irgendwie zum Stehen kamen, werden wieder in einen emotionalen Fluss gebracht. Der Schreck steckt nicht mehr in den Knochen, das „Brett vor dem Kopf“ verschwindet, ein Erlebnis „wurmt nicht mehr“.

Welche Anstrengung mag es wohl ein Nervensystem kosten, nicht verarbeitete emotionale Blockaden täglich auszubalancieren? Welchen Einfluss hat eine solche ungünstige Aktivierung nicht nur auf die Leistungskraft, sondern auch auf die körperliche Gesundheit? Leben und Lebendigkeit sind nämlich gleichzusetzen mit Bewegung: Das Blut fließt, das Herz schlägt, das Nervensystem reagiert beständig auf neue Reize von außen.

In der Psychotherapie spricht man von „Schwingungsfähigkeit“, wenn ein Mensch immer wieder flexibel und eben nicht starr auf Erlebnisse von außen reagiert. Nicht-Bewegung und Starrheit sind eigentlich das Gegenteil von Lebendigkeit. Da kommt schon mal der kühne Gedanke auf, dass durch „Schwingungs-Interventionen“, die emotionale Starrheit wieder in einen lebendigen Fluss verwandeln, auch Gesundheit und damit vielleicht sogar auch Langlebigkeit gefördert werden. Schließlich bedeutet das Wort Emotion vom Wortstamm her Bewegung und eben nicht Stillstand. Vielleicht fördern fließende, lebendige Emotionen auch Lebendig-Sein?

Nehmen Sie diese Ausführungen einfach als weitere Anregung. Das alles ist weniger als eine medizinische These, sondern vielmehr als ein philosophischer Gedanke zu verstehen.

9.5 Der Coaching-Rahmen

Die in diesem Buch vorgestellte Coaching-Methode bieten wir unsere Klienten in einem Zeitrahmen von fünf bis zehn Coaching-Stunden an. Das gilt natürlich jeweils für ein einzelnes gewähltes Ziel. Die meisten unserer Coaching-Kunden kommen auch mit einem gezielten, einzelnen Thema: Sie wollen in einer bestimmten Verhandlung erfolgreich sein, ein Leistungsziel erreichen oder mit ihren Mitmenschen besser und professionell zurechtkommen. Hat aber ein Coachee mehrere Themen, wählen wir gemeinsam dasjenige aus, das ihm am wichtigsten ist. Für ein weiteres Thema werden dann erneut zwei bis fünf Coaching-Sitzungen vereinbart.

Kommen die Coachees von außerhalb, vereinbaren wir auch halbe oder auch ganze Arbeitstage. Natürlich wäre ein wöchentliches Treffen ideal – jedoch muss man sich beim Spitzenleistungs-Coaching realistischerweise nach dem Kalender der Coaching-Kunden richten. Was nützt das Aufarbeiten von Performance Stress Imprintings, wenn durch ein rigides Coaching-Zeitkonzept wieder neuer Stress entsteht?

Als äußerer Rahmen empfiehlt sich immer ein räumlicher Wechsel vom täglichen Arbeitsplatz. Viele unserer Kunden kommen gern zu uns nach Hamburg. Ist dies nicht möglich, besuchen wir auch die Kunden, bestehen dann jedoch darauf, dass das eigentliche Coaching immer an einem neutralen Ort stattfindet. Für ein „In-vivo"-Coaching ist natürlich die Arbeitsplatznähe von Vorteil, aber man muss immer wieder in einen angenehmen Raum außerhalb des täglichen Arbeitsfeldes zurückkehren können.

Wir freuen uns, dass es mittlerweile über 2000 Coaches nicht nur im deutschsprachigen Raum, sondern auch in vielen anderen Ländern gibt. Unter ↗ http://www.wingwave.com finden Sie u. a. auch unseren internationalen Coachfinder.

10. Glossar

Amygdala: Zwei kleine paarige Kerne im limbischen System, die bei einem hohen Erregungsniveau des Nervensystems eine besonders hohe Aktivität zeigen. Dies geschieht sowohl bei sehr unangenehmen Emotionen (Angst, Wut etc.) als auch bei allzu angenehmen (Gier, Heißhunger, Kaufzwang). Man nennt die Amygdala auch das „Alarmglöckchen" des Nervensystems. In der Umgangssprache nennt man diese Gehirnteile „Mandelkerne". Die Mandelkerne kontrollieren alle hereinkommenden Reize hinsichtlich der Kriterien „neutraler Reiz", „gefährlicher Reiz" oder „euphorisierender Reiz" (Kaufzwang, Heißhunger, Verliebtsein).

Anker: Sinnesspezifischer Auslöser für zuvor daran gekoppelte (konditionierte) Zustände, z.B. eine Befindlichkeit oder ein Verhalten. Beispielsweise erinnert ein bestimmtes Musikstück an einen Urlaub. Das reine Hören löst später wieder die Urlaubsgefühle aus – unabhängig von dem jeweiligen Aufenthaltsort. Das Musikstück ist so zum auditiven Anker geworden. Ein Bild (visueller Anker), ein Geruch (olfaktorischer Anker), ein Geschmack (gustatorischer Anker) oder ein Gefühl (kinästhetischer Anker) können ebenso wirken.

Arousal: Bezeichnet den alltäglichen Erregungszustand unseres gesamten Nervensystems. Er wird überwiegend durch das →limbische System organisiert. Umgangssprachlich redet man auch vom „Antrieb" des Menschen. Den Zustand des Arousal kann man mit dem Trafo einer elektrischen Spielzeugeisenbahn vergleichen: Er setzt die Gleise unter Strom. Ist er ausgestellt, bleiben die Züge stehen, überdreht man die Geschwindigkeit, fallen die Züge in der Kurve aus dem Gleis. Ist das Arousal zu hoch, können auch kleinste Ereignisse uns aus der Bahn werfen.

Auditiv, auditiver „Kanal": Einer der fünf Sinne bzw. →Sinneskanäle, den wir bei der Wahrnehmung (innerlich oder äußerlich) von Stimmen, Geräuschen oder Klängen verwenden: Hören.

Auditive Stimulation: Die abwechselnde Rechts-Links-Stimulation mit Tönen über die Ohren – meist mithilfe von Kopfhörern. Sie fördert das Koordinationsvermögen der beiden Gehirnhälften.

Aussagenbaum: Systematische Liste mit Reizaussagen zum Auffinden von bedeutsamen Lebensereignissen, die immer noch im →Stressgedächtnis nachwirken und durch zufällige Erlebnisse im Hier und Jetzt ungünstig geankert und aktiviert werden. Die laute Stimme des Kollegen erinnert an den strengen Vater und ängstigt, obwohl der Kollege nett ist. Eine Präsentation erinnert an das Klassenzimmer und geht unnötigerweise mit einem unguten Gefühl einher, obwohl man sich optimal vorbereitet hat.

Automatische Gedanken: Ein ständig innerlich produziertes Selbstgespräch, das uns durch den Alltag leitet und mit dem wir auch unsere Erlebnisse bewerten und kommentieren. Diese inneren Sätze laufen überwiegend unbewusst gesteuert ab und werden zu selten bezüglich ihrer emotionalen Wirkung und Motivationskraft überprüft. Automatische Gedanken können gleichermaßen demotivieren und beflügeln – je nachdem, wie sie vom Inhalt und vom Tonfall her formuliert werden.

Bahnungsmomente: Kurze, aber für unser individuelles Glück und unsere Erfolge wichtige Momente, wie Prüfungen, Wettkämpfe, Reden, Vorstellungsgespräche etc. Manchmal entscheiden nur Minuten oder Sekunden über den glücklichen Ausgang eines Bahnungsmoments. Deshalb sollte der Mensch in diesem kurzen Zeitfenster in seiner bestmöglichen Verfassung sein.

Bauchgehirn: Das komplexe Nervengeflecht um den Darm, das für instinktives Wahrnehmen und Verhalten verantwortlich gemacht wird.

Belief: Hierbei handelt es sich um automatische Vorannahmen von Menschen bezüglich ihrer eigenen Person, der „Welt da draußen", über andere Menschen und auch über das Schicksal und „höhere Mächte". Diese Glaubenssätze können auch die Realität gestalten – ohne dass es der einzelnen Person bewusst ist. Hier wirkt die → sich selbst erfüllende Prophezeiung. Glaubt eine Frau den Satz: „Frauen verstehen nichts von Technik", wird sie sich der Technik gar nicht erst widmen und versäumt so die erforderlichen Lerneffekte für den Umgang mit technischen Dingen. Ergebnis: Aufgrund mangelnder Erfahrungen geht der limitierende und hemmende Satz „in Erfüllung". So gibt es hemmende und natürlich auch erlaubende Beliefs, wie z. B.: „Ich kann erfolgreich sein."

Belief-Spiegel: Die innere Sammlung von → Beliefs eines Menschen über sich selbst, andere Menschen und das Funktionieren der Welt wirkt formend auf das äußerliche wahrnehmbare Verhalten eines Menschen. Sie ist der innere Spiegel des äußeren Auftritts. Beispiel: Jemand möchte Autogenes Training lernen, findet aber trotz aller Bemühungen keine Ruhe. Vielleicht hat er den Belief „Wer rastet, der rostet" verinnerlicht, der ihm das Entspannen und Ausruhen verbietet.

Bilaterale Stimulation: Abwechselnde Rechts-links-Reize, z. B. mithilfe von Augenbewegungen, Geräuschen oder Berührungen.

Bilaterale Gehirnstimulation: Die Rechts-links-Stimulation der beiden Hirnhälften zur Förderung eines optimalen Koordinationsvermögens verschiedener Gehirnareale.

Biografie-Stress: Eine Erfahrung, Schlüsselsituation oder Traumatisierung aus der persönlichen Lebensgeschichte eines Menschen, die in der Gegenwart immer noch Stress auslöst, obwohl sie der Vergangenheit angehört. Siehe auch → resistentes Stress-Imprinting.

Bodyscan: Das bewusste Hineinspüren in den Körper, um das → „Körperecho" einer subjektiv unangenehmen Emotion zu orten: angespannter Kiefer, eine Enge im Hals, ein flauer Magen, weiche Knie usw. Gleiches gilt für positive Emotionen: Die Freude sitzt im Herzen, die wohlige Ruhe im Bauch, die Entschlossenheit in den Schultern usw.

Butterfly-Methode: Eine abwechselnde Rechts-links-Stimulation, bei der man sich selbst rhythmisch auf die Schultern klopft. Diese Berührungs- und Geräuschstimulation kann Stresszustände regulieren, beispielsweise ein ängstliches Gefühl im Fahrstuhl lindern.

Coachee: Der Klient oder Kunde, der an einem Coaching teilnimmt.

Dosierungstesten: Das Herausfinden der individuell richtigen Dosierung von Genussmitteln (z. B.: „Ich darf täglich zwei Stückchen Schokolade essen.") Bei wingwave werden allerdings weder Medikamente noch die medizinische Verträglichkeit von Substanzen getestet. Der Test eignet sich in keinem Fall für medizinische Untersuchungen oder gar Verordnungen.

Disputieren: Meint ein „wohlwollend provozierendes Streitgespräch", um einschränkende → Beliefs zu entdecken und sie in ihrer Aussage bewusst auf den Prüfstand zu stellen. Beispiel: „Der Klügere gibt nach", sagt der Coachee. „Ja, und aus diesem Grund wird die Welt auch immer von den Dummen regiert", kontert der Coach. Der Coachee hält inne und überprüft für sich bewusst noch einmal die Belief-Aussage.

Dyskalkulie: Probleme im Umgang mit Zahlen; Rechenschwäche, die nicht durch reines Lernen zu beheben ist, sondern mit professioneller Lerntherapie behandelt werden muss. Vergleichbar mit der Rechtschreibschwäche Legasthenie, die sich auf Schwierigkeiten mit Buchstaben und Wörter bezieht.

Einweben: Der Coachee konzentriert sich auf ein gutes Gefühl, einen stärkenden Satz oder auf eine „erhellende" Bemerkung des Coaches. Gleichzeitig winkt der Coach zur Verankerung dieser positiven Fokussierung ganz langsam vor den Augen des Coachee hin und her. Da bei intensiven Augenbewegungen besonders viele Gehirnzellen aktiviert werden, hilft das „Einweben" bei Verinnerlichen und der Stabilisierung des jetzigen positiven Zustands des Coachee. Siehe auch → Kognition.

Einwinken: Langsames und kurzes Stimulieren durch langsame Augenbewegungen zur Festigung von erreichten Ergebnissen.

EMDR: Abkürzung für „Eye Movement Desensitization and Reprocessing". Klinische Psychotrauma-Therapie, die von der Psychologin Francine Shapiro begründet wurde. Auch beim EMDR führt der Therapeut den Blick des Patienten mit Handbewegungen. Francine Shapiro entwickelte die Methode, kurz nachdem sie bei John Grinder, dem Mitbegründer des → NLP (Neurolinguistisches Programmieren) als Assistentin gearbeitet hatte. Sie erlebte mit, dass man Ende der 1980er-Jahre im NLP intensiv die therapeutische und entstressende Wirkung von gezielt herbeigeführten Augenbewegungen erforschte. Ihre enge lerngeschichtliche Verbindung zum NLP lässt Francine Shapiro selbst in den Angaben zu ihrem Werdegang allerdings unerwähnt. EMDR wurde für den klinischen Bereich sehr gut erforscht und gilt hier als wirksame und nachhaltige Therapiemethode.

Emotions-Spiegel: Menschen empfinden nicht nur ihre eigenen Emotionen, sondern schwingen auch im emotionalen Erleben ihrer Mitmenschen mit, was sich als bereichernd auf eine positive Wellenlänge und soziale Nähe auswirkt. Einige Menschen reagieren jedoch auch äußerst empfindlich als „Antenne" für den Stress des Gegenübers und lassen sich entsprechend „anstecken", „herunterziehen" oder trauen sich nicht, einen anderen Menschen zu konfrontieren oder ihm etwas zuzumuten. Siehe auch → Spiegelneurone.

Eye-Movement-Integrator: Eine NLP-Intervention zum Verinnerlichen von nützlichen Coaching-Ergebnissen mithilfe von Rechts-links-Bewegungen der Augen, die über alle Blickhöhen verlaufen. Erstmals beschrieben von Steve und Connirae Andreas und von Robert Dilts, Ende der 1980er-Jahre.

Flow „(engl. fließen, rinnen, strömen): Bedeutet das Gefühl des völligen Aufgehens in einer Tätigkeit, auf Deutsch in etwa *Schaffens-* oder *Tätigkeitsrausch, Funktionslust:* unüberspannt, wenn der Wille zentriert ist; Konzentration, ohne erzwingen zu wollen. Mihaly Csikszentmihalyi (siehe Literaturverzeichnis) hatte die Flow-Theorie 1975 entwickelt. Heute wird sie auch für rein geistige Aktivitäten in Anspruch genommen. Flow kann entstehen bei der Steuerung eines komplexen, schnell ablaufenden Geschehens, im Bereich zwischen Überforderung (Angst) und Unterforderung (Langeweile). Der Flow-Zugang und das Flow-Erleben sind individuell. Dennoch gibt es allgemeine Beobachtungen und Prinzipien, die immer gelten" (Wikipedia).

FMRT: Funktionelle Magnet-Resonanz-Tomografie, siehe → MRT und → Gehirnscan.

Gehirngerechtes Denken: Denkweisen, welche die Funktionsmöglichkeiten unseres Gehirns berücksichtigen.

Gehirngerechte Formulierung: Eine Zielformulierung, die sinnesspezifische Aspekte ohne Negationen oder Vergleiche enthält und damit den Eigenschaften unseres Gehirns gerecht wird, das in Bruchteilen von Sekunden auf Wörter reagiert. Beispielsweise sagt man: „Halte die Balance!" statt „Fall *nicht* hin!" oder: „Hier ist es sicher" statt: „Es besteht *keine* Gefahr."

Gehirnscan: Farbliche Bildwiedergaben vom aktiven Gehirn, siehe auch → MRT.

Generalisierungs-Effekt: Unser Gehirn versucht bei der Bewältigung von vielfältigen Wahrnehmungs- und Erinnerungsaufgaben zu vereinfachen. Beispielsweise haben wir in unserem Leben schon unzählige Tomaten gesehen. Das Gehirn legt nun nicht für jede einzelne Tomate ein Extrabild im Erinnerungsspeicher ab, sondern fasst alle schon betrachteten Tomaten zu einem repräsentativen „Tomaten-Bild" für unser Erinnerungs- und Orientierungsvermögen zusammen. So können auch ungünstige Stress-Lerneffekte generalisieren: Eine Angst im Fahrstuhl generalisiert zu einem Unwohlsein in allen möglichen geschlossenen Räumen. Ebenso können auch positive Erlebnisse generalisieren und günstige Kettenreaktionen nach sich ziehen: Sicherheit und Gelassenheit bei einer wichtigen Rede generalisieren zu positivem Selbstbewusstsein in Gesprächen mit allen möglichen Personen. Die positive Generalisierung wird im Coaching gezielt genutzt.

Genuss- oder „Ressource-Winken": Die Stimulation von angenehmen oder kraftspendenden Emotionen durch handgeleitete langsame Augenbewegungen.

Glaubwürdigkeitsskala: Skala von 1 bis 7, auf der der Coachee die Glaubwürdigkeit von ich-bezogenen Annahmen und Kognitionen vor dem Coaching und dann nach dem Coaching subjektiv einschätzen kann: Wie glaubwürdig oder wahr ist diese Aussage für mich jetzt? Beispiel: „Ich kann erfolgreich sein" lag vorher bei Skalawert 2, nach dem Coaching bei Skalawert 6. Diese Einschätzungsmöglichkeit ist nützlich, weil der Coachee den eigenen Coachingeffekt bewerten und der Coach den Standort im Coachingprozess einschätzen kann.

Hippocampus: Ein Bereich im → limbischen Systems des Gehirns, der unser → Kurzzeitgedächtnis, allgemeines Erinnerungsvermögen und Orientierung ermöglicht. Bei sehr guten Leistungen im ausgewogenen psychophysiologischen Zustand zeigt dieser Bereich besondere Aktivitäten.

Hypnose: Eine Technik, bei der die Aufmerksamkeit des Klienten von außen nach innen gelenkt wird. Dabei entsteht ein Trancezustand, der beim Lernen gute Hilfe leistet: Es kommt zu körperlicher Entspannung und gleichzeitig zu einer Aktivierung der Gehirntätigkeit für lebhafte Vorstellungserlebnisse. So kann ein Klient innerlich gelassen und ruhig einen Zahnarztbesuch erleben. Ist er dann später real beim Zahnarzt, erinnert das Gehirn den positiven Zustand aus der Hypnose und aktiviert dieses sichere Gefühl während der Behandlung.

Imaginative Familienaufstellung: Das Nachstellen von Familienszenen aus Vergangenheit, Gegenwart oder Zukunft in der Fantasie, um eigene und fremde Motive und Einstellungen zu erfahren. Der Vorteil der imaginativen Aufstellung liegt in der schnellen und ohne großen Personenaufwand durchführbaren Arbeitsmöglichkeit. Auch können Darstellungsmöglichkeiten gewählt werden, die sonst schwierig sind: Man kann wichtige Personen oder Themen schweben lassen, Personen viel größer oder kleiner darstellen, als sie wirklich sind oder waren, etc. Auch andere systemische Strukturen, in denen Menschen oder verschiedene Anteile eine Rolle spielen, können imaginativ aufgestellt werden: Personen in Firmen und Organisationen, persönliche Themen mit verschiedenen Aspekten usw.

In sensu: In der Fantasie; das gedankliche Erleben oder Durchspielen von Reizen oder Szenarien (Gegenwart, Zukunft oder Vergangenheit). Im Coachingprozess wird häufig das angestrebte Erfolgserlebnis im „Happy-End-Modus" durcherlebt, beim Sportcoaching begibt sich der Coachee im Geiste – also in sensu – in seine Bewegungsabläufe hinein, um sie durch Mentaltraining zu optimieren.

Intoxikation: Vergiftung durch organschädliche Stoffe.

In vivo: Im realen Leben; das reale Erleben von Reizen (z. B. Genussmittel auf dem Tisch, die Konfrontation mit dem eigenen Spiegelbild, Publikumsreaktionen von realen Menschen), das Austesten von Situationen im Rollenspiel, Coaching im echten Kontext, wie z. B. auf dem Golfplatz, auf der echten Bühne mit dem Mikrofon in der Hand etc.

Isolierte Blockade: Ein im Coaching verwendeter Begriff, der bedeutet, dass ein Coachee im Gegensatz zu einem als durchgängig krank zu bezeichnenden Patientin grundsätzlich leistungsfähig, ausbalanciert und gut motiviert ist – bis auf die „eine Sache". Dies kann sein: Flugangst, mangelnde Konfliktstabilität, Auftrittsunsicherheit vor großen Gruppen, leichte Provozierbarkeit usw. Hier tritt eine emotionale Unsicherheit auf, die der Coachee trotz sonstiger guter Selbstmanagement-Fähigkeiten nicht selbstwirksam kontrollieren kann.

Kognitives Einweben: siehe → Einweben

Kalibrierung: Eichung; das Testinstrument (hier Muskeltest) auf die individuelle Person und Situation des Coachee einstellen, um die Testergebnisse eindeutig verstehen und einsetzen zu können. Das Kalibrieren geht jeder Testung in der Coachingsitzung voraus. Beim → Myostatik-Test oder → O-Ringtest wird vor jeder wingwave-Intervention überprüft, ob er wirklich funktioniert.

Klinische Hypnose: Einsatz von hypnotherapeutischen Verfahren in der Heilbehandlung (in Abgrenzung zur Bühnen oder Showhypnose).

Klopftechnik: Das Klopfen von energetisch wirksamen Akupunkturpunkten zur Stimulation psychischer Effekte. Hier gibt es mehrere energetisch wirksame Verfahren, wie die Emotional Freedom Technique (EFT).

Kinesiologie, kinesiologisch: Ein Verfahren, das auf der Annahme basiert, dass sich körperlich-seelische Störungen als Schwäche bestimmter Muskelgruppen manifestieren und entsprechend mit Muskeltests festgestellt werden können.

Körperecho: siehe → Bodyscan.

Kognition, positive: Ein günstiger, nützlicher oder freundlicher Glaubenssatz über die eigene Person, z. B. „ Ich bin fähig, das zu bewältigen“ oder „Ich bin liebenswert“ etc.

Kognition, negative: Ein ungünstiger, behindernder oder unfreundlicher Glaubenssatz über die eigene Person, z. B. „Ich bin eine hilflose Person“, „Ich bin ein Versager“ etc.

Kognitives Einweben: siehe → Einweben.

Kurzzeitgedächtnis: Hier werden Informationen und Lerninhalte (Verhalten und Befinden) kurzfristig gespeichert. Der wichtigste Bereich unseres Kurzzeitgedächtnisses scheint sich im → limbischen System des Gehirns – und zwar im sogenannten → Hippocampus – zu befinden.

Langzeitgedächtnis: Hier werden Informationen und Lerninhalte (Verhalten und Befinden) lebenslang gespeichert – auch in Verbindung mit einem angemessenen Zeitgefühl. Mithilfe dieser Funktion wissen wir genau, ob ein erinnertes Bild schon viele Jahre oder nur wenige Tage alt ist. Die wichtigsten Speicher des Langzeitgedächtnisses scheinen sich im Großhirn zu befinden. Eine besondere Rolle spielt hier der präfontale Cortex.

Lern-Coach (z. B. auch NLPäd): Titel, der die spezielle Qualifikation des Coaches für den Umgang mit Lernprozessen – vor allem im schulischen Kontext – angibt.

Limbisch, limbische Reaktion: Emotional überschießende Reaktionen. Diese werden überwiegend vom → limbischen System, dem „Gefühlszentrum des Gehirns“, aus gesteuert und können oft nicht vernünftig, also rational begründet werden: große Autos oder teure Kleider kaufen, ohne das Geld dafür zu haben; Angst vor völlig harmlosen Spinnen haben; Schokolade essen, obwohl man das nie wieder machen wollte, etc.

Limbisches System: Der mittlere Teil des menschlichen Gehirns, der eine wichtige Rolle für unser emotionales Erleben spielt und in der Funktion der Eingangskontrolle alle Informationen auf „Gefahr“, „Sicherheit“ oder „Tolle Sache“ hin überprüft.

Loop: Manchmal dreht sich das → Processing inhaltlich und emotional immer wieder im Kreis; der Coachee kommt trotz aller „Winkerei“ immer wieder beim gleichen Punkt an. An dieser Stelle setzt der Coach den → Myostatik-Test ein, um zu überprüfen, ob die Fokussierung der Wahrnehmung noch zielführend ist. Oder er nutzt die Technik des → kognitiven Einwebens.

Magic Words: Ein Verfahren, das von Cora Besser-Siegmund 1994 auf der Basis von → NLP entwickelt wurde, um psychische Blockaden in Minutenschnelle zu überwinden. Dabei werden Stresswörter entschärft, indem sie beispielsweise bunt geschrieben oder von einer Mickey-Maus-Stimme gesprochen werden. So reagiert man gelassen auf die Wörter und somit auch auf das Phänomen, das sie im Nervensystem repräsentieren.

Mandelkern: Umgangssprachlicher Ausdruck für → Amygdala.

Meta-Ebene: Beschreibt die Wahrnehmungsposition, mit der wir innerlich „über den Dingen“ stehen und auch unangenehme, aufregende oder stressende Erlebnisse innerlich gelassen nehmen und von einer „höheren Warte aus“ bewerten können. Als Beispiel erwähnen wir gern den Schluckauf: Körperlich ist das Erlebnis recht heftig und unangenehm, aber von der Meta-Ebene her nehmen wir das Krampfereignis gelassen hin. (Eine Ausnahme bilden natürlich die seltenen Fälle, bei denen Menschen unter Dauer-Schluckauf leiden.)

Modalitäten: siehe → Sinnes-Modalitäten

MRT: Magnet-Resonanz-Tomografie, ein bildgebendes Verfahren zur Darstellung von Gehirnaktivitäten – umgangssprachlich werden die Bilder auch „→ Gehirnscans" genannt. Auch: → fMRT (funtionelle MRT).

Muskeltonus: Die Muskelanspannung: entweder angenehm, angespannt oder zu schlaff.

Myostatik-Test: Muskeltest, bei dem der Proband Daumen und Zeigefinger zu einem Ring zusammenschließt und diesen mit maximaler Kraft zusammenhält, wobei der Tester versucht, diesen Ring zu öffnen. Nun kann über unmittelbare Muskelreaktionen abgelesen werden, ob ein Reiz (Gedanke, Wort, Verhalten, Substanz) für das → Nervensystem einen Stress macht oder nicht: Bei Stress geht der Ring auf. Kann der Proband den Reiz „verkraften", kann er beim Testen den Ring zusammenhalten. In Abgrenzung zur → Kinesiologie und zum Test nach → Omura liefert der Myostatik-Test keine klinischen Befunde oder Daten – wie etwa eine Diagnose oder eine Medikamentenverträglichkeit. Hier geht es ausschließlich um die Verfassung von mentalen und emotionalen Resonanzen im Rahmen der alltäglichen Lebensbewältigung.

Negation: Die sprachliche Verneinung, wie z. B.: „Pass auf, dass du nicht stolperst!" Da das Gehirn prompt auf jedes Wort reagiert, registriert es das „Stolpern" trotz des Wortes „nicht". Nützlicher ist die Formulierung: „Halte die Balance!" oder „Setze die Füße sicher auf!"

Nervus vagus: siehe → Vagus-Nerv

Nervensystem: Die gesamte Anordnung aller Nervenzellen und Nervenzentren im gesamten Körper. Eines dieser Zentren ist das zentrale Nervensystem, also das menschliche Gehirn.

Neurobiologie: Lehre über die Funktionsweisen des gesamten → Nervensystems.

Neurolinguistisches Coaching: NLC, bezeichnet den punktgenauen Einsatz von Sprache unter Einbeziehung des Myostatik-Tests im Coaching-Prozess. Emotionsdefinierte Wörter und Sätze bringen Coach und Coachee direkt zum Thema, zeigen immer die Abkürzung zur Lösung und ermöglichen die schnelle Überprüfung der Wirkung von Coaching-Prozessen. NLC kann in allen wirkungsvollen Coachingverfahren den Prozess präzisieren – nicht nur im Zusammenhang mit der Anwendung von Verfahren der → bilateralen Gehirn-Stimulation – wie wingwave und → EMDR. Auch in der Gesprächsführung, bei Aufstellungsarbeiten oder Entscheidungsprozessen ist der Einsatz von NLC ein sinnvolles Tool.

Neurolinguistisches Programmieren: NLP, eine Gebrauchsanweisung für das menschliche Gehirn; eine Methode mit umfangreicher Verfahrenssammlung zur Veränderung des Befindens und Verhaltens. „Neuro" steht für die über 100 Milliarden Gehirnzellen, die mit unzähligen Verknüpfungen unser Verhalten und Erleben organisieren; „linguistisch" steht für die sprachliche Abbildung und Erreichbarkeit der neuronalen Strukturen durch Wörter; „Programmieren" steht für die feste Struktur unserer Verhaltensweisen und Befindlichkeiten in Form von Strategien oder Programmen, die mehr oder wenige aktuell und / oder nützlich sein und auch verändert werden können. NLP wird in allen Bereichen menschlicher Kommunikation (mit sich selber und anderen), wie z. B. in der Psychotherapie, im Coaching, in der Pädagogik und in Verkauf und Führung eingesetzt.

Neuronale Autobahn: Eine durch häufiges Denken und Handeln besonders stabil ausgebaute Verbindung zwischen den Gehirnzellen, was zur weiteren bequemen Benutzung einlädt und die „liebe Gewohnheit" unterstützt. Das ist sinnvoll bei nützlichen Fähigkeiten und störend bei Handlungs- und Denkmustern, die im Hier und Heute nicht mehr sinnvoll sind.

Neurophysiologie: Der medizinische Blickwinkel auf den körperlichen und seelischen Zustand des Menschen, wie er durch das → Nervensystem physiologisch ausgeprägt und gespiegelt wird: mit Stoffwechsel, → Muskeltonus, Körpertemperatur, Gefäßreaktion usw.

NLC: siehe → Neurolinguistisches Coaching

NLP: siehe → Neurolinguistisches Programmieren

Omura-Ringtest: Siehe auch → O-Ringtest und → Myostatik-Test. Der Akkupunkturarzt Yoshiaki Omura setzt den Myostatik-Test auch für medizinische Zwecke ein, beispielsweise zur Medikamentendosierung oder Krankheitsdiagnostik. In diesem Zusammenhang nennt man besagten Test auch Omura-Test. Im wingwave-Coaching wird der Test allerdings nie für medizinische Diagnosen und Verordnungen eingesetzt.

O-Ringtest: Ein anderer Begriff für den → Myostatik-Test, da bei diesem Test mit Daumen und Zeigefinger der Buchstabe „O" nachgebildet wird. Erklärung unter Myostatik-Test.

Parasympathikotone Körperaktivierung: Lockere Muskulatur, Gefäße gleichmäßig durchlässig, gute Zellversorgung, eher niedriger Blutdruck, günstiger Erholungs- und Regenerationszustand.

Performance-Stress-Imprinting (PSI): Im Leistungskontext entstandene Spuren im → Stressgedächtnis, die resistent weiterwirken – ohne dass die üblichen Verarbeitungsstrategien wie Schlafen, Ablenken, zeitlicher Abstand, Sport, Reden oder vernünftiges Denken darüber hinweghelfen. Der Begriff „Imprinting" ist in Abgrenzung zum Terminus „Trauma" zu verstehen: Es handelt sich um keine Verletzung in klinischen Sinne, nur um einen unangenehm drückenden, „nervenden" Abdruck im subjektiven Erleben, im sogenannten Stressgedächtnis. Siehe auch → resistentes Stress-Imprinting.

Posttraumatische Verbitterungsstörung: Ein junger Fachbegriff, der eine chronische Stressreaktion auf soziale Verletzungen – vor allem durch bedeutsame, oder nahestehende Menschen wie Lehrer, Partner, Vorgesetzte, Kollegen etc. – beschreibt. Siehe auch → Sozialschmerz und → social pain.

Processing: Der Verlauf eines wingwave-Coachings von emotionalem Stress hin zu einem ressourcevollen stabilen Gesamtzustand des Coachee. Hiermit ist weniger der Gesprächsteil des Coachings als vielmehr der „reine" Interventionsteil zur Überwindung der stressenden Emotion und zum Aufbau tragender Emotionen gemeint.

Prokrastinations-Syndrom: Ein sperriges Wort für die „Aufschieberitis"; ungünstiges und systematisches Vermeidungsverhalten, wenn es z. B. darum geht, für Prüfungen zu lernen, Rechnungen zu bezahlen, wichtige Anrufe zu erledigen etc.

Prophezeiung, sich selbst erfüllende: Alltägliche Voraussagen (prophetische), die in Erfüllung gehen, weil man unbewusst sein Fühlen und Verhalten danach richtet (self-fullfilling prophecies). Beispielsweise wird gesagt: „Das geht bestimmt schief" und dann passiert die

Panne tatsächlich. Die „Erfüllung" stellte sich allerdings nur deshalb ein, weil der Mensch wegen des negativen Satzes verunsichert war und deshalb Fehler machte. Sagt man: „Du wirst mal berühmt!", fühlt sich der Angesprochene vielleicht so beflügelt, dass dies sich positiv auf seine Ausstrahlung auswirkt, was wiederum andere auf ihn aufmerksam macht.

Psychoedukation: Dieser Begriff stammt aus der klassischen Verhaltenstherapie und meint die Einbeziehung eines Menschen in die theoretischen Modelle und Überlegungen, die eine Theorie hinter dem sogenannten Störungsbild und den Sinn psychologisch fundierter Interventionen erklären (Edukation wie das englische Wort „education", was u. a. auch „Bildung" bedeutet).

REM-Phasen: **R**apid **E**ye **M**ovement, Traumphasen des Schlafs, während derer sich die Augen des Schläfers schnell hin- und herbewegen.

Resistentes Stress-Imprinting: Alle Formen von neurobiologischen Spuren im → Stressgedächtnis, die sich nicht von allein im Laufe der Zeit beruhigen. Stress-Imprintings erinnern sowohl an emotionalen als auch an somatischen Stress, wie z. B. Schmerz. Das Ereignis ist schon lange abgeklungen, aber das Stressgedächtnis tut so, als habe besagtes Stresserlebnis gerade erst stattgefunden.

Ressourcen: Kraftquellen des Menschen, z. B. Hobbys, Fähigkeiten oder Erinnerungen, die kraftvolle, positive Zustände auslösen können.

Ressource-Anker: siehe → Anker

Set: Bezeichnung für einen Durchgang → bilateraler Stimulation, z. B. die Anzahl der Augenbewegungen, die nötig sind, um eine emotional-physiologische Veränderung beim Coachee zu erreichen. In der klassischen → EMDR-Therapie beträgt ein Set 20–25 Hin- und Herbewegungen. Bei der wingwave-Methode gilt ein Set als abgeschlossen, wenn sich eine positive Veränderung im Prozess ergibt. Dann nimmt man diese wahr, fokussiert den verbesserten Zustand und setzt zum nächsten Set an.

Setting: Die Rahmensituation im Coaching: Sitzordnung, Räumlichkeiten, Zeitvereinbarungen usw.

Sicherer Ort: Bevor der Coachee in seinen Prozess begleitet wird, erfragt der Coach eine Referenzerfahrung mit Sicherheits- und Stabilitätswirkung. „Wann und wo haben Sie eine Situation erlebt, in der Sie sich absolut sicher und erwachsen gefühlt haben?" Dieser Zustand wird dann geankert (siehe → Anker) und dient im weiteren Coachingprozess als Möglichkeit, den Coachee jederzeit wieder in stabile und tragfähige Zustände versetzen zu können, sofern dies erforderlich erscheint.

Sinnes-Modalitäten: Unsere fünf neurobiologischen Wahrnehmungskanäle – die fünf Sinne: Sehen, Hören, Fühlen, Riechen und Schmecken.

Skala des subjektiven Erlebens: Eine bipolare Skala von -10 bis +10, auf der ein Coachee seinen subjektiven Zustand einschätzen kann. Diese subjektive Selbsteinschätzung hilft dem Coach, die wechselnden Zustände des Klienten in seinem Prozess einschätzen zu können, und auch der Coachee selbst kann eine gute Vorher-nachher-Einschätzung durchführen. Coach und Coachee können sich während des Veränderungsprozesses jederzeit orientieren.

Social Pain: Zwischenmenschliche Probleme und körperlicher Schmerz aktivieren im Gehirn ein und dieselben neuronalen Strukturen. Ablehnung, Trennung, Beleidigung durch Mitmenschen tun demnach „richtig weh".

Soma-Stress: Körperliche Stressoren wie Hunger, Durst, Hitze, Kälte, Erschöpfung.

Sozialschmerz: siehe → social pain

SMART-Kriterien: Spezifisch, messbar, attraktiv, realistisch, terminierbar: Motivations- und Bahnungsfaktoren bei der gehirngerechten Zieldefinition.

Spiegelgefühle: Die Gefühle anderer, die wir über unsere → Spiegelneuronen selbst spüren. Wenn ein Menschen beobachtet, wie ein Mitmensch z. B. von einer Spritze gestochen wird, zuckt er ebenfalls zusammen, obwohl er selbst nicht gepiekst wird. Auch beim Zuschauer sind Aktivitäten im Schmerzzentrum des Gehirns nachweislich messbar. „Mitfühlen" bedeutet in diesem Kontext: Mitfühlen im konkret neurologischen Sinne. Inzwischen unterscheidet man zwischen Mitfühlen und Mitleiden. Beim Mitgefühl bleiben wir ressourcevoll und handlungsfähig, beim Mitleid zieht uns das Leid des anderen mit hinunter und verursacht blockierenden Stress.

Spiegelneurone: Spezielle Neurone bzw. Zellen im Gehirn, die emotionale und körperliche Zustände anderer Menschen spiegeln können, z. B. Empathie (siehe auch → Spiegelgefühle).

Stopp-Zeichen: Coach und Coachee verabreden ein „Stopp-Zeichen" (z. B. Handzeichen oder Kommando), mit dem der Coachee jederzeit den Prozess unterbrechen kann (z. B. interessante Idee, es nicht aushalten können, auf die Toilette müssen).

Streamline-Effekt: Häufig ziehen zentrale positive Lernschritte eine Kettenreaktion von weiteren Lernschritten nach sich, sodass man von einem Strömungseffekt spricht (siehe auch → Generalisierung).

Stressgedächtnis: Die Ansammlung von → resistenten Stress-Imprintings im Leben eines Menschen.

Stress-Imprinting: siehe → Performance-Stress-Imprinting (PSI)

Stress-Trigger: Ein sinnlich wahrnehmbares Wahrnehmungsdetail (Sehen, Hören, Fühlen Riechen oder Schmecken), das eine emotionale oder somatische Stressreaktion auslösen kann. So kann z. B. der Handy-Klingelton, den der Coachee während einer besonders belastenden Lebens- / Projektphase wiederholt gehört hat, den dazugehörigen Stresszustand auch später noch auslösen bzw. „triggern" (siehe auch → Anker).

Subjektives Unbehagen: Ein unangenehmer oder stressender Allgemeinzustand, der auch auf der → Skala des subjektiven Erlebens mit einem Wert zwischen -10 und 0 eingeschätzt werden kann.

Subjektive Wellness: Ein positives Gesamtgefühl, das auf der → Skala des subjektiven Erlebens zwischen 0 und +10 eingeschätzt werden kann.

Submodalitäten: Die Wahrnehmungsqualitäten innerhalb eines Sinneskanals bei der nach innen gerichteten Wahrnehmung. Beim visuellen Kanal z. B.: hell / dunkel, farbig / schwarzweiß, zwei- oder dreidimensional, kontrastreich / verschwommen. Dabei meinen diese Einstellungsunterschiede nur die Art der inneren Abbildung eines vergangenen oder zukünftigen Erlebnisses. Sagt ein Mensch, er könne sich nur noch „verschwommen" erinnern, heißt dies keinesfalls, dass er beim realen Erlebnis wegen eines Sehfehlers nicht scharf genug gucken konnte. Das Gehirn hat die Submodalitäten des erinnerten Bildes im Laufe der Zeit immer weiter umgestellt, sodass durch die verschwommene Darstellung ein zeitliches Distanzgefühl entstanden ist. Es hat demnach die wortwörtliche Einstellungsänderung bezüglich des ursprünglich kontrastreich abgespeicherten Bildes vollzogen.

Sympathikotone Körperaktivierung: Der Körper ist in hoher Reaktionsbereitschaft: Stresshormone sind im Umlauf, hohe Muskelspannung, Gefäßverengung. Dies kann sowohl bei subjektiv negativen Zuständen (Angst) als auch bei positiven Zuständen, wie euphorischer Begeisterung, der Fall sein. Diese Aktivierung erlaubt kaum körperliche Erholungsmöglichkeiten wie Schlaf, Heilung, gute und gleichmäßige Durchblutung etc.

Systeme: Gemeint sind in der Psychologie die sozialen Systeme wie Familie, betriebliche Strukturen oder das innere Persönlichkeitssystem mit den verschiedenen Anteilen der Persönlichkeit eines Menschen.

Systemische Vernetzung: Die Art und Weise, wie wir als Teil eines → Systems (z. B. Mitglied in der Familie) miteinander verbunden sind. Diese spezifische Vernetzung muss für einen erfolgreichen Coaching-Prozess immer wieder berücksichtigt werden. Beispielsweise muss ein geschäftlicher Erfolg auch vom Lebenspartner verkraftet werden. Der leidet vielleicht gerade unter einem Misserfolg, und so hat man unbewusst eine Scheu davor, ihn mit einem rauschenden Erfolg deprimiert zu stimmen.

Taktile Stimulation: Rechts-links-Stimulation mit Berührungsreizen (z. B. → Butterfly-Technik, → Tapping an Knien, Füßen und Händen).

Tappen oder Tapping: siehe → taktile Stimulation

Taps: Berührungsreize bei der → taktilen Berührungs-Stimulation.

Thymusdrüse: Drüse unter dem Brustbein, die eine wichtige Rolle bei der Versorgung des → Nervensystems mit allgemein entstressenden Botenstoffen spielt. Die Stimulation der Thymusdrüse mittels → Klopfen erreicht spontan einen messbaren Zuwachs an Kraft (Muskelkraft, mentale Power und Stärkung des Immunsystem). Man hat festgestellt, dass gesunde Menschen ausgeprägtere Thymusdrüsen aufweisen als chronisch Kranke, bei denen diese Drüse oft vollständig abgebaut wird.

Tomaten-Effekt: → Generalisierungs-Effekt

Trigger: Auslöser (siehe → Anker)

Tunnel-Metapher: Eine Metapher, die dem Coachee verstehbar machen soll, das es im Laufe des Prozesses (siehe → Processing) manchmal klüger ist durchzufahren, als mitten im Tunnel die Notbremse zu ziehen (siehe auch → Stopp-Zeichen). So kann der Schwung der emotionalen Integration und Regulation genutzt werden, um zügig den Stress hinter sich zu lassen und wieder ins „Licht" bzw. in die emotionale Sicherheit zu kommen.

Übertragung: Psychologisches Phänomen, bei dem emotionale Reaktionen, die lerngeschichtlich mit Personen der Vergangenheit entstanden sind, in der Gegenwart auf andere Menschen übertragen werden, die gar nichts mit der Ursprungsgeschichte zu tun haben.

Vagus-Nerv: Der zehnte Hirnnerv und der größte Nerv des Parasympathikus (Ruhenerv). Er steuert die meisten inneren Organe und lässt sich über das Drücken im Bereich des Bauchnabels leicht unter Stress setzen, was im Rahmen des → Kalibrierens von Bedeutung ist: Der → Muskeltest zeigt dann Stress an.

Verbitterungsstörung: siehe → posttraumatische Verbitterungsstörung und auch → Sozialschmerz und → social pain.

Visualisieren: Sich etwas bildlich in Gedanken vorstellen.

Visuell: Die bildhafte Wahrnehmung, das bildhafte Denken.

Visueller Kanal: Der Sinneskanal, auf dem wir bildhaft denken und wahrnehmen.

Vita-Satz: siehe → Vita-Sprache

Vita-Sprache: Bezieht sich auf die individuell durch die Lebens- und Lerngeschichte emotional definierten Wörter und Sätze eines Menschen. Für Columbus war vielleicht „Indien“ ein emotional positiv aufgeladenes Vita-Wort, bei Harry Potter ist „Lord Voldemort“ ein emotional negativ aufgeladenes Vita-Wort.

Vita-Wort: siehe → Vita-Sprache

Wache REM-Phasen: Das Nachstellen der → REM-Phasen (Traumschlaf) im Wachzustand, z. B. mit durch „Winken“ geführten Augenbewegungen.

Wellness-Skala: Auf einer visuellen Skala der Zahlenbereich von 0 bis +10, auf welcher der Coachee das Ausmaß eines angenehmen, positiven oder ressourcevollen subjektiven Erlebens einschätzen kann.

wingwave-Musik: Auditive Stimulationen in Verbindung mit entspannender Musik und Naturgeräuschen. Der Takt geht abwechselnd links und rechts auf die Ohren, was die Koordination zwischen den Gehirnhälften fördert. Diese Musik stellt eine „auditive Hausapotheke“ dar. Sie kann im Bereich alltäglicher Stressregulation bzw. im Selbstcoaching wertvolle Hilfe bringen.

wingwave-Spiegel: Systemische Intervention, bei der nicht nur die Emotion des Coachee „bewunken“ wird, sondern auch die Stressthemen, welche die Mitmenschen des Coachee bewegen und die er auf Basis der → Spiegelneurone nachempfindet. Siehe auch → Emotionsspiegel und → Spiegelneurone.

Zielformulierung: Ziele können leichter erreicht werden, wenn sie → gehirngerecht formuliert sind (sinnesspezifisch konkret, ohne Vergleiche und Negationen).

Zuckertest: Beim Einrichten des Muskeltests (siehe → Kalibrieren) wird ein weißer Würfelzucker eingesetzt, um eine Stressreaktion im Muskeltest zu provozieren.

Zukunfts-Sinn: Begriff aus der Gehirnforschung für die Vorliebe des Gehirns, aus Ereignissen Muster und Regeln abzuleiten, die für die geistig-mentale Entwicklung von Prognosen hinsichtlich des Eintreffens zukünftiger Ereignisse genutzt werden.

Weitere Informationen über die wingwave-Coaching-Methode

wingwave®

wingwave-Coaches in Ihrer Nähe

Unter ↗ http://www.wingwave.com finden Sie nationale und internationale Adressen von ausgebildeten wingwave-Coaches in Ihrer Nähe. Sie können gezielt nach Postleitzahlengebieten, freien Suchbegriffen oder nach Schwerpunktthemen suchen wie z. B. „Work-Life-Coaching“, „Auftritts-Coaching“, „Stressmanagement“, „Karriere-Coaching“, „Sport-Coaching“, „Überwindung von Zahnbehandlungsangst“ usw. Geben Sie bei den Coach-Adressen im Suchfeld einfach die entsprechenden Begriffe ein. So finden Sie den Coach oder Therapeuten mit dem gewünschten Schwerpunkt in Ihrer Nähe.

↗ http://wingwave.com/coach-finder.html

Die Zielgruppe von wingwave-Coaching

Sie haben im Buch schon gelesen, dass es sich bei wingwave um eine Coaching-Methode handelt, dass die Methode keine Psychotherapie ist und eine solche auch nicht ersetzen kann. wingwave ist ein Kurzzeit-Coaching-Konzept für alle Menschen in anspruchsvollen Berufen und Leistungssituationen, wie z. B. Führungskräfte, Manager, Künstler und Sportler. Auch Schüler, Studenten und Prüfungskandidaten profitieren von der Methode.

Was ist das wingwave-Training?

Das wingwave-Training richtet sich an zwei Zielgruppen: Zum einen können sich bereits zertifizierte wingwave-Coaches zum wingwave-Trainer ausbilden lassen, zum anderen können Sie als Anwender der Methode – neben dem wingwave-Coaching auf individueller Basis – wingwave auch als Selbstcoaching-Tool in der Gruppe lernen.

Mit dem wingwave-Training lernen Sie Methoden kennen, die Ihre Gesundheit und Lebensqualität durch Stressmanagement, Entspannung und kreatives Leistungsverhalten stärken. Das Training bietet moderne Selbstcoaching-Methoden für eine täglich tragende Aktivitäts-Erholungs-Balance.

Die Anwender des wingwave-Trainings

Sie wollen Stress reduzieren, sich innerlich ruhig und stabil fühlen, regelmäßig auf wirkungsvolle Weise energievoll sein? Und Sie würden sich freuen, wenn Sie für diesen Effekt – nach der Teilnahme an einem Training – keine zusätzlichen Zeiten im Tagesgeschehen investieren müssen? Mit dem wingwave-Training lassen Sie Entspannung und Stressreduktion einfach in jeden Tag hineinfließen – ohne zusätzlichen Zeitaufwand. Das ist für jeden wertvoll, der Arbeit und Freizeit täglich mit einem guten Lebensgefühl verknüpfen möchte – und den Einsatz moderner Medien wie Apps, Tablets und Musik-Player mag. Die Teilnehmer sind:

- alle Berufstätigen
- alle „Familienmanager" wie zum Beispiel Eltern
- Firmenteams
- Schüler, Studenten, Auszubildende

www.wingwave.com

Die Website bietet den Kunden der wingwave-Trainer und -Coaches alle wichtigen und aktuellen Informationen rund um die wingwave-Methode. Es gibt einen speziellen Info-Bereich für die Angebote der wingwave-Trainer und Lehrtrainer für Seminare, Vorträge, Workshops, Team- und Gruppenarbeit sowie Aufstellungsarbeit.

wingwave auch im Social Web

f	**Facebook** ↗ http://www.facebook.com / WingWaveCoaching
	XING ↗ http://www.xing.com/net/wingwave
You Tube	**YouTube** ↗ http://www.youtube.com
in	**linkedin** ↗ http://www.linkedin.com

wingwave-Bücher von Cora Besser-Siegmund und Harry Siegmund:

Praxisbücher

Besser-Siegmund, Cora & Rathschlag, Marco (2013): Mit Freude läuft's besser. Durch wingwave positive Emotionen fördern und Leistung steigern. Junfermann Verlag, Paderborn.

Dieses Buch stellt neueste Forschungsergebnisse zur Erforschung der wingwave-Coaching-Methode und zum Myostatik-Test vor.

Besser-Siegmund, Cora & Siegmund, Harry (Hrsg.) (2009): Erfolge zum Wundern. Fünfzig und eine Coachinggeschichte. Junfermann Verlag, Paderborn.

Besser-Siegmund, Cora & Siegmund, Harry (Hrsg.) (2003): Erfolge bewegen – Coach Limbic. Junfermann Verlag, Paderborn.

Diese beiden Bücher vermitteln einen sehr guten Überblick über die verschiedenen Anwendungsmöglichkeiten von wingwave-Coaching, u. a. im beruflichen Kontext, im Sport-Coaching, in der Medizin oder im Leistungs-Coaching.

wingwave-Selbstcoaching-Bücher

Die folgenden Veröffentlichungen von Cora Besser-Siegmund enthalten viele wingwave-Selbstcoaching-Übungen zu verschiedenen Themen. In diesen gut verständlich geschriebenen Büchern zeigt die Autorin, wie sich mit gezieltem Emotions-Management viele Ängste bewältigen oder unangenehme Angewohnheiten im Alltagsleben verändern lassen. Den Alltag stressfreier zu gestalten, das Rauchen aufzugeben, anders zu essen oder Beziehungen selbstbestimmter zu erleben, es ist lernbar.

Besser-Siegmund, Cora (2013): Schnelle Hilfe bei Angst und Stress, Weltbild Verlag, Augsburg. Besser-Siegmund, Cora (2013): Nie wieder Heißhunger (e-Book bei dotbooks)

Besser-Siegmund, Cora (2013): Frei von Eifersucht (e-Book bei dotbooks)

Besser-Siegmund, Cora (2013): Das Rauchen aufgeben (e-Book bei dotbooks)

Vertiefungs-Themen:

Besser-Siegmund, Cora / Siegmund, Harry (2004): Imaginative Familienaufstellung mit der wingwave-Methode, jetzt erhältlich im e-Pub-Format auf ↗ http://www.wingwave-shop.com

Das Buch zur Imaginativen Familienaufstellung mit der wingwave-Methode, die von den beiden Autoren erfolgreich entwickelt wurde.

Besser-Siegmund, Cora; Dierks, Marie-Luise & Siegmund, Harry (2007): Sicheres Auftreten mit wingwave-Coaching. Junfermann Verlag, Paderborn

Das Buch geht gezielt auf die Themen Auftrittssicherheit, Prüfungsangst und Lampenfieber im Kontext von Ausbildung, Beruf oder Leistungssport ein.

Besser-Siegmund, Cora & Eilert, Dirk W. (2011): wingwave-Coaching: die Profi-Box. Maßgeschneiderte Interventionen durch flexible Methodenkompetenz. Mit Illustrationen von Lola Siegmund. Junfermann Verlag, Paderborn

Ausgebildete wingwave-Coaches finden in dieser Box gezielte Interventionen und Anregungen zur Planung eigner wingwave-Coachings.

wingwave-Musik:

Die Trainings-CD in diesem Buch enthält die wingwave-Komposition „Strandspaziergang“ aus dem Musik-Album „wingwave“ von Lars-Luis Linek.

Die wingwave-Musik wirkt neben ihren ausgleichenden, positiven Melodien vor allem durch einen Links-rechts-Takt, der über Stereo-Kopfhörer abwechselnd die beiden Gehirnhälften auditiv „berührt“ und so eine optimale Zusammenarbeit aller Hirnareale zum Schwingen bringt. Diese bilateral-auditive Hemisphärenstimulation hilft, den Leistungsstress zu reduzieren und unterstützt kreative Prozesse. Einige Übungen haben Sie schon im Buch kennengelernt. Für diesen Selbstcoaching-Effekt muss die Musik mit Kopfhörern eingesetzt werden.

Die etwas lebhaftere Musik „wingwave-Movement“ wird von vielen Anwendern besonders gern für Aktivitäten wie Joggen genutzt, die anderen Melodien sind auch in Ruhephasen – einfach für die Entspannung – gut zu nutzen. Sie können die Musik auch zur mentalen Unterstützung in Aktivitäten benutzen: beim Aufräumen oder beim Ausfüllen der Steuererklärung – um nur einige Beispiele zu nennen. Sie wickeln dann diese Aktivitäten subjektiv leichter und objektiv manchmal auch schneller ab.

Im Hintergrund laufen beruhigende Naturgeräusche, angenehme oder auch inspirierende Klänge oder Wellengeräusche (wingwave waves). Der Rhythmus ist immer „andante“ – so wie der Herzschlag in Ruhe. Das alles zusammen senkt messbar die Pulsrate und das Erregungsniveau des Nervensystems, beruhigt, lässt allen Stress abfließen, steigert das Wohlgefühl und öffnet den Weitwinkel für lösungsorientiertes und positives Wahrnehmen und Denken. Schauspieler, Studenten und Schüler hören die Musik beim Auswendig-Lernen. Speziell für Kinder gibt es die Musik „wingwave children“. Der Lernstoff prägt sich schneller ein und wird länger behalten. Wie so oft ist es natürlich eine Geschmacksfrage, wem welche Musik oder welche Melodie besonders gut gefällt. Ausführliche Beschreibungen gibt es zu jedem Track. Ein Musikstück dauert im Durchschnitt 20 Minuten lang ist.

Sie finden die wingwave-Musik direkt im Shop www.wingwave-shop.com. Hier können Sie die CDs oder MP3-Downloads direkt über das Besser-Siegmund-Institut beziehen. Sie finden die Musik auch auf iTunes oder bei Google play.

Feelwave – Gratis-Download

Um einen ersten Eindruck von der wingwave-Musik zu erhalten, bieten wir Ihnen die Möglichkeit zu einem Gratis-Download. Das Stück heißt „Feelwave“ und dauert acht Minuten. Hinweis für iPhone-Benutzer: Beim Klick auf den Link wird das Stück automatisch abgespielt. Möchten Sie es in iTunes importieren, laden Sie es bitte erst auf einen Rechner (Mac oder PC) herunter.

wingwave-music
feelwave
FREE DOWNLOAD!

↗ http://wingwave-shop.com/feelwave

Die wingwave-App (Gratis-App)

Sie wollen Stress abbauen, Erfolge bewegen, das allgemeine Wohlgefühl steigern? Mit wingwave-Selbstcoaching stärken Sie spürbar Ihre innere Balance, Ihr mentales Potenzial und Ihr allgemeines Leistungsvermögen.

Funktionen:

- Nutzen Sie die wingwave-Musik für Ihre optimale innere Balance.
- Verwandeln Sie mit „Magic Words“ Stress in positive Ziel-Energie.
- Lernen Sie wingwave-Übungen für verschiedene Selbstcoaching-Themen kennen.

Die Gratis-App ist bei iTunes oder *Google play* verfügbar. Es können je nach Geschmack noch weitere wingwave-Musikstücke mit der App kombiniert werden, sodass das Selbstcoaching sehr individuell gestaltet werden kann.

wingwave-Soundcoachings

wingwave-Soundcoaching-Audio:

Bei diesen Audios handelt es sich um ausgearbeitete Sprecher-Produktionen, bei denen hypnotisch wirksame Sprachmuster, erzählerische Trance und ausgewählte positive Suggestionen zum Einsatz kommen. Derzeit gibt es wingwave-Soundcoaching-Audios zu folgenden Themen:

- Frei von Flugangst: innere Sicherheit von der Gepäckaufgabe bis zur Landung
- Sportmotivation: die Rückkehr der Bewegungslust
- Wellness: zur Ruhe kommen und Kraft tanken
- wingwave und Progressive Muskelentspannung: im ganzen Körper die Muskeln lockern

wingwave-Soundcoaching-Visual:

Die wingwave-Musik wird mit emotional wirksamen Bildern oder Filmen kombiniert, um ein ausgewähltes Coaching-Ziel zu erreichen – wie bei unserer Offvertising-DVD, die gezielt gegen übermäßige Essgelüste wirkt.

wingwave-DVD:

Auf der DVD „wingwave-Coaching“ werden verschiedene Falldemonstrationen und Seminar-Mitschnitte gezeigt. Die DVD ist unter ↗ http://www.wingwave-shop.com erhältlich.

Die Ausbildung zum wingwave-Coach

Das viertägige Training zum zertifizierten wingwave-Coach ist ein zusätzliches Modul zu einer abgeschlossenen Ausbildung in NLP, Kommunikationspsychologie, Psychotherapie, einer Ausbildung in zahnärztlicher Hypnose und zu vergleichbaren Abschlüssen oder Berufen wie Arzt, Heilpraktiker oder Lernpädagoge. Ausbildungsinhalt ist die im Buch vorgestellte wingwave-Methode.

Ausbildung zum wingwave-Trainer

Die fünftägige Trainerausbildung richtet sich an alle professionellen wingwave-Coaches. Sie ist eine Ergänzung zum wingwave-Einzelcoaching und befähigt dazu, die Methode für Gruppen, Teams und Systeme anzubieten. Weiterhin trainieren die Teilnehmer, wingwave mit seinem Potenzial als Einzel-Coaching-Tool einem interessierten Publikum professionell vorzustellen. Die Teilnehmer erlernen

- die Präsentation der Methode für Gruppen
- Vorträge zu den Themen Stressverarbeitung und Burnout-Prophylaxe
- Anleitung zu Selbstcoaching-Übungen
- Aufstellungsarbeit für Gruppen mit wingwave
- Training für Kommunikations-Fitness
- Stärkung der Teamkompetenz
- Steigerung von Gruppenleistungen

Unter ↗ http://www.wingwave.com finden Sie unter der Rubrik „Balance-Training" alle ausgebildeten wingwave-Trainer.

wingwave-Lehrtrainer

Unter ↗ http://www.wingwave.com finden Sie die Adressen aller ausgebildeten wingwave-Lehrtrainer, die die Ausbildung zum wingwave-Coach anbieten. Die Ausbildungen werden international in verschiedenen Sprachen angeboten.

BESSER-SIEGMUND-INSTITUT

INFORMATIONEN ÜBER DAS BESSER-SIEGMUND-INSTITUT

Kontakt:

Dipl.-Psych. Cora Besser-Siegmund, Dipl.-Psych. Harry Siegmund und Lola A. Siegmund (Wirtschaftspsychologin (BA) mit dem Schwerpunkt Training und Coaching) freuen sich über Ihr weiteres Interesse an der Arbeit ihres Instituts. Hier erhalten Sie nähere Informationen:

BESSER-SIEGMUND-INSTITUT
Mönckebergstraße 11, 20095 Hamburg
FON: +49 (0)40-3252 849-0 | FAX: +49 (0)40-3252 849-17
info@besser-siegmund.de, www.besser-siegmund.de

Das Besser-Siegmund-Institut ist zentral in der Hamburger Innenstadt gelegen. Hier finden Coachings und Trainings statt:

NLP-Abschlüsse nach den Kriterien des DVNLP (Deutscher Verband für Neurolinguistisches Programmieren)

- NLP-Practitioner, NLP-Master, NLP-Coach, NLP-Trainer
- NLP-Practitioner, Magic-Words- und wingwave-Coach als integrierte einjährige Ausbildung mit dem Abschluss „Mental-Coach für systemische Kurzzeit-Konzepte“

Kurzzeit-Coaching-Methoden

- Easy-Weight-Kursleiter
- Slimbic-Kursleiter
- Magic-Words-Trainer
- wingwave-Coach
- wingwave-Trainer

Weitere Coach-Abschlüsse

- Mental-Coach für systemische Kurzzeit-Konzepte
- Work-Health-Balance-Coach für systemische Kurzzeit-Konzepte
- Business-Coach für systemische Kurzzeit-Konzepte
- Gesundheitspädagoge
- Business-Trainer

Seit 2008 trägt das Besser-Siegmund-Institut folgenden Qualitäts-Hinweis

**Zertifiziert nach ISO 9001 für den Geltungsbereich:
Durchführung und Konzeptionierung von Aus- und Fortbildungen**

Dieser Hinweis erscheint auch auf allen Ausbildungs-Zertifikaten des Besser-Siegmund-Instituts Die Zertifizierung durch die TÜV Nord Cert GmbH findet durch internationale Akkreditierungsabkommen weltweite Anerkennung.

Alle Ausbildungsbroschüren gibt es im Download-Bereich der Homepage

↗ http://www.besser-siegmund.de

Der Methoden-Verband „Gesellschaft für Neurolinguistisches Coaching" e. V. (ehemals „Bahnungsmomente" e.V.)

Dieser Methoden-Verein fördert und zertifiziert die Ausbildung von professionellen Coaches im Neurolinguistischen Coaching – NLC. Weiterhin fördert der Verband die Erforschung der Wirksamkeit von Kurzzeit-Coaching-Methoden im Zusammenhang mit dem Myostatik-Test im Einsatz bei Prüfungsstress, Auftrittsängsten und Sport-Stress-Erlebnissen, wie z. B. bei Sportverletzungen und ihren psychischen Auswirkungen auf das Leistungsvermögen.

Die Trainings-CD in diesem Buch: Wellness-Management mit der wingwave-Musik

Als wohlklingenden Abschluss finden Sie hier für einige der im Buch vorgestellten Übungen noch die wingwave-CD mit dem Titel „Strandspaziergang" von Lars Linek sowie eine weitere Selbstcoaching-Übung. Zum Verständnis der stresslösenden und wohltuenden Wirkung der wingwave-CD gehört natürlich die Lektüre dieses Buches.

Die folgende Übung können Sie gut als Feierabend-Ritual oder einfach so zum Wohlfühlen einsetzen. Wichtig ist – wie schon im Buch beschrieben – der Einsatz von Stereo-Kopfhörern, damit sich eine bilaterale auditive Stimulation entfalten kann.

Wellness-Management mit der wingwave-CD

☹ Nehmen Sie bitte wahr, in welchem Bereich Ihres Körpers Sie sich unbehaglich / verspannt / gestresst fühlen.
☹ Beschreiben Sie die Körperempfindung mit Worten: „drückend, stechend, kreisend" (z. B. bei Anspannung oder einem unguten Magengefühl).
☹ Entwickeln Sie aus diesen Worten ein Bild, eine Metapher:

- Wie sieht die Empfindung aus?
- Wie hört sie sich vielleicht an?
- Formulieren Sie Worte für Ihr Bild: „Es ist, als ob da ein Stein drückt / als ob ich einen Rucksack trage …"
- Oder stellen Sie sich das Unbehagen konkret vor: als Röntgenbild, gerötetes Gewebe, angespannten Muskelstrang etc.

♫
Nun setzen Sie sich die Kopfhörer auf und hören Sie der Musik zu.
♫

☺ Denken Sie jetzt die beschreibenden Worte und sehen oder hören Sie das Bild / die Metapher. Denken Sie diese Inhalte im Rhythmus der Musik.
☺ Wenn Sie eine kleine Änderung bemerken, formulieren Sie dazu Worte und Sätze wie:

- „Die Empfindung rutscht nach unten."
- „Sie kommt wie eine Welle hoch."
- „Da löst sich etwas auf."

😐 Wiederholen Sie diese Sätze oder Worte innerlich wie ein Mantra zur Musik.
😐 Lassen Sie auch zu, dass sie an andere Sachen denken:
- „Ich denke gerade an meine Arbeit."
- „Welche Emotion geht damit einher?"
- „Was für ein Gefühl entsteht im Körper?"
- „Welche Wörter oder Bilder beschreiben dieses Gefühl?"
- Usw.
- Dann kehren Sie wieder zur Körperwahrnehmung zurück.

☺ Wenn die ersten angenehmen Emotionen, Gefühle, Assoziationen auftauchen, wird genauso fortgefahren:
- Erlebtes und Gefühltes in Worte fassen: „Es ist leicht, es fühlt sich frei an … Etc."
- Bilder und Metaphern finden.
- Positive Wörter, Bilder und Metaphern im Rhythmus der Musik wahrnehmen und denken.

☺ Sie setzen den Prozess bis zur optimalen Entspannung / bis zum bestmöglichen Ergebnis fort.

Hinweis:

👍 Das Erleben verläuft in Wellen: Jedes Auf und Ab wird auf die beschriebene Weise erlaubt, gefühlt, mit Worten und Gedanken fokussiert und dann wieder „entlassen".

👍 Zeichen für die ent-stressende Wirkung:
☺ tiefes Durchatmen
☺ deutliches Schlucken
☺ Gähnen

Literatur

Bandler, Richard & Grinder, John (1979): Frogs into Princes: Neuro Linguistic Programming, Real People Press; deutsche Übersetzung: *Neue Wege der Kurzzeittherapie,* Junfermann, Paderborn, 15. Auflage 2013.

Bandler, R. & Grinder, J. (2010): *Kommunikation und Veränderung. Die Struktur der Magie II,* 9. Auflage, Junfermann, Paderborn.

Bauer, Joachim (2005): *Warum ich fühle, was du fühlst? Intuitive Kommunikation und das Geheimnis der Spiegelneurone,* Hoffmann und Campe, Hamburg.

Bauer, Joachim (2006): *Prinzip Menschlichkeit,* Hoffmann und Campe, Hamburg.

Beaulieu, Daniel (2003): *Eye Movement Integration Therapy: The Comprehensive Clinical Guide,* Crown House.

Begley, Sharon (2007): *Neue Gedanken – Neues Gehirn,* Goldmann, München.

Besser-Siegmund, Cora (2001): *Magic Words – der minutenschnelle Abbau von Blockaden,* Junfermann, Paderborn.

Besser-Siegmund, Cora (2002): *Easy Weight – der mentale Weg zum natürlichen Schlanksein,* Junfermann, Paderborn.

Besser-Siegmund, Cora (2004): *Nie wieder Heißhunger,* Trias-Verlag, Stuttgart.

Besser-Siegmund, Cora (2006): *Mentales Selbstcoaching. Die Kraft der eigenen Gedanken positiv nutzen,* Junfermann, Paderborn.

Besser-Siegmund, Cora & Siegmund, Harry (2003): *Coach Yourself – Persönlichkeitskultur für Führungskräfte,* Junfermann, Paderborn.

Besser-Siegmund, Cora & Siegmund, Harry (Hrsg.) (2003): *„Erfolge bewegen – Coach Limbic,* Junfermann, Paderborn.

Besser-Siegmund, Cora & Siegmund, Harry (2004): *Imaginative Familienaufstellung mit der wingwave-Methode,* ePub auf ↗ http://www.wingwave-shop.com.

Besser-Siegmund, Cora; Dierks, Marie-Luise & Siegmund, Harry (2007): *Sicheres Auftreten mit wingwave-Coaching,* Junfermann, Paderborn.

Besser-Siegmund, Cora & Siegmund, Harry (2009): *Erfolge zum Wundern,* Junfermann, Paderborn.

Besser-Siegmund, Cora & Rathschlag, Marco (2013): *Mit Freude läufts besser. Durch wingwave positive Emotionen fördern und Leistung steigern,* Junfermann, Paderborn.

Besser-Siegmund, Cora & Siegmund, Lola (2015): *Neurolinguistisches Coaching – NLC,* Junfermann, Paderborn (in Vorbereitung).

Brand, Markus & Ion, Frauke K. (2008): *30 Minuten für mehr Work-Life-Balance durch die 16 Lebensmotive,* Gabal, Offenbach.

Csikszentmihalyi, Mihaly (2013): *Flow. Das Geheimnis des Glücks,* Klett-Cotta, Stuttgart.

Derks, Lukas (2000): *Das Spiel sozialer Beziehungen. NLP und die Struktur zwischenmenschlicher Erfahrung,* Klett-Cotta, Stuttgart.

Diamond, John (1991): *Der Körper lügt nicht, Verlag für angewandte Kinesiologie,* Freiburg.

Dilts, Robert (1995): *Identität, Glaubenssysteme und Gesundheit,* Junfermann, Paderborn.

Drösser, Christoph (2002): „Wissen in den Kissen" in: *Wissen Lernen spezial,* Die Zeit Nr. 48 vom 21.11.2002, S. 37.

Eilert, Dirk & Besser-Siegmund, Cora (2011): *wingwave-Coaching: die Profi-Box.* Junfermann, Paderborn.

EKMANN, PAUL (2004): *Gefühle lesen – Wie Sie Emotionen erkennen und richtig interpretieren,* Spektrum-Verlag, München.

ELLIS, ALBERT & HOELLEN, BURKHARD (2004): *Die Rational-Emotive Verhaltenstherapie. Reflexionen und Neubestimmungen,* Klett-Cotta, Stuttgart.

Eschenröder, Christof T.: *EMDR – Eine neue Methode zur Verarbeitung traumatischer Erlebnisse,* DGVT-Verlag, Tübingen 1997.

FRANKENBERGER, ANETTE & NAGLER-SPRINGMANN, SIBYLLE (2002): *Power-Paare,* Kösel, München.

FRITSCHE, NADIA (2007): wingwave – empirische Überprüfung der Methode an Studierenden mit Prüfungsangst und Schauspieler/inne/n mit Lampenfieber, Diplomarbeit zur Diplomprüfung im Studiengang des Fachbereichs Psychologie der Universität Hamburg.

GOLEMANN, DANIEL (2001): *Emotionale Intelligenz,* dtv, München

GRAWE, KLAUS (1998): *Psychologische Therapie,* Hogrefe, Göttingen.

GRAWE, KLAUS (2004): *Neuropsychotherapie,* Hogrefe, Göttingen.

GRIMM, JACOB & GRIMM, WILHELM (1957), *Grimms Märchen,* München.

GROSSBONGARDT, ANNETTE & PÖTZL, NORBERT F. (2009): „Jagd nach dem Schlafhormon", *Der Spiegel – Wissen Schlaf und Traum,* Nr. 4, S. 12-17.

HAMM, M.; BOBERG, J. & MÜHLEIB, F. (1993): *Die Schönheitsdiät,* Mosaik Verlag.

HÄUSEL, HANS-GEORG (2002): *Think Limbic – Die Macht des Unbewussten verstehen und nutzen für Motivation, Marketing, Management,* Haufe, München.

HENNEVIN-DUBOIS, ELISABETH (2003): „Lernen im Schlaf", in *Spektrum der Wissenschaft, Spezial Gedächtnis,* Ausgabe 2 / 2003.

Heß, Daniel: *Bedeutung der P 300 in der Psychologie,* Grin-Verlag für Akademische Texte.

HEYARTZ, SUSANNE (1996): Kinesiologie: Überprüfung kinesiologischer Grundaspekte, Freie wissenschaftliche Arbeit zu Erlangung des Grades einer Diplom-Psychologin an der Fakultät für Psychologie der Ludwig-Maximilian-Universität München.

HOFFMANN, ARNE (1999): *EMDR in der Therapie psychotraumatischer Belastungssyndrome,* Thieme, Stuttgart.

HÜTHER, GERALD (1999): *Biologie der Angst – Wie aus Stress Gefühle werden,* Vandenhoeck & Ruprecht, Göttingen 3. Auflage.

Hüther, Gerald: „Auf die Lernbereitschaft kommt es an", Interview in Capital 7 / 2000.

KLEIN, JOCHEN & TRÄBERT, DETLEF (2001): *Wenn es mit dem Lernen nicht klappt,* Rowohlt, Reinbek.

KLEIN, STEFAN (2002): *Die Glücksformel. Oder: Wie die guten Gefühle entstehen,* Rowohlt, Reinbek.

KLINGHARDT, DIETRICH (1999): *Lehrbuch der Psychokinesiologie,* Bauer Verlag, Freiburg.

KÖNIG-LINEK, CORINA (1995): Aphasie bei Mehrsprachigkeit: Eine Fallstudie. Dissertation zur Erlangung des Grades des Doktors der Philosophie beim Fachbereich Sprachwissenschaften der Universität Hamburg, Hamburg, Januar 1995.

Kroschel, Evelin: *Die Weisheit des Erfolgs,* Koesel, 1996.

KUTSCHA, DANIEL (2012): *Der Einsatz der wingwave-Methode nach Sportverletzungen – eine Nachfolgeuntersuchung,* Akademiker-Verlag, Saarbrücken.

LACK, MARIA (1998): *„Myostatik-Test",* Gamed, 2.

LEUTNER, VICTOR (1993): *Schlaf, Schlafstörung, Schlafmittel,* Editiones Roche, Basel.

MIKETTA, GABY (1991): *Netzwerk Mensch,* Thieme, Stuttgart.

MÜNDEMANN, BELEN MERCEDES (2000): *Leichter, schneller, besser, lernen. Innovative Lernmethoden,* MVG, Landsberg am Lech.

NASSE, A. (2013): *Der Einsatz der wingwave-Musik bei körperlicher Aktivität hinsichtlich objektiver sowie subjektiver Belastungsparameter.* Bachelor-Arbeit, Deutsche Sporthochschule, Köln.
O'CONNOR, J. & SEYMOUR, J. (1992): *Neurolinguistisches Programmieren: Gelungene Kommunikation und persönliche Entfaltung,* VAK, Freiburg.
OMURA, Y. (Hrsg.) *Acupuncture & Electro-Therapeutics Research,* Vol. 12, 2, S. 139-170, Pergamon Press, New York.
ORNSTEIN,R. & THOMPSON, R.F. (1993): *Unser Gehirn: das lebendige Labyrinth,* Rowohlt, Reinbek.
PANKESEPP, JACK (2003): „Feeling the Pain of Social Loss", in: *Science,* Vol. 302, 10., pp. 237-239.
PATZLAFF, RAINER (2000): *Der gefrorene Blick. Physiologische Wirkungen des Fernsehens und die Entwicklung des Kindes,* Freies Geistesleben & Urachhaus & Aethera, Stuttgart.
SCHELLEWALD, VERA (2010): *Der Einsatz der wingwave-Methode zur psychischen Rehabilitation nach Sportverletzungen,* Bachelorarbeit, Deutsche Sporthochschule Köln.
SERVAN-SCHREIBER, DAVID & SCHÄFER, URSEL (2006): *Die Neue Medizin der Emotionen. Stress, Angst, Depression: Gesund werden ohne Medikamente,* Goldmann, München.
SHAPIRO, FRANCINE & SILK FORREST, MARGOT (2001): *EMDR in Aktion,* Junfermann Paderborn.
SHAPIRO, FRANCINE (2012): *EMDR, Grundlagen und Praxis,* Junfermann, Paderborn.
Shapiro, Francine: *EMDR, Grundlagen und Praxis,* Junfermann, Paderborn 1998.
SPITZER, MANFRED (2002): *Lernen. Gehirnforschung und die Schule des Lebens,* Spektrum, Heidelberg, Berlin.
SPITZER, MANFRED (2004): „Lernen und Denken – Motivation, Innovationen. Für das Leben lernen – aber wie?". In: *Zeitschrift Tiefbau,* Erich Schmidt Verlag, Berlin, Ausgabe 02/2004.
SPITZER, MANFRED (2008): *„Geist und Gehirn – Hand- und Gehirnentwicklung",* DVD, Auditorium Netzwerk, Müllheim.
SUTTON, S.; BRAREN, M.; ZUBIN, J., & JOHN, E. R. (1965): Evoked Potential Correlates of Stimulus Uncertainty. *Science,* 150 (3700), 1187-1188.
VAN DER KOLK, BESSEL A.; MCFARLANE, ALEXANDER C. & WEISAETH, LARS (2000): *Traumatic Stress. Grundlagen und Behandlungsansätze,* Junfermann, Paderborn.
WAGNER, RAMONA B. (2003): *EFT– Emotionale Freiheit,* Omega-Verlag, Aachen.
WALZ, SUSANNA (2004): „Zahnbehandlungsangst und -phobie ‚traumhaft' überwinden", in: *CoMed,* Ausgabe 08/2004, S. 91-93.
ZIEGLGÄNSBERGER, W. (1991): „Wie die Nervenzelle den Schmerz erlernt", *MPG-Spiegel* 1/91.

Filme:

Die Seelenflüsterer: Turbo-Coaching gegen Stress und Angst. Die Folgen der vierteiligen TV-Dokumentation von Liz Wieskerstrauch sind auf YouTube zu finden.
HÜTHER, GERALD (2008): *Brainwash – die Macht der äußeren Bilder,* DVD, Auditorium-Netzwerk, Müllheim.
Phobia – die nackte Angst, aus der Reihe BBC-Exklusiv, gesendet am 02.08.2000 auf VOX.
Schmerz-Panorama, aus der Serie „Schmerz und Schmerzbehandlung": *Zelle und Schmerz – Entstehung und Verhütung chronischer Schmerzen aus neurobiologischer Sicht,* Gödecke AG, Freiburg.
Wege aus dem Trauma, aus der Reihe „Archimedes". EMDR-Film von Karin Steinhage, gesendet am 27.05.1997 auf arte.